教育部人文社会科学研究青年基金项目
"电子数据的相关性问题研究"（17YJCZH172）最终成果

电子数据的相关性问题研究

王宁 著

WUHAN UNIVERSITY PRESS
武汉大学出版社

图书在版编目(CIP)数据

电子数据的相关性问题研究/王宁著. —武汉:武汉大学出版社,
2021.10(2022.9 重印)
ISBN 978-7-307-22586-2

Ⅰ.电…　Ⅱ.王…　Ⅲ.计算机犯罪—证据—数据收集—研究
Ⅳ.D918

中国版本图书馆 CIP 数据核字(2021)第 195697 号

责任编辑:喻　叶　　责任校对:李孟潇　　版式设计:马　佳

出版发行:**武汉大学出版社**　　(430072　武昌　珞珈山)
(电子邮箱:cbs22@whu.edu.cn 网址:www.wdp.com.cn)
印刷:武汉邮科印务有限公司
开本:720×1000　1/16　印张:19.25　字数:313 千字　插页:1
版次:2021 年 10 月第 1 版　　2022 年 9 月第 2 次印刷
ISBN 978-7-307-22586-2　　定价:68.00 元

前　言

长期以来，对证据的相关性研究在我国一直处在较为尴尬的地位。一方面，传统学者大多承认相关性是证据所应具有的仅次于客观性的基本属性之一，并大力强调相关性在保证准确认定案件事实方面所具有的重要意义；另一方面，我国对证据相关性判断的具体标准和方法、针对特定相关证据的处理原则等方面的研究乏善可陈。

作为证据的一种，电子数据已是我国诉讼法明确规定的证据形式之一，在日益猖獗的网络犯罪中，电子数据已成为案件追查、审判犯罪事实和犯罪嫌疑人的关键武器。当前我国法律对电子数据相关性的规定过于宽泛和模糊甚至缺失，学界对电子数据相关性的研究缺乏对司法实务的深入了解，理论与实践深度融合不够，司法实践中法官自由裁量而致判决难以服众的现象时有发生。如何证明电子数据与犯罪事实是相关的，裁判者应采用何种认证标准审查判断电子数据相关性的有无与大小，已成为当前电子数据司法实践应用的重要阻碍。

《电子数据的相关性问题研究》一书是教育部人文社会科学青年基金项目"电子数据的相关性问题研究（17YJCZH172）"的最终成果。本书的特点在于：通过收集、分析大量的资料，介绍和分析了电子数据相关性的立法、司法的现状和相关的一些学术观点，较为全面、具体地研究了我国目前电子数据相关性的理论研究、法律规定和司法实务，探索并提出了电子数据相关性推理模型、电子数据外联性和内联性内容研究。本书的创新性体现在以下两个方面。

第一，系统梳理了与电子数据相关性紧密相关的基础理论、取证技术、法律规范、实务问题，从理论研究、法律规定与司法实务层面全面具体分析了电子数据相关性问题，在电子数据相关性的概念、证据规则等方面提出了若干新的理论观点。

第二，提出了电子数据相关性推理模型和电子数据相关性内容研究的创新内容，从理论层面构筑了电子数据相关性推理框架体系，探讨分析了电子数据相关性内容研究体系，实证分析了这些理论提出的可行性，以期为电子数据相关性审查判断的法律制度研究奠定坚实的理论前提和研究基础。

全书共十章，前五章系统地梳理了与电子数据相关性紧密相关的基础理论、取证技术、法律规范、实务问题，后五章分别是对电子数据相关性法律规定、电子数据相关性之学理研究、司法实务中的电子数据相关性、电子数据相关性推理模型、电子数据相关性内容等展开研究。全书主体内容安排如下。

第一章，梳理了学界中电子证据和现行立法中电子数据与电子证据概念演化，归纳提炼出学界、司法实务及立法中的电子数据特征，归纳阐述了当前学界、法律规制及司法应用层面中的电子数据相关理论研究。

第二章，对电子数据的任何研究离不开对电子数据技术行为的全面审视。本章梳理电子数据取证技术发展，剖析当前取证技术发展中面临的挑战，归纳电子数据取证工具分类，分析当前司法实践中取证工具评估选用的困境，提出取证工具的运用规则。

第三章，研究电子数据及其相关性问题，离不开对电子数据取证程序的研究。本章具体考察电子数据取证技术模型，归纳取证模型和取证技术区别和联系，阐述学理中电子数据取证程序，评析当前电子数据取证程序的法律规定，为电子数据相关性研究提供理论分析。

第四章，从英美法系中的证据可采性、大陆法系中的证据资格和证明力分析入手，结合当前立法及司法中关于证据"三性"的若干法律规定，从学理的角度分析和完善电子数据真实性等的概念特征、主要内容组成及程序规则。

第五章，以司法实务中电子数据的审查判断入手，剖析司法实务中电子数据审查判断存在的问题，结合电子数据技术特性及电子数据的证据特点，研究探讨了司法实务中电子数据的证据规则运用及审查判断方法。

第六章，研究了立法及司法中证据相关性及证据规则，系统地梳理和归纳了散见于各司法解释和规范性文件中关于电子数据相关性的法律法规，剖析了我国电子数据相关性法律规定。

第七章，梳理证据法理论中证据相关性含义、特征，剖析证据相关性逻辑结构内容，考察本土电子数据相关性概念，从司法实践角度研究了电子数据载体相关性的内容构成。

第八章，按不同网络代际的犯罪特征逐层考察了电子数据相关性司法运用，梳理归纳了学界对电子数据相关性司法运用的研究结论，系统归纳司法实务中面临的电子数据相关性难题，提出了层次化电子数据相关性分析方法。

第九章，以刑事司法领域电子数据运用为例，分析电子数据相关性推理模型提出的技术和法律依据，剖析了诉讼阶段中电子数据相关性，在此基础上，提出了电子数据形式化推理框架，并给出实证研究。

第十章，提出了电子数据相关性的知识架构应包括电子数据证据内容的知识和关于电子数据生成机制的知识，从适应立法和司法实践的发展需要，论证了电子数据相关性审查体系应纳入整个诉讼阶段来进行考虑，探索并论述了电子数据相关性的外联性和内联性的内容研究。

王宁

2021 年 3 月

目　　录

第一章 电子数据概述

《中华人民共和国刑事诉讼法(2012 年修正)》《中华人民共和国民事诉讼法(2012 年修正)》《中华人民共和国行政诉讼法(2014 年修正)》皆首次以专门条款明确了电子数据可作为新的证据类型被采用,但何谓电子数据,电子数据的表现形式是怎么样的,三大诉讼法律并无明确规定。直到 2016 年 9 月,最高人民法院、最高人民检察院、公安部联合发布了《关于办理刑事案件收集提取和审查判断电子数据的若干问题的规定》,该规定对电子数据本质特征进行了界定,并以正面和反面列举的方式诠释了电子数据的表现形式。

立法上明确规定了电子数据所属的证据类型,但学界中多数学者仍使用"电子证据"一词,司法实务中电子数据与电子证据两者概念也曾长期并存。本章将厘清学界电子证据概念、现行法中电子数据的界定、司法实务中电子数据与电子证据两者概念的演化发展历程,从立法、司法、学理三个纬度对电子数据特征和理论研究进行考察与分析,为后续电子数据相关性研究提供学理支持。

第一节 电子数据概念

一、与电子数据相关的概念

迄今为止,与电子数据定义相关的概念有近十种,侧重点也有所不同。从英文的表述来看,常见的有"Electronic Evidence""Digital Evidence""Computer Evidence""Computer-based Evidence""Computer-created Evidence""Network Forensic Evidence""Digital Computer Evidence"等。从中文的表述来看,翻译过来的除了"电子数据"外,还有"计算机证据""数字计算机证据""数字证据""电子证据"

"网络证据""网上证据"等。当然，以上每种中文表述的含义其阐释的角度和表达的内容是不同的。本节攫取几种与电子数据相关的定义概念，阐述其定义概念的产生和表达内容。

（一）计算机证据

20世纪80年代，计算机的普及应用和计算机技术的飞速发展，使得计算机系统的安全性问题变得严重，计算机犯罪也在不断增加。为满足司法实务部门的应用需求，计算机取证科学（Computer Forensic Science）应运而生。早在1984年，FBI成立了计算机分析与响应小组（Computer Analysis and Response Team，CART），开始对计算机取证进行研发。20世纪90年代初，美国联邦犯罪调查实验室的主任们每年都在华盛顿举行两次研讨会，创建了目前取证领域中享有盛誉的数字取证科学工作组（The Scientific Working Group Digital Evidence，SWGDE），该工作组首先提出了"计算机潜在证据"（Latent Evidence on a Computer）的概念。

1991年，计算机专家国际联盟（International Association of Computer Specialists，IACIS）在美国俄勒冈州波特兰市举行的第一次培训会中正式提出了计算机取证（Computer Forensics）的概念。1993年，来自26个国家的代表出席了由美国联邦调查局在弗吉尼亚州匡蒂科联邦调查局举办的第一届计算机证据国际会议。1995年，第二次计算机证据国际会议在巴尔的摩举行，在此次会议上国际计算机证据组织（International Organization on Computer Evidence，IOCE）正式成立。

在这一阶段，计算机犯罪行为的实施多是行为人利用计算机实施入侵或利用计算机实施相关的犯罪，犯罪对象是计算机信息系统，对计算机信息系统的各种操作与犯罪行为是紧密相联的。计算机系统在运行过程中会产生若干记录，取证调查人员可以通过固定、收集、分析这些记录内容，分析计算机犯罪行为，并将发现的潜在数字犯罪证据用来证明案件的真实情况。

由于取证的数据来源是计算机或计算机系统运行过程中若干记录，自"计算机证据"一词被提出后就被学术界广泛接受和认可。计算机证据是指计算机或系统运行过程中产生的或存储的以其记录的内容来证明案件事实的电磁、光记录，且该记录物具有多种输出表现形式。①

---

① 参见《计算机证据》，载360百科网，https：//baike.so.com/doc/26389228-27635102.html，2020年4月12日访问。

（二）数字证据

20世纪90年代中期，音频及视频技术不断由模拟方式向数字方式转变，"计算机证据"概念在数字犯罪侦查领域中显露出局限性，更为广泛的新概念——"数字证据（Digital Evidence）"出现了。

1998年3月2日，在弗吉尼亚州举行的美国联邦犯罪调查实验室研讨会上正式提出"数字取证"（Digital Forensic）的概念，并首次提出"数字证据"应包括数字计算机证据（Digital Computer Evidence）和数字视频音频证据（Digital Audio and Video Evidence）。2001年至2003年召开的国际第13届、第14届和第15届FIRST（Forum of Incident Response and Security Teams）网络安全联会，连续以数字取证为主题讨论数字证据的发现、数字取证的定义、工具及技术方法。延续至今的DFRWS（Digital Forensics Research Workshop）年会每年举行一次，专门针对数字取证和数字证据的相关技术问题进行研讨。2000年前后，国际计算机证据组织IOCE、G8高科技犯罪小组委员会和数字取证科学组SWGDE先后发布了数字取证原则。美国犯罪实验室主任协会暨实验室认证委员会（American Society of Crime Laboratory Directors/LAB，ASCLD/LAB）和数字取证科学组SWGDE合作把数字证据学确认为实验室学科。[①]

数字证据的概念有不同的表述，数字证据研究工作组（SWGDE）将数字证据界定为：任何可以提供证据的，以数字形式存储或传输的信息。计算机证据国际组织（IOCE）将其界定为：可以被法庭接受的，以二进制形式存储或传输的信息[②]。我国法学界虽然有学者分析阐述过数字证据概念内涵和外延[③][④]，但与计算机证据不同的是，我国法学界并未对数字证据概念展开深入研讨，当前"数字证据"一词多应用在我国取证技术界。数字证据是指以数字形式存储或传输的信息或资料，或数字证据指的是在信息数字化过程中形成的以数字形式读写的

① 李毅：《电子数据取证发展概况》，载《中国信息安全》2019年第5期。
② 王莉：《电子证据、计算机证据、数字证据的概念辨析——从电子技术的发展看电子证据的概念》，载《消费导刊》2009年第22期。
③ 廖根为：《数据证据概念与特点分析》，载《江淮论坛》2010年第3期。
④ 杜志淳、廖根为：《数字证据、电子证据、科学证据、电子记录概念比较分析》，载《中国司法鉴定》2011年第4期。

信息。

(三) 电子证据

进入 21 世纪以后，随着电子终端设备的不断多元化，计算机证据一词已难以一一予以涵盖；同时，国际上一些先进电子立法经验的相关工作由一些学者翻译并被引入到国内，如对《加拿大统一电子证据法》的翻译介绍①。许多作者直接援引"Electronic Evidence"一词，或将其直译为"电子证据"，于是"电子证据"一词开始获得更多人的知悉与关注。

2000 年前后，虽然出现了"电子证据"这一全新提法，但其内涵并不统一。有观点认为，"电子证据"是"计算机电子证据"的简称，"计算机犯罪证据"就是"电子证据"，"电子证据"其实就是"电子商务证据"，应在"电子证据"之下建立"电子书证"和"电子物证"，电子证据是物证，电子证据是鉴定意见②③，等等。

什么是电子证据？何家弘教授认为，"电子证据是以电子形式存在的、用作证据使用的一切材料及其派生物；或者说，电子证据是借助于电子技术或电子设备而形成的一切证据"④。刘品新教授也认为，"电子证据是指以电子形式存在、能够作为证据使用的一切材料及其派生物"⑤。

国内学术界普遍认同这种观点，实质上这种观点可以认为是电子材料说。电子证据概念定义可以从三个方面来理解：一是电子证据必须以电子的形式存在；二是电子证据的形成必须是借助一定的电子设备，为电子设备所识别和处理；三是用作证据使用的电子信息才能称电子证据。

(四) 电子数字证据

有观点认为，电子数据证据是指保存在计算机存储器或外部存储介质中，以数字形式存在的数据或信息，用以证明案件真实情况。它的外在物质形式为存储有可以证明案件真实情况的电子物品或者电子记录设备，电子数据最终表现为文

---

① 韩波：《论加拿大〈统一电子证据法〉的立法价值》，载《政治与法律》2001 年第 5 期。
② 汪建成、刘广三：《刑事证据学》，群众出版社 2000 年版，第 204 页。
③ 徐立根：《物证技术学》，中国人民大学出版社 1999 年版，第 770~771 页。
④ 何家弘：《电子证据立法研究》，法律出版社 2002 年版，第 5 页。
⑤ 刘品新：《论电子证据的定位：基于现行法律的思辨》，载《法商研究》2002 年第 4 期。

字、图形、图像、声音等形式①。

有观点认为，电子数据证据是以电子形式存在的一切材料及其派生物，可以作为证据使用，可以用来证明案件真实情况。所谓电子形式，依照印度《1999 年信息技术法》第 2 条第 1 款第 18 项的规定，可将其概括为"由介质、磁性物、光学设备、计算机内存或类似设备生成、发送、接收、存储的任一信息的存在形式"②③。

比较电子数据证据与电子证据的概念定义，不难发现两者的取名不同，但定义和内涵类似。电子数据证据的概念一是强调了电子数据的电子形式，电子数据的产生和形成离不开电子信息技术的支持，二是强调了证明案件的真实情况是电子数据证据的功能所在。

二、电子数据概念

(一)技术领域下的电子数据概念

率先进行使用"电子数据"一词的是计算机科学领域，在该领域内，电子数据用于描述计算机系统尤其是数据库系统内的数据信息。随着计算机技术的发展和广泛应用，计算机存储和处理的对象不断丰富，需要分析和采集的计算机数据信息不断增多，在计算机应用领域，电子数据术语与"计算机数据"一直在学界被混用④。

在计算机科学领域，电子数据指的是以电子形式存在存储或传输的数据或信息，电子数据仅仅是对某项数据的物理形态的概括和描述。"电子"被看作数字技术形成的二进制代码或其他序列代码；"电子形式存在"指的是其原始数据形态是电子的；"数据"指的是信息在电子设备中进行传播时的内容和形态，"数

---

① 邹荣合：《电子数据证据及其在刑事侦查中的运用》，载《铁道警官高等专科学校学报》2005 年第 4 期。

② 李鹏、金达峰：《电子数据证据之重铸》，载《广东青年干部学院学报》2004 年第 55 期。

③ 李鹏：《电子数据证据及其司法运用》，载《江苏警官学院学报》2004 年第 1 期。

④ 赵长江、李翠：《电子数据概念之重述》，载《重庆邮电大学学报(社会科学版)》2015 年第 6 期。

据"本质上只是一种脉冲信号、数字信号，只有通过一定的电子技术手段才能将这些数字信号转换为人所能感知的数据形态。

(二)立法及司法领域下的电子数据概念

《中华人民共和国刑事诉讼法(2012年修正)》①在立法层面明确电子数据的法律地位，在立法上将电子数据确认为法定术语。其后，《中华人民共和国民事诉讼法(2012年修正)》②和《中华人民共和国行政诉讼法(2014年修正)》③都以专门条款明确了电子数据作为新的证据类型，通过立法的形式将电子数据的表述方式法定化。

虽然三大诉讼法通过立法的形式将电子数据的表述方式法定化，但是没有对电子数据进行内涵和外延的抽象概括。基层司法实践中对"电子数据"也有不同的认识，例如，数字化形式记载的嫌疑人供述和被告人辩解的言词证据是纳入"言词证据"还是"电子数据"范畴等观点不一。为规范电子数据的收集提取和审查判断，提高刑事案件办理质量，根据《中华人民共和国刑事诉讼法(2012年修正)》等有关法律规定，结合司法实际，2016年9月9日最高人民法院、最高人民检察院、公安部出台了《关于办理刑事案件收集提取和审查判断电子数据若干问题的规定》。

《关于办理刑事案件收集提取和审查判断电子数据若干问题的规定》中将电

---

① 《中华人民共和国刑事诉讼法(2012年修正)》第48条规定："可以用于证明案件事实的材料，都是证据。

证据包括：(一)物证；(二)书证；(三)证人证言；(四)被害人陈述；(五)犯罪嫌疑人、被告人供述和辩解；(六)鉴定意见；(七)勘验、检查、辨认、侦查实验等笔录；(八)视听资料、电子数据。

证据必须经过查证属实，才能作为定案的根据。"

② 《中华人民共和国民事诉讼法(2012年修正)》第63条规定："证据包括：(一)当事人的陈述；(二)书证；(三)物证；(四)视听资料；(五)电子数据；(六)证人证言；(七)鉴定意见；(八)勘验笔录。

证据必须查证属实，才能作为认定事实的根据。"

③ 《中华人民共和国行政诉讼法(2014年修正)》第33条规定："证据包括：(一)书证；(二)物证；(三)视听资料；(四)电子数据；(五)证人证言；(六)当事人的陈述；(七)鉴定意见；(八)勘验笔录、现场笔录。

以上证据经法庭审查属实，才能作为认定案件事实的根据。"

子数据限定为"案件发生过程中"，并界定电子数据为案件发生过程中形成的，以数字化形式存储、处理、传输的，能够证明案件事实的数据①。该程序规定通过正面列举方式，列举出典型的电子数据形式包括：（1）网络平台发布的信息，例如网页、博客、微博客、朋友圈、贴吧、网盘等；（2）网络应用服务的通信信息，例如手机短信、电子邮件、即时通信、通讯群组等；（3）用户注册信息、身份认证信息、电子交易记录、通信记录、登录日志等信息；（4）文档、图片、音视频、数字证书、计算机程序等电子文件。其中音视频指的是二进制形式编码存储的数字数据，属于电子数据，而不是视听资料。② 同时该程序规定的第1条第3款中通过反面列举的方式也规定以数字化形式记载的证人证言、被害人陈述以及犯罪嫌疑人、被告人供述和辩解等数据需排除在电子数据范畴之外。③

《关于办理刑事案件收集提取和审查判断电子数据若干问题的规定》统一了公检法部门在司法实践中对电子数据的认识和判断标准，提出了电子数据收集提取、审查判断的方法，明确了电子数据真实性、合法性、关联性审查的原则，确立了扣押原始存储介质为主、提取电子数据为辅、打印拍照为例外的电子数据取证原则。④ 为各地公安机关能更好地执行《关于办理刑事案件收集提取和审查判断电子数据若干问题的规定》，规范公安机关在办理刑事案件过程中的电子数据取证工作，2019年1月公安部正式出台了《公安机关办理刑事案件电子数据取证规则》。该部规则共5章61条，其主要内容是对《关于办理刑事案件收集提取和

---

① 《关于办理刑事案件收集提取和审查判断电子数据若干问题的规定（2016年）》第1条第1款规定："电子数据是案件发生过程中形成的，以数字化形式存储、处理、传输的，能够证明案件事实的数据。"

② 《关于办理刑事案件收集提取和审查判断电子数据若干问题的规定（2016年）》第1条第2款规定："电子数据包括但不限于下列信息、电子文件：

（一）网页、博客、微博客、朋友圈、贴吧、网盘等网络平台发布的信息；

（二）手机短信、电子邮件、即时通信、通讯群组等网络应用服务的通信信息；

（三）用户注册信息、身份认证信息、电子交易记录、通信记录、登录日志等信息；

（四）文档、图片、音视频、数字证书、计算机程序等电子文件。"

③ 《关于办理刑事案件收集提取和审查判断电子数据若干问题的规定（2016年）》第1条第3款规定："以数字化形式记载的证人证言、被害人陈述以及犯罪嫌疑人、被告人供述和辩解等证据，不属于电子数据。确有必要的，对相关证据的收集、提取、移送、审查，可以参照适用本规定。"

④ 田虹、翟晓飞、王艺筱：《〈公安机关办理刑事案件电子数据取证规则〉的理解与适用》，载《派出所工作》2019年第3期。

审查判断电子数据若干问题的规定》在公安机关的进一步具体化。为保持与立法上"电子数据"一词的一致性,便于公安机关开展数字取证时统一和规范书面用语和交流用语的需要,该部规则统一使用"电子数据"这一术语。

三、电子数据与电子证据的概念演化发展

(一)学界中电子证据概念内涵与外延

我国证据法学界对于电子证据及相关概念的研究一直没有中断。在电子数据被写入新刑诉法之前,对于电子证据能否作为证据这一问题,国内学术界基本上是持肯定态度。在刑事诉讼中,为了解决应对电子证据原件的挑战,通过对原件的扩张解释,先后提出了融合联合国《电子商务示范法》模式的"功能等同法"①、扩大原件范围的"抑制原件说"、上述两者结合起来的"混合标准法""复制原件说"等理论,用以解决电子证据在刑事司法领域中面临原件的难题。②

就电子数据与电子证据的概念和内涵,樊崇义教授认为,"电子数据即电子形式的数据信息,所强调的是记录数据的方式而非内容"③。电子数据信息虽然分为"模拟数据信息"和"数字数据信息",但从技术的角度看,两类电子数据信息具有许多的相同点:一是都是以近现代电子技术为依托,两类电子数据信息的产生和形成需要借助一定的介质或电子设备;二是两类电子数据信息不能为人所直接感知,必须借助一定的媒介或载体来展示,才能为人所识别和认知,具有抽象性。戴莹博士也认为,"电子数据是各类电子证据的本质,是各种外在表现形式的内在属性和共同特征"④。有观点认为,《中华人民共和国电子签名法》界定了"数据电文"⑤的概念,概括了事物的内在属性,那么对电子数据的界定也一样仅是概括了事物的内在属性。由此可以定义,电子数据是电子证据的本质属性,

---

① 刘品新:《论电子证据的原件理论》,载《法律科学(西北政法大学学报)》2009 年第 5 期。

② 刘哲伟:《民事电子证据:从法条独立到实质独立》,载《证据科学》2015 年第 6 期。

③ 樊崇义、戴莹:《电子证据及其在刑事诉讼中的运用》,载《检察日报》2012 年 5 月 18 日。

④ 戴莹:《电子证据及其相关概念辨析》,载《中国刑事法杂志》2012 年第 3 期。

⑤ 《中华人民共和国电子签名法》第 2 条规定:"本法所称数据电文,是指以电子、光学、磁或者类似手段生成、发送、接收或者储存的信息。"

是各种电子证据的外在表现形式的内在特征。①

以上学界中的定义认为电子数据与电子证据是两个既有联系又有区别的概念，电子数据是"内容"，电子证据是"形式"。《中华人民共和国刑事诉讼法（2012年修正）》颁布前，在学术理论研究中"电子证据"一词的使用频率远大于"电子数据"一词，学界关于电子证据与电子数据的定义并没有太大的分歧，对于这一证据形态均强调两点：一是以电子形态而存在；二是为电子设备所识别和处理。

《中华人民共和国刑事诉讼法（2012年修正）》修改后，学界中多数学者使用"电子证据"一词的频率仍然远大于"电子数据"。"电子证据"之所以获得广泛的使用，是因为"电子证据"对其他类似的概念进行了一定程度的整合，用于描述任何凭借电子信息技术生成并存储与外化的、能够起到证明待证事实作用的"证据"。《中华人民共和国刑事诉讼法（2012年修正）》使用"电子数据"，而非"电子证据"的原因，一是"电子数据"是一个概念相对统一源自计算机行业内部的高科技移植术语，其内涵和外延比较明确；二是"电子数据"这一概念具备一定优势，符合我国现行形式化证据分类体系的逻辑协调性。但由于"电子证据"存在着自身长远发展的"短视"因素，例如在证据分类问题上，固守"形式化"倾向，会引发一系列逻辑分类矛盾和实务困惑。②

有观点认为，"电子证据实际上就是电子数据的代名词，区别在于同一种物质从不同角度的不同表述"③。也有观点认为，电子证据是外延最为广泛的一种，它将一切以电子形式存在或派生的证据材料，以及一切以技术或电子设备为载体的证据材料都包含其中。立法虽然从技术上考虑电子数据一词，未直接使用电子证据一词，但"电子证据概念"其实承认了电子证据的全部属性。④

---

① 李扬：《论电子证据在我国新修〈民事诉讼法中的法律地位〉》，载《重庆邮电大学学报（社会科学版）》2012年第6期。

② 刘文斌：《"电子证据"与"电子数据"考辨——以2012版刑事诉讼法对证据制度的调整为背景》，载《天津法学》2015年第1期。

③ 姜宇航：《电子证据基本问题初探》，载《法制与社会》2013年第4期。

④ 刘哲伟：《民事电子证据：从法条独立到实质独立》，载《证据科学》2015年第6期。

(二)司法实务中电子数据与电子证据概念演化发展

计算机犯罪作为一种新的犯罪形态出现以后，严重影响到国家安全、社会稳定、公民的个人隐私和财产安全。1983 年公安部成立计算机管理和监察局，1998 年公安部成立公共信息网络安全监察局，并在公安机关建立相应的机构即"网上警察"队伍，承担着计算机信息系统的安全管理和计算机犯罪侦查的职能。

与此同时，有关打击计算机犯罪方面的法律法规也相继出台。公安部在 1998 年 5 月颁布了《公安机关办理刑事案件程序规定》，在该程序规定中的第 197 条、第 218 条首次提及"电子数据"一词。① 公安部在 2005 年颁布了《计算机犯罪现场勘验与电子证据检查规则》②，该部规则提出了电子证据的概念，在该部规则第 2 条采用列举的方式指出电子证据包括电子数据、存储媒介和电子设备。2005 年公安部颁布的《公安机关电子数据鉴定规则》中第 2 条通过下定义的形式指出电子数据是指以数字化形式存储、处理、传输的数据。③ 在 2006 年 8 月，公安部发布的《公安机关办理行政案件程序规定》第 23 条中使用了"电子证据"这一术语，该规定指出公安机关办理行政案件的证据种类有电子证据，电子证据是作为一种与视听资料呈并列关系的证据类型。④

2009 年 4 月最高人民检察院发布的《电子证据鉴定程序规则(试行)》中第 2 条规定指出，电子证据是由电子信息技术应用而出现的各种能够证明案件真实情

---

① 《公安机关办理刑事案件程序规定》(1998 年 5 月 14 日公安部令第 35 号发布)第 197 条规定："勘查现场，应当按照现场勘查规则的要求拍摄现场照片，制作《现场勘查笔录》和现场图。对重大、特别重大案件的现场，应当录像。计算机犯罪案件的现场勘查，应当立即停止应用，保护计算机及相关设备，并复制电子数据。"

② 《计算机犯罪现场勘验与电子证据检查规则》(公信安[2005]161 号)第 2 条规定："在本规则中，电子证据包括电子数据、存储媒介和电子设备。"

③ 《公安机关电子数据鉴定规则》(公信安[2005]281 号)第 2 条规定："本规则所称的电子数据，是指以数字化形式存储、处理、传输的数据。本规则所称的电子数据鉴定，是指公安机关电子数据鉴定机构的鉴定人按照技术规程，运用专业知识、仪器设备和技术方法，对受理委托鉴定的检材进行检查、验证、鉴别、判定，并出具鉴定结论的过程。"

④ 《公安机关办理行政案件程序规定(2006 年修订)》第 23 条规定："公安机关办理行政案件的证据种类主要有：(一)书证；(二)物证；(三)视听资料、电子证据；(四)被侵害人陈述和其他证人证言；(五)违法嫌疑人的陈述和申辩；(六)鉴定意见；(七)检测结论；(八)勘验、检查笔录，现场笔录。证据必须经过查证属实，才能作为定案的根据。"

况的材料及其派生物。① 2012 年 12 月最高人民法院颁布的《最高人民法院关于适用〈中华人民共和国刑事诉讼法〉的解释》中第 93 条采用列举的方式界定电子数据概念。② 整体上来说，三大诉讼法修订前电子数据与电子证据两者概念是并存于各司法解释和规范文件中。

2013 年 1 月 1 日实施的刑事诉讼法首次将"电子数据"规定为一种独立证据形态，其后我国民事诉讼法和行政诉讼法分别对现有证据规则体系进行了修改。2014 年最高人民法院，最高人民检察院，公安部结合侦查、起诉、审判实践，就办理网络犯罪案件适用刑事诉讼程序问题发布《关于办理网络犯罪案件适用刑事诉讼程序若干问题的意见》，该程序规范中给出了有犯罪事实的电子数据等证据材料的取证与审查指导。③ 2015 年 1 月 30 日发布的《最高人民法院关于适用〈中华人民共和国民事诉讼法〉的解释》中第 116 条第 2 款和第 3 款规定④指出，电子数据是指通过电子邮件、电子数据交换、网上聊天记录、博客、微博客、手机短信、电子签名、域名等形成或者存储在电子介质中的信息。存储在电子介质中的录音资料和影像资料，适用于电子数据的规定。

2016 年 7 月公安部印发的《公安机关执法细则(第三版)》第 7 章对电子证据的固定和封存进行了规定。⑤ 但是该细则中仍然同时提出了电子证据和电子数据一词，并指出电子数据是作为取证过程中存在于某个载体的电子形式的数据信息。2016 年 9 月，最高人民法院、最高人民检察院、公安部出台了《关于办理刑事案件收集提取和审查判断电子数据若干问题的规定》，该规定第 1 条第 1 款中界定电子数据概念，第 1 条第 2 款通过正面列举方式列举电子数据形式，在第 1

---

① 《人民检察院电子证据鉴定程序规则(试行)》第 2 条规定："电子证据是指由电子信息技术应用而出现的各种能够证明案件真实情况的材料及其派生物。"

② 《最高人民法院关于适用〈中华人民共和国刑事诉讼法〉的解释》第 93 条规定："对电子邮件、电子数据交换、网上聊天记录、博客、微博客、手机短信、电子签名、域名等电子数据，应当着重审查以下内容。"

③ 参见《关于办理网络犯罪案件适用刑事诉讼程序若干问题的意见》(公通字〔2014〕10 号)。

④ 参见《最高人民法院关于适用〈中华人民共和国民事诉讼法〉的解释》(法释〔2015〕5 号)。

⑤ 《公安机关执法细则(第三版)》第 7 章第 3 节电子证据的固定与封存的规定："1. 固定和封存的目的。固定和封存电子证据的目的是保护电子证据的完整性、真实性和原始性。作为证据使用的存储媒介、电子设备和电子数据应当在现场固定或封存。"

条第 3 款中通过反面列举的方式规定以数字化形式记载的证人证言、被害人陈述以及犯罪嫌疑人、被告人供述和辩解等数据需排除在电子数据范畴之外。①

2019 年 1 月公安部正式出台了《公安机关办理刑事案件电子数据取证规则》，进一步明确和细化了公安机关数字取证的相关程序、条件、范围等事项，并对《关于办理刑事案件收集提取和审查判断电子数据若干问题的规定》的未尽事项和争议问题进行了补充和回应，该部规定中统一使用"电子数据"这一术语。整体上来说，三大诉讼法修订后的相关司法解释和程序规定中主要使用"电子数据"一词。

第二节　电子数据特征

一、学界中电子数据技术特征

学界关于电子数据技术特征的归纳大致有：技术依赖性、非直观性、易消失性、系统性、安全性、多媒体性、超容性、复合性、虚拟性、可复制性、高科技性、易破坏性、数字性、混杂性、无痕性、客观性、隐蔽性、破坏后的隐蔽性②、脆弱性、间接性、外在表现形式的多样性等。

从电子数据的司法实践应用角度看，电子数据具有如下的技术特征。

(一)内在形式单一性和外在形式多样性并存

电子数据和其他传统证据不同，电子数据都是经过数字化过程处理，由 0 和 1 组成的二进制码转化而成。不论是信道中的数据还是文字、图像、声音等多样性外在表现形式体现出来的电子数据，皆是 0 和 1 的组合来代表的二进制数码，所谓的电子数据其实质上只是一堆按编码规则处理成的"0"和"1"。

---

① 《关于办理刑事案件收集提取和审查判断电子数据若干问题的规定（2016 年）》第 1 条第 3 款规定："以数字化形式记载的证人证言、被害人陈述以及犯罪嫌疑人、被告人供述和辩解等证据，不属于电子数据。确有必要的，对相关证据的收集、提取、移送、审查，可以参照适用本规定。"

② 宋玉萍：《论电子证据的相关法律问题》，载《郑州工业高等专科学校学报》2004 年第 2 期。

二进制编码经过排列组合出来的形式可以在机器内部代表不同的内容，相应的外在表现也可多种多样，可以表现为文字、图像、声音多种媒体，还可以是交互式的、可加密编译的。作为诉讼使用的证据其表现形式只能是载有过去事件内容的物质材料，与传统证据不同，电子数据以何种形式何种载体来作为诉讼活动中提交给法庭的形式也具有多样性。电子数据的单一性与多样性并存是不矛盾的，这也是电子数据区别于其他证据的最显著技术特征。

(二)稳定性与脆弱性并存

传统证据，如证人证言证据，带有主观色彩易被误传、误记，物证证据易因周围环境变化被改变某种属性，带有技术性差错等因素。与传统证据不一样，电子数据能够客观真实地反映事物的本来面貌，具有客观性。电子数据具有稳定性特征，电子数据的产生、存储和传输都是以技术为依托，以电子设备、存储设备等设备为载体，各个环节均有较为完备的安全性保障，一经形成便始终保持最初、最原始状态，受主观方面因素影响较少。①

但是，电子数据脱胎于现代的科学技术，二进制的电子数据可以轻易地被复制和更改，使得电子数据又表现为脆弱性。在电子数据产生、存储和传输过程中，电子数据的数据内容易被复制、伪造、篡改，且不易留下痕迹，很难被发现。在电子数据的提取、存储和传输过程中，网络通信、计算机系统、系统故障等环境和技术方面的原因，操作人员的人为失误都会造成数据的破坏。例如，在提取数据过程中，操作失误会导致原始数据被删除或被严重破坏并难以恢复，造成数据的不完整。

(三)载体依赖性与不可感知性

电子数据载体依赖性是指电子数据必须依靠一定的电子设备产生，电子数据形成之后会存储于一定的中介电子设备之中，电子数据的传输、读取也离不开对应的软硬件设备。电子数据的外在表现形式可以是多种多样的，但不论证据形式如何，电子数据都离不开与之相连的介质，具有与载体不可分割性，没有任何一种电子数据能够脱离载体而单独存在并能直接证明案件事实。

---

① 曹益军：《刑事诉讼中电子数据的理解与认定》，载《职工法律天地：下》2014 年第 1 期。

传统证据，如书证，可以以文字、符号等方式存储，人可以直接阅读并直接了解证据所记载的内容。与此不同的是，存储在硬盘、光盘等载体介质中的电子数据实质上是由二进制代码0和1按一定编码规则处理成的数据集合，人是无法直接感知的。电子数据是采用二进制生成、存储和传输的，只有通过电子设备、应用软件才能将电子数据内容转化为可以为人们所识别的形式，内在记录的信息只有通过各种载体外化才能为人们直接感知。

另外，电子数据产生、传输、存储需要依附一定的载体而存在着，电子数据载体是可以不同的，人们是难以感知载体上电子数据的不同。例如，电子数据的复制件可以存在于不同的载体中，但人们很难分辨出哪个是原件哪个是复制件。电子数据的载体依赖性与不可感知性是电子数据的一个主要技术特征。

二、司法实务中电子数据三要素特征

何谓取证？通俗点说，可以理解为对以电子形式存在的，用以证明案件事实的数据或信息的"取"和"证"的过程。当然，作为证据类型的电子数据[①]，在取证实务中，一是要考虑其产生和存在的形式是电子形式的材料及其派生物，二是要考虑其功能是用作证据使用，或者理解为这些存储或传输的，以电子形式存在的材料及其派生物，是用于证明案件事实的数据或信息。[②] 对电子数据特征的理解和运用，笔者认为，在司法实务中应把握电子数据三个要素特征：电子要素、数据要素、证据要素。

(一)电子要素

电子数据是以电子形式存在存储或传输的数据或信息。"电子"可以看作数字技术形成的用二进制代码或其他序列代码；"电子形式存在"可以看作其原始数据形态是电子的，存在的是拟作为证据材料的数据信息。原始数据形态的数据信息对电子设备有依赖性的，一是原始数据形态的数据信息是基于电子设备产生和形成的；二是需要使用电子设备或载体去处理和传输原始数据形态的数据信

---

① 注明：在我国法律界，"电子数据"和"电子证据"两个概念基本同义。本书遵从律法规定，统一使用"电子数据"的概念，引文中遵从原文表述的除外。

② 陈光中著：《刑事诉讼法》，北京大学出版社2013年版，第215页。

息；三是需要利用电子设备存储原始数据形态的数据信息以及这些信息内容。

根据对电子要素的分析，不难发现，在取证实务中人是需要借助相应的电子设备或载体去感知和识别拟作为证据的电子数据。在电子数据的收集和提取中，要注意电子数据与其依附载体的统一性，因为这种依赖性和依附性体现在整个证据处理活动中。例如，随着互联网应用的发展和 QQ 用户的增长，利用 QQ 平台作为犯罪工具或犯罪对象案件增多，典型的利用 QQ 涉及的犯罪案件类型有传播计算机病毒、网络诈骗、QQ 敲诈勒索、利用 QQ 非法控制计算机系统程序等。对 QQ 电子数据的取证过程中，则需要弄清 QQ 数据信息的发送接收过程所涉及的电子设备，QQ 数据信息依赖的电子设备，如图 1-1 所示。[①]

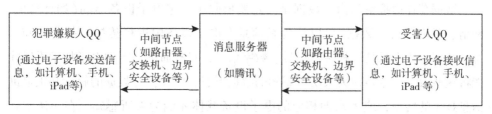

图 1-1　QQ 数据信息依赖的电子设备

电子设备或载体这一要素也决定了原始数据形态的数据信息具有脆弱性和稳定性这一对相互矛盾的特性。一方面，脆弱性意味着这些原始电磁信号易于篡改和伪造而不易为人所感知，而且这些电磁信号一旦被更改、补充或灭失，将很难恢复和重现。在司法实践的取证实务中，取证人员则要在"取"证据阶段把握及时性原则、全面取证原则与合法性原则等。[②] 另一方面，稳定性表现为这些原始电磁信号能长期无损保存，不易彻底销毁，而且可以借助电子设备随时反复重现，其次这些原始电磁信号尽管易于篡改和伪造，只要有足够的技术和设备，仍然能够找到篡改、伪造的痕迹。

(二)数据要素

如何有效地区分电子数据与书证的问题，曾经是困扰基层办案人员的一个问

---

①　王宁、黄凤林：《QQ 电子证据的认证规则构建》，载《计算机科学》2015 年第 B10 期。

②　刘品新著：《电子取证的法律规制》，中国法制出版社 2010 年版，第 18 页。

题。法定的证据形态书证存在于现实物理空间，是可见、可感知的物质形态，一般形成或存在于案发现场。如果在案件的发生过程中，由于案件办理的需要，办案人员把数据打印出来了，那么这些材料是属于发生于案发现场环境下的书证还是属于电子数据的打印输出展示方式？

因此在司法实践取证实务中需要对电子数据的数据要素有正确的了解，对数据存在状态、电子数据的证据形态的分析有助于区别电子数据与其他证据的不同。从数据的生成方式看，电子数据来源一般有如下几种：一是电子设备或电子载体自动运行时所生成的数据，如系统开机时，生成的系统日志 log 文件；二是存储在电子设备或电子载体中的数据，如存储在移动硬盘或 U 盘中的数据文件；三是在人与计算机系统的交互中获得的运行数据。

数据存在虚拟空间内，数据是一定要依附于一定电子设备上的（如计算机、网络、手机等），"数据"可以认为是信息在电子设备中进行传播时的内容和形态。数据本质上只是一种脉冲信号、数字信号，只有通过一定的电子技术手段才能将这些数字信号转换为人所可感知的数据形态，因此，对数据的解读必须借助信息技术的转换，或者借助相应的电子设备载体才能为人所感知。在司法实践中，取证人员要通过一定的技术手段将电子设备或载体上的信息转换为人所可感受和识别的形态，收集和提取的数据在法庭上才能作为证据展示。

（三）证据要素

从技术的角度看，电子数据仅仅是对某项数据的物理形态的概括和描述。司法实践中，不是所有的电子数据都能成为证据，电子数据要成为证据，需要有一个对电子数据赋予"证据功能"的过程，如图 1-2 所示。

图 1-2 电子数据赋予"证据功能"的过程

电子数据被认证为证据的过程，是一个案件事实的证明过程，学理上这个过程指的是电子数据证明能力和证据力的审查和认证过程。① 证明能力指的是某项证据材料是否具有证据资格，其审查内容一般包括主体是否合法、收集程序是否合法等，从而来判断证据证明能力的有无。证明力则关涉证据材料证明效果的大小，解决的是证据能在多大程度上对案件事实起证明作用的问题，证明力的判断是属于法官自由心证的范畴，基本上是由法官根据个案的具体情况自由判断，在案件事实的客观、内在联系及联系的紧密程度的基础上进行认证。

三、立法中电子数据三性特征

我国法律规定证据必须经过查证属实，才能作为定案的根据，指的是证据需要具备真实性，法律规定的非法证据排除规则指的是证据需具备合法性。② 对证据的认定称为认证，主要包括可采纳认定与证明力认定两个方面。我国法律对于证据的采纳标准与采信标准只作了形式上规定，而未作实质性规定。依照我国学理主流意见，某一证据必须具有关联性、合法性与真实性才能作为定案根据。③ 电子数据真实性、合法性、关联性的若干法律规定主要是散见于诸多司法解释和规范性文件中，例如在《关于办理刑事案件收集提取和审查判断电子数据若干问题的规定》中指出，人民法院、人民检察院应当围绕真实性、合法性、关联性审查判断电子数据。④

---

① 刘显鹏：《电子证据的证明能力与证明力之关系辨析》，载《北京交通大学学报(社会科学版)》2013 年第 2 期。

② 《中华人民共和国刑事诉讼法(2018 年修正)》第 50 条规定："……证据必须经过查证属实，才能作为定案的根据。"

第 56 条规定："采用刑讯逼供等非法方法收集的犯罪嫌疑人、被告人供述和采用暴力、威胁等非法方法收集的证人证言、被害人陈述，应当予以排除。收集物证、书证不符合法定程序，可能严重影响司法公正的，应当予以补正或者作出合理解释；不能补正或者作出合理解释的，对该证据应当予以排除。在侦查、审查起诉、审判时发现有应当排除的证据的，应当依法予以排除，不得作为起诉意见、起诉决定和判决的依据。"

③ 陈海燕：《论视听资料的技术发展所带来的法律问题和技术对策》，载《电信科学》2010 年第 S2 期。

④ 《关于办理刑事案件收集提取和审查判断电子数据若干问题的规定(2016 年)》第 2 条规定："侦查机关应当遵守法定程序，遵循有关技术标准，全面、客观、及时地收集、提取电子数据；人民检察院、人民法院应当围绕真实性、合法性、关联性审查判断电子数据。"

(一)电子数据真实性

何谓电子数据真实性，何种情形下电子数据是真实的抑或是不真实的，学界、立法和司法实务界也未给出清晰的定义和解释，但当前学界中多数学者、立法界和司法界普遍认同电子数据真实性是电子数据证据材料的灵魂，是法庭乃至整个司法实践系统关注的重中之重。

电子数据是借助于现代数字化电子信息技术及其设备存储、传输、处理和输出的信息作为证明案件事实的证据材料。电子数据为数字化电磁记录，属于一种电子信息，电子数据是信息依附于存储介质后才产生的，所有电子数据于形态上均是特定载体上的"记录"。再次，电子数据的脆弱性及不可感知性等技术特征，使得其内容容易被删除、篡改且难以被发现。从证据的角度看，电子数据的收集、审查判断面临的核心问题是真实性问题，例如，电子数据的原件是否来源真实，存在于载体中的电子数据是否真实，是否与原始数据保持一致，是否存在被修改、删除、增加等真实性认定问题。

当前的司法实践中，对电子数据真实性的认定主要是依靠技术措施和程序规则两个方面。技术措施主要利用电子数据本身的特质来加以控制，也就是通过技术应用来证明电子数据是真实的、没有更改过的，用来说明电子数据保持在原始状态。例如，在硬盘取证中，先计算收集磁盘前 MD5 值，比较收集前后的文件的 MD5 值，这样可以用来表示证据收集过程没有改变数据。再如，通过数字签名把电子数据对象的消息摘要与诸如"当前时间"这样的信息相结合，然后利用与某个人或某个小组的相关签名密钥对这些结合的信息进行加密，得出的加密块就是签名，可表明电子数据信息未被更改过(例如 MD5 值)，证明电子数据对象什么时候被签名，谁执行的操作。[1]

由于法官、检察官、律师等通常不具备相应的专业技术知识，很难以进行电子数据实质性的技术审查和质证。[2] 在司法实践中，法官、检察官对技术问题的审查主要采用两种方式：一是依靠电子数据司法鉴定意见，通过审查鉴定意见对

---

[1] 刘志军：《电子证据完整性的几个关键技术研究》，武汉大学 2009 年博士学位论文。

[2] 褚福民：《电子证据真实性的三个层面——以刑事诉讼为例的分析》，载《法学研究》2018 年第 4 期。

存疑的若干电子数据真实性问题进行审查判断；二是将技术问题转化为法律程序问题，通过审查遵守程序规则的相关证据是否完备，从法律形式上确认电子数据真实性。

（二）电子数据合法性

对于证据的合法性，我国法律有着明确的法律条款规定，例如，《中华人民共和国刑事诉讼法（2018 年修正）》第 56 条规定了非法证据排除规则；第 59 条规定人民检察院应当对证据收集的合法性加以证明；[①] 对取证主体合法性审查可以根据我国《中华人民共和国刑事诉讼法（2018 年修正）》第 52 条规定，该项规定指出作为证据收集主体的司法人员包括审判人员、检察人员和侦查人员。[②]

电子数据合法性是指电子证据收集、固定及移送必须在主体、形式和程序方法上符合有关法律的规定，合法收集的电子数据才具有证据能力，才能作为定案的根据。电子数据合法性包括电子取证主体的合法性，证据表现形式合法性、取证手段合法性、调查程序合法性。由于电子数据在程序和方法上有着不同于传统证据的特殊要求，当前电子数据合法性审查方式主要是通过一些司法解释和程序规范性文件给出的程序规则来审查的。[③] 例如，《关于办理刑事案件收集提取和审查判断电子数据若干问题的规定》第 7 条规定，收集、提取电子数据的主体是

---

① 《中华人民共和国刑事诉讼法（2018 年修正）》第 56 条规定："采用刑讯逼供等非法方法收集的犯罪嫌疑人、被告人供述和采用暴力、威胁等非法方法收集的证人证言、被害人陈述，应当予以排除。收集物证、书证不符合法定程序，可能严重影响司法公正的，应当予以补正或者作出合理解释；不能补正或者作出合理解释的，对该证据应当予以排除。在侦查、审查起诉、审判时发现有应当排除的证据的，应当依法予以排除，不得作为起诉意见、起诉决定和判决的依据。"

第 59 条规定："在对证据收集的合法性进行法庭调查的过程中，人民检察院应当对证据收集的合法性加以证明。现有证据材料不能证明证据收集的合法性的，人民检察院可以提请人民法院通知有关侦查人员或者其他人员出庭说明情况；人民法院可以通知有关侦查人员或者其他人员出庭说明情况。有关侦查人员或者其他人员也可以要求出庭说明情况。经人民法院通知，有关人员应当出庭。"

② 《中华人民共和国刑事诉讼法（2018 年修正）》第 52 条规定："审判人员、检察人员、侦查人员必须依照法定程序，收集能够证实犯罪嫌疑人、被告人有罪或者无罪、犯罪情节轻重的各种证据。"注明：此条款对应《中华人民共和国刑事诉讼法（2013 年版）》第 50 条规定。

③ 王宁、刘志军、黄玉萍：《层次化探究电子数据相关性》，载《科技视界》2019 年第 7 期。

侦查人员，人数为二名以上，并且取证的方法要符合相关技术标准。①

在司法实践中，常见的电子数据合法性审查包括审查电子数据收集是否合法，通常审查电子数据收集是由何人、在何地、在何时通过什么手段，采用什么工具，在什么情况下取得的，是否违背了法定的程序，是否采用了法律明确禁止的手段、方法等。在审查电子数据存储和传输过程中是否合法，通常审查生成后的电子数据的存储过程、存储载体、传输介质等是否符合电子数据的基本存储技术标准和法律规范。

(三) 电子数据相关性

早期一些学者在研究英美证据法时，直接援引"Relavancy"一词，或将其译为"相关性"，于是"证据相关性"一词在学界获得较多人的知悉和关注。最早将"证据关联性"以明文形式规定在法律条款中的是 2001 年的《最高人民法院关于民事诉讼证据的若干规定(法释[2001]33 号)》第 50 条规定。② 我国法律中没有明确界定证据相关性及其法律适用范围，但作为案件定案依据的证据必须具有相关性，这也是目前法学理论界和实务界的共识。何谓证据的相关性或证据的关联性③，法律条款中也未给予定义和解释，但根据若干法律条款和司法解释，证据的相关性是指证据材料与所证明的事实与案件事实之间是否存在联系，证据材料与待证事实之间关联的程度。

如同证据相关性一样，学界、立法和司法实务界也未给出电子数据相关性的清晰定义和解释。然而，在当前司法实践中电子数据遭受的相关性挑战形形色色，相关性对电子数据认定结果的实际影响，远超过真实性、合法性和证明力之效果，电子数据相关性已成为电子数据司法实践运用中的第一障碍。④ 例如，电

---

① 《关于办理刑事案件收集提取和审查判断电子数据若干问题的规定(2016 年)》第 7 条规定："收集、提取电子数据，应当由二名以上侦查人员进行。取证方法应当符合相关技术标准。"

② 《最高人民法院关于民事诉讼证据的若干规定(法释[2001]33 号)》第 50 条规定："质证时，当事人应当围绕证据的真实性、关联性、合法性，针对证据证明力有无以及证明力大小，进行质疑、说明与辩驳。"

③ 注明：早期学界提出的"相关性"和后期法律条文规定的"关联性"两个术语名词基本同义。本书为行文所需，统一使用"相关性"的概念，引文中遵从原文表述的除外。

④ 刘品新：《电子证据的关联性》，载《法学研究》2016 年第 6 期。

子数据与犯罪案件是否相关？电子设备中的电子数据与犯罪行为是否相关？电子数据是否能用于证明某项事实或处于某项状态的关联？犯罪嫌疑人实施了与案件有关的行为时，电子数据与犯罪嫌疑人之间是否存在某种联系的关联性？虚拟空间的人与物理空间中的人是否相关一致？[1] 电子数据相关性的审查判断对司法实务人员而言是一个巨大的挑战。

第三节　电子数据相关理论研究

一、学术层面上的电子数据取证研究

（一）取证技术

电子数据取证是应用电子数据来认定案件事实的必要前提和先置程序，而取证技术又贯穿于整个电子数据取证过程中，从某种意义上说，电子数据取证的研究史就是一部取证技术的发展史。

20 世纪 80 年代初，个人电脑的普及和互联网的出现带来了大量的计算机犯罪，这一时期计算机使用者主要是专业的技术人员，主要功能是进行数据处理，所涉及犯罪行为主要是资源的滥用行为，[2] 取证技术研究多是用于解决特定取证问题，比如镜像或者识别删除的文件，取证技术上以数据恢复技术为主。[3] 2000 年前后，计算机犯罪行为从独立的个人计算机扩大到网络入侵、数据解密等专业化领域，出现了基于 Windows 界面取证工具，如 Expert Witness、Encase、FTK、iLook、ACES 等；基于 Linux 取证工具，如 TSK、SMART、HELEX 等。与此同时，网络取证技术、内存取证技术得到了关注和研究。

2005 年以后，电子数据取证技术研究的深度和广度不断扩大，取证对象也更加多样化，取证的对象不仅包括文件系统、网络，也包括手机、MP3、PDA，

---

① 王宁、刘志军、黄玉萍：《层次化探究电子数据相关性》，载《科技视界》2019 年第 7 期。

② 李毅：《电子数据取证发展概况》，载《中国信息安全》2019 年第 5 期。

③ 参见郭永健：《云计算冲击下的网络安全与云取证》，载百度文库，http：//wenku. baidu. corn/view/de336b70f46527d3240ce0e0. html，最后访问时间 2020 年 5 月 6 日。

以及网络社交系统、手机游戏平台、电子邮件、商业业务记录系统等，取证技术的研究也集中于手机取证技术、虚拟化存储环境下的取证技术。2010 年至今，云计算、大数据和物联网等为代表的新一代技术扩大了取证对象，云取证技术、大数据取证技术等成为当前取证技术研究的热点。

（二）取证技术规范

20 世纪 90 年代后期，电子数据取证发展中隐含的问题凸显出来，即过分关注取证技术及应用产品的开发而忽视了基本理论及基本方法的研究，导致了在许多数字犯罪侦破中的取证过程既没有一致性也没有可依据的标准。由此，业内许多专家开始对取证标准、取证技术规范问题进行研究。

国际标准化组织（International Organization for Standardization，ISO）先后发布了 ISO/IEC 27041《调查方法适宜性充分性保障指南》、ISO/IEC 27042《电子数据分析解释指南》和 ISO/IEC 27043《调查原则和过程》的草案文本。Internet 工程任务组（The Internet Engineering Task Force，IETF）发布 RFC 3227《电子数据收集、保管指南》，计算机证据国际组织（International Organization on Computer Evidence，IOCE）发布计算机取证过程中应该遵守的 6 条基本原则。美国国家标准与技术研究院、美国司法部、美国联邦调查局的"数字科学组"和"图像技术科学组"等机构制定了一系列电子数据取证相关标准和规范。英国内政部科学发展处（Home Office Scientific Development Branch，HOSDB）、信息安全咨询委员会（Information Assurance Advisory Council，IAAC）、英国数字保存联盟（Digital Preservation Coalition，DPC）等机构推出了一系列与电子数据取证相关的技术规范。[①]

在我国，2001 年从研究黑客入侵取证开始引入计算机取证技术[②]，虽然国内电子数据取证领域的发展起步较晚，但发展迅猛。近年来我国电子数据的取证技术本身和技术规范都得到了长足的发展，这种进步尤其体现在对取证步骤、细节的要求和规范化程度的制定上。我国已制定 4 项电子数据取证国家标准，公安部制定的相关社会公安安全行业标准和技术规范有 22 项，司法部制定了 10 项标准

---

① 郭弘：《电子数据取证标准体系综述》，载《计算机科学》2014 年第 10A 期。
② 李毅：《电子数据取证发展概况》，载《中国信息安全》2019 年第 5 期。

和技术规范，高检院发布了 8 项标准和技术规范。①

（三）取证程序

取证程序是取证主体对取证对象实施取证行为的程序性规定。取证程序既包括法律所规定的侦查主体实施案件调查及证据收集行为的程序，也包括在案件诉讼过程中律师、当事人实施证据收集行为的程序，以及在案件的审判阶段时法庭的案件调查程序。

司法实践中，欧美大多数国家更多地在学说、法律和判例中予以确定电子数据取证程序。具体说，是由法律设置取证的限制性条件，由具体判例对个案后果予以确定，通过单独出台法律规范的形式明确电子数据的取证程序规范行为。国内的相关程序规定多是由最高人民法院、最高人民检察院或公安部出台，以规范文件的形式进行规定，在通用的刑事侦查取证程序性规范中针对电子数据的收集提取规范作出特别规定。例如，2016 年最高人民法院、最高人民检察院、公安部联合出台的《关于办理刑事案件收集提取和审查判断电子数据若干问题的规定》、2019 年公安部出台的《公安机关办理刑事案件电子数据取证规则》对电子数据的收集提取方法进行了程序性规范。

学理上，取证程序的相关研究多停留在侦查行为实施的方式、取证技术步骤或者取证模型等策略问题上。电子数据技术对侦查程序有何影响，在法治层面电子数据侦查程序需要遵循什么样的原则，如何通过对权力的控制实现公民利益保障等相关问题研究甚少。②

二、法律层面上的电子数据制度与规则研究

（一）电子数据定位问题

20 世纪 80 年代初开始，学术界关于电子数据定位一系列理论的提出包括"视听资料说""书证说""混合证据说"等，呈现出各个学术派别的百家争鸣，其争论的焦点在于将电子数纳入诉讼法列举的证据类型中的哪一类。例如，将电

---

① 刘品新：《电子证据的关联性》，载《法学研究》2016 年第 6 期。
② 尹鹤晓：《电子数据侦查取证程序研究》，中国人民公安大学 2019 年博士学位论文。

子数据纳入视听资料者认为视听资料与电子数据存在形式有相似之处，且皆需借助一定的工具或以一定的手段转为其他形式后才能被人直接感知，两者的正本与复本均没有区别等。再如，将电子数据纳入书证者认为书证与电子数据两者的记录方式不同、记载内容的介质也不同，但却具有相同的功能，即均能记录完全相同的内容，电子数据通常也是以其代表的内容来说明案件中的某一问题，且必须输出、打印到纸上，形成书面材材料，具有书证的特点。①

2013年1月1日实施的刑事诉讼法在立法层面将电子数据作为独立的证据类型加以规定，使得之前关于电子数据的定位之争（"独立证据说""混合证据说""视听资料说""书证说""物证说""鉴定结论说"等）尘埃落定。②

在法律没有明确认可电子数据的证据地位时，或者说当时没有明确将其划归某一类证据的情况下，我国证据法学研究者们在理论研究中通过探讨电子数据的定位问题来对电子数据的范围进行界定。在法律赋予电子数据同传统证据一样的证据法待遇后，我国证据法学研究者们也开始了以独立全新的视角并结合现实社会的信息化进程，对电子数据的内涵和外延等方面展开了新的研究。

(二)认证规则研究

笔者在中国知网、维普数据库中输入"电子数据""电子证据"等关键词后查询，两者皆显示电子数据相关文章的数量从2000年后呈现出了不同程度的增长。讨论电子数据证据制度及认证规则的相关文章在《中华人民共和国刑事诉讼法(2012年修正)》出台前后呈现大幅度的增长，其中关键原因可能是2012年新修订的刑事诉讼法将电子数据加入了证据类型，相关的认证规则构建得到了大量研究。

虽然电子数据法律地位得以确立，但也存在着电子数据理论体系薄弱、规范性文件缺失、电子数据证明力的判断规则不明确等情况。不同背景的证据法学研究者提出了电子数据的证据能力要素组成、电子数据的"法庭准入资格"和"定案根据资格"等真知灼见。例如，证据能力或证据资格、证据的可采性是指证据可

---

① 张栋：《论电子证据的法律定位》，载《东岳论坛》2009年第6期。
② 曾宇迪：《电子数据质证规则研究》，吉林大学2018年硕士学位论文。

以用作证明资料的效力，即可以用于证明案件事实存否的资格。① 证明力又称为"证明价值"或"证明作用"，是指一个证据所具有的证明某一待证事实可能存在或可能不存在的能力。证据的证明力其实是由两个侧面组成的：一是真实性，二是相关性。所谓"证据能力"，又称为证据的"合法性"，是指证据能够转化为定案根据的法律资格。②

学者们在学术研究中还结合电子数据自身特点对认证规则进行了完善。例如，电子数据真实性审查规则的应包括三个层面审查，即电子数据载体真实性、电子数据真实性和电子数据内容真实性。③ 例如，为了防范因为取证主体不适格而损害电子数据证据能力，应针对具体案件类型、电子数据种类等因素建立科学的电子数据取证主体制度，电子数据应区分为"一体收集"和"单独提取"两种取证模式。④ 再如，电子数据的相关性应具有电子数据的双重关联性特性，用于定案的电子数据必须同时满足内容和载体上的关联性，前者是指其证据信息要同案件事实有关，后者是指虚拟空间的身份、行为、介质、时间与地址要同物理空间的当事人或其他诉讼参与人关联起来。⑤

三、司法实践运用上的电子数据研究

(一) 案件线索

在传统犯罪案件中，手机等数字设备也成为嫌疑人日常生活的必需品，嫌疑人涉案的手机等终端设备上会存储着 QQ、微信等记录，这些涉案记录关联着嫌疑人的身份信息、存储着上网记录、GPS 痕迹信息等。在利用互联网技术实施的盗窃、诈骗、敲诈等案件中，或者在高科技犯罪案件如网络赌博、网络传销、电信诈骗等案件中，其犯罪的资金流、信息流都依托于一定的电子设备存在，电子

① 汪振林主编：《电子证据学》，中国政法大学出版社 2016 年版，第 294 页。
② 陈瑞华著：《刑事证据法》，北京大学出版社 2018 年版，第 126~133 页。
③ 褚福民：《电子证据真实性的三个层面——以刑事诉讼为例的分析》，载《法学研究》2018 年第 4 期。
④ 谢登科：《电子数据的取证主体：合法性与合技术性之间》，载《环球法律评论》2018 年第 1 期。
⑤ 刘品新：《电子证据的关联性》，载《法学研究》2016 年第 6 期。

设备中存储着与案件相关的电子数据痕迹。

由于电子数据承载着丰富的案件信息，可以真实、准确、客观地反映涉及违法犯罪的作案活动情况。在司法实践中，则需要从技术理论和方法上研究电子数据如何能成为案件侦查的有效线索。例如，如何利用系统日志、文件时间属性等，结合其他信息对案发时间进行判定；如何利用手机 GPS 痕迹信息等对案发地点进行判定；如何对行为人的 IP 地址和注册信息的查询，用于确定嫌疑人；如何利用日志信息、IP 地址等信息的分析明确案(事)件过程；如何利用手机短信、聊天记录、照片等电子数据为案事件定性和法庭诉讼提供有力的证据。[1]

(二)电子数据司法鉴定意见书

由于电子数据具虚拟性、易删改性和不易察觉性，与传统证据相比，肉眼看不出电子数据是否属实，电子数据本质上是由"0"和"1"组成的二进制字符。电子数据的技术特征决定了电子数据是无形的且易被破坏的，人对此又是无法感知的，这些问题加大了法官认定电子数据的难度。在诉讼过程中，大部分法官对技术的可靠性持怀疑态度，有时需要借助电子数据司法鉴定意见对电子数据是否具有真实性进行判断，对多源、分散的电子数据进行拼接、推理并形成案件结论是否科学性进行判断。

诉讼法及相关的司法解释也对司法鉴定进行了专门的规定。例如，《中华人民共和国刑事诉讼法(2018 年修正)》第 146 条规定，为了查明案情，需要解决案件中某些专门性问题的时候，应当指派、聘请有专门知识的人进行鉴定。[2]《中华人民共和国民事诉讼法(2017 年修正)》第 76 条规定，当事人可以就查明事实的专门性问题向人民法院申请鉴定。[3]《最高人民法院关于执行〈中华人民共和国

---

① 黄玉萍、刘志军、王宁:《大数据环境下电子物证技术的挑战与方法应对》，载《科技视界》2019 年第 5 期。

② 《中华人民共和国刑事诉讼法(2018 年修正)》第 146 条规定:"为了查明案情，需要解决案件中某些专门性问题的时候，应当指派、聘请有专门知识的人进行鉴定。"

③ 《中华人民共和国民事诉讼法(2017 年修正)》第 76 条规定:"当事人可以就查明事实的专门性问题向人民法院申请鉴定。当事人申请鉴定的，由双方当事人协商确定具备资格的鉴定人;协商不成的，由人民法院指定。当事人未申请鉴定，人民法院对专门性问题认为需要鉴定的，应当委托具备资格的鉴定人进行鉴定。"

刑事诉讼法〉若干问题的解释》第 84 条规定了司法鉴定意见的审查内容。①

在司法实践方面，层出不穷的高科技犯罪手段和方法给案件的侦破和审判增加了难度，也使得电子数据司法鉴定成为案件侦查中重要的一环，成为电子数据审查与认定的重要甚至关键性的参考因素。但是，无论电子数据是否进行鉴定，法官都难以实质性地对电子数据司法鉴定进行有效审查②③，电子数据司法鉴定除了借助科学原理和方法外，还需要借助鉴定者个人的经验，本质上而言电子数据司法鉴定属于技术性证据，需要从技术性审查制度和技术性审查标准加以理论上的研究。

(三) 电子数据司法运用的理论研究

在民事诉讼中，由于电子数据的载体危机，以及民事诉讼中的书证化，民事案件中电子数据得到采信和使用处于不发达的状况。电子数据在刑事诉讼中得到了广泛应用，已成为控方的重要武器。

在刑事诉讼司法实践中，侦查机关较多关注电子数据的收集提取、鉴定等问题，公安机关的专家和技术人员发表的电子数据相关理论的文章不多。在这些已发表的文章中，绝大多数文章是关于对取证操作、取证技术的介绍和最新取证方法的分析，因为公安机关技术人员通常关注的是如何有效运用技术手段获取更多的数据信息。

在我国，电子数据司法运用理论的研究经历了一个从研究域外发达国家和地区的相关规则到提出我国的规则体系构建，再到分析具体规则的司法实践运用，进而探讨前瞻新型技术在电子数据规则中可能出现的问题及应对措施，这样一个逐步深入和细化的过程。④ 近年来，在电子数据司法运用的理论研究方面，法学理论界开始较多地关注于取证行为的程序性规范以及司法实践中侦查取证程序的

---

① 参见《最高人民法院关于适用〈中华人民共和国刑事诉讼法 (2012 年)〉的解释》第 84 条规定："对鉴定意见应当着重审查以下内容：(一) 鉴定机构和鉴定人是否具有法定资质；(二) 鉴定人是否存在应当回避的情形；……"

② 胡铭：《电子数据在刑事证据体系中的定位与审查判断规则——基于网络假货犯罪案件裁判文书的分析》，载《法学研究》2019 年第 2 期。

③ 谢登科：《电子数据的鉴真问题》，载《国家检察官学院学报》2017 年第 5 期。

④ 尹鹤晓：《电子数据侦查取证程序研究》，中国人民公安大学 2019 年博士学位论文。

理论研究。例如，龙宗智教授就 2016 年出台的电子数据规定分析了该规定中的一些不足地方，并指出下一步侦查程序的发展应该对强制侦查的司法审查、救济程序进行完善。① 针对电子数据取证中存在的技术特殊性问题，赵长江教授建议，侦查人员应有更多的选择空间，但同时也应受到更加严格的行为规范约束。② 胡铭教授则更具体地指出，目前我国用勘验、检查、鉴定的取证手段规避了在法律上受到更严格规范的搜查行为，使得电子数据取证的法制化程度受到质疑。③

---

① 龙宗智：《寻求有效取证与保证权利的平衡——评"两高一部"电子数据证据规定》，载《中国检察官》2017 年第 1 期。

② 赵长江、李翠：《电子数据搜查扣押难点问题研究》，载《太原理工大学学报（社会科学版）》2017 年第 3 期。

③ 胡铭、王林：《刑事案件中的电子取证：规则、实践及其完善——基于裁判文书的实证分析》，载《政法学刊》2017 年第 1 期。

第二章　电子数据取证技术及工具

　　电子数据取证是电子数据司法运用的第一环，没有合乎法律和技术双重要求的电子数据取证，无从谈及后续的电子数据举证、质证和认证。取证技术贯穿于整个电子数据取证过程，在整个电子数据取证工作中，电子数据取证技术发挥着关键作用，甚至直接影响或决定取证结果。

　　取证工具是取证技术的重要承载与集中体现，电子数据的提取和分析依赖于电子数据取证工具的使用。取证人员是否拥有足够多的、合适的、高效的取证工具，在很大程度上影响着取证工作的成败，取证工具的可靠与否也直接关系到对电子数据证据属性的审查和认定。

　　对电子数据的任何研究离不开对电子数据技术行为的全面审视。本章将梳理电子数据取证技术发展，剖析当前取证技术发展中面临的挑战，归纳电子数据取证工具分类，分析当前司法实践中取证工具评估选用的困境，提出取证工具的运用规则，对于弄清当前司法实务中电子数据司法实践应用存在的问题，展开电子数据相关性研究不无裨益。

第一节　电子数据取证技术

一、取证技术之于取证工作

（一）取证技术之于电子数据

　　在计算机科学领域，电子数据指的是在电子设备如计算机或计算机系统运行过程中产生的电磁记录，是以电子形式存在存储或传输的数据或信息，表现为一堆按编码规则处理成的"0"和"1"二进制串。这种二进制串能够被计算机读懂，而人使用的高级语言或者输入的信息，计算机是读不懂的，必须经过数字化转换成二进制的机器语言，计算机才能读懂。

而我们通常所说的电子数据，是"0"和"1"二进制串的外在表现形式，这些外在表现形式具有多样性，可以以文本、图形和图像的形式体现，也可以以动画、音频及视频的形式体现。这些外在表现形式是为人所可感知的数据形态，通过一定的电子技术手段将在电子设备中进行传播时的内容和形态，如脉冲信号、数字信号等，转换为人所可感知的数据形态。

众所周知，电子数据的产生、存储和传输都必须借助于计算机技术、信息技术、存储技术、网络技术等高科技，对于这种高科技的产物，既看不见摸不着，又具有内在无形性二进制数据，取证人员难以见到实际的数据。如何去识别电子数据，如何将这些数据信息有效地组织在一起，并翻译成人能看得懂的外在表现形式，必须借助取证技术，这也是取证技术之于电子数据的重要性体现之一。

电子数据是以电子形式存在的，意味着这些数字信号或模拟信号组成的数据必然要存储在某种电子设备中，也就是说电子数据要依附一定的载体而存在。这些载体包括但不限于计算机、服务器、手机、硬盘、DVD、U盘、录音笔、传真机、网络设备、移动存储介质等。电子数据及其依附的载体环境是可以很容易被修改的，可能是犯罪嫌疑人故意地修改，也可能是取证人员在取证中无意地修改，这些修改都不会留下明显的失真信号。

在没有外界蓄意篡改或差错影响的情况下，电子数据一般能客观反映有关事实情况。但当有人为的因素或技术的障碍介入时，电子数据极容易被篡改、伪造、破坏或毁灭。与传统证据形式相比，电子数据被破坏后不留痕迹，难以凭肉眼判断，导致其较之传统的证据形式更难把握和容易被忽略，也可能导致其原始证据失去证明效力，取证技术是查清电子数据是否改动过的技术保障。

(二)取证技术之于取证过程

何谓取证过程？取证过程指的是有调查取证权的组织或个人为了查明案件事实的需要，向有关单位、个人进行收集、调查分析证据的过程。[①] 通俗点可以理

---

① 参见《关于办理刑事案件收集提取和审查判断电子数据若干问题的规定(2016年)》第2条规定："侦查机关应当遵守法定程序，遵循有关技术标准，全面、客观、及时地收集、提取电子数据。"

解为，电子数据取证过程就是有调查取证权的组织或个人对涉案的电子数据进行发现、固定、收集提取、分析检验和生成报告的整个过程。DFRWS 框架根据这个取证过程将取证分成如下六大类：识别类（Identification）、保存类（Preservation）、收集类（Collection）、检查类（Examination）、分析类（Analysis）、呈堂类（Presentation）。[1]

根据 DFRWS 技术框架，电子数据取证过程中涉及的取证技术有电子数据发现技术、电子数据保全技术、电子数据收集技术、电子数据检验技术、电子数据分析技术、电子数据呈堂技术。[2]

电子数据发现技术是指对被调查的计算机和相关设备及网络所提供的虚拟数字现场进行调查，搜索和确认可能涉案的电子数据所采用的取证技术，具体技术包括关键词搜索技术、隐蔽代码发现技术、端口和漏洞扫描技术、网络数据包抓获技术、数据挖掘技术等。

电子数据保全技术是指用一定形式将电子数据固定下来，加以妥善保管，以便司法人员或律师分析、认定案件事实时使用所采用的取证技术，具体技术包括数字摘要技术、数字签名技术、数字签名及时间戳技术、数据加密技术等。

电子数据收集技术是指面对众多未知和不确定性数字信息，收集和获取确定性的、与案件相关的证据信息所采用的技术，具体技术包括软硬件的数据恢复技术、磁盘镜像技术、密码破解技术、数据复原技术、数据扫描技术等。

电子数据检验技术指的是在已收集好的电子数据基础上，结合案件进行合理解释、分析所涉及的技术，具体技术包括数据挖掘技术、数据解密技术、数据搜索技术等。

电子数据分析技术是指为了查明案件事实真相，分析证实信息的存在、来源以及传播途径等所采用的技术，具体技术包括日志分析技术、数据解密技术、数据挖掘技术、对比分析技术等。

电子数据呈堂技术是指在对调查对象进行全面梳理分析的基础上，进行数据汇总并得出分析结论意见所采用技术，具体技术包括数据可视化技术、多媒体法庭证据展示技术等。

---

[1]　刘志军：《电子证据完整性的几个关键技术研究》，武汉大学 2009 年博士学位论文。
[2]　杜春鹏著：《电子证据取证和鉴定》，中国政法大学出版社 2014 年版，第 82~84 页。

不难发现，在电子数据发现到电子数据呈堂供证的整个过程中，取证技术贯穿于每一个取证阶段。事实上，电子数据无论以何种形式表现，都具有对技术的依存性，这种依存性贯穿于电子数据从产生到呈现的每一个阶段。无论过去已有的电子数据表现形式，还是将来出现新的电子数据表现形式，其最终都可以归咎为技术发展带来的信息表达方式的更迭。

二、依取证对象划分的取证技术

早期有研究者将取证技术分为基于主机取证技术和基于网络取证技术，[①] 有研究者根据取证对象的取证时机将取证技术分为实时取证技术和事后取证技术。[②] 事实上，探讨取证技术离不开对取证对象的研究，由于取证对象的变化，取证技术的研究随之发生着变化。例如，最初的取证多称之为计算机取证（Computer Forensics），取证对象是计算机系统及其计算机运行过程中产生的记录，后来随着取证对象的多样化，数字取证（Digital Forensics）就成为了学术界普遍接受的技术性名词。随着互联网应用的普及和网络犯罪案件的增多，取证对象是网络流及网络设备，网络取证技术（Networks Forensics）被关注[③④]。近年来，云存储和云计算正成为互联网发展的前沿并得到广泛的应用，云取证技术（Cloud Forensics）成为当前取证技术研究的热点[⑤⑥]。

（一）数字取证技术

1. 计算机取证技术

计算机取证技术指的是对计算机或计算机系统运行过程中产生的电子数据进

---

① 尉永青、刘培德：《计算机取证技术研究》，载《信息技术与信息化》2005 年第 4 期。

② 刘凌：《浅谈计算机静态取证与计算机动态取证》，载《计算机安全》2009 年第 8 期。

③ "网络取证"一词在 20 世纪 90 年代由计算机安全专家 Marcus Ranum 最早提出，但当时网络应用的范围还很有限。参见 Marcus Ranum. Network flight recorder，http：//www. ranum. com，最后访问时间：2020 年 6 月 15 日。

④ Hunt R："New developments in network forensics Tools and techniques"，2012 18th IEEE International Conference on Networks（ICON）. *IEEE*，2012，pp. 376-381.

⑤ K. Kent, S. Chevalier, T. Grance, and H. Dang："Guide to integrating forensic techniques into incident response"，*NIST Special Publication*，2006，pp. 800-806.

⑥ Ruan K., J. Carthy, T. Kechadi, M. Crosbie："Cloud Forensics"，*7th IFIP Advances in Digital Forensics VII*，2011，pp. 35-46.

行固定、收集提取和分析所采用的技术手段。取证对象主要是计算机系统方面的电子数据，以及与计算机系统相关联的网络方面的电子数据。涉及的计算机取证技术包括存储设备的磁盘映像拷贝技术、数据恢复技术、加密解密技术和信息搜索与过滤技术等。

（1）磁盘映像拷贝技术。映像拷贝技术也称镜像技术，就是使用专业的数据获取工具将嫌疑计算机硬盘或存储介质如 U 盘、SD 卡、TF 卡、移动硬盘、光盘等中的数据按 bit-to-bit 的方式进行精确地复制，并以文件的形式保存。Linux DD 镜像格式和 Expert Witness 证据文件格式是现今取证实践中通用的证据文件格式。

（2）数据恢复技术。数据恢复技术是指通过技术手段，将保存在电子设备①上丢失的电子数据进行抢救和恢复的技术，数据恢复涉及系统的硬件层面和软件层面。硬件恢复技术主要包括修理或替换硬件、读取盘片和修复伺服软件三种类型。软件层面的数据恢复主要是基于硬盘、优盘、软盘等介质上的存储原理展开的恢复技术操作。

（3）开机取证技术。开机取证就是在不关闭嫌疑人计算机系统，在系统运行时收集相关信息以完成的取证工作②。开机取证分为本地开机取证和远程开机取证。本地取证是通过本地计算机系统的控制台输入命令，将信息保存在本地硬盘、移动介质（闪存、USB 盘）或映射到本地的网络共享驱动器中。远程开机取证是调查取证人员在拥有远程登录权限后，通过网络获取远程系统信息的取证。批处理文件可以作为构建开机取证方法的基础，最简单的方法是取证人员编写具有弹性的批处理文件和脚本，或利用一些工具进行计算机运行系统的开机取证③。

2. 移动存储设备取证技术

根据移动互联网的组成方式，移动数字取证可分为 4 类，包括移动设备取

---

① 台式机硬盘、笔记本硬盘、服务器硬盘、存储磁带库、移动硬盘、U 盘、数码存储卡、Mp3 等电子设备。

② 王宁、刘志军、麦永浩：《Windows RootKit 检测与取证技术研究》，载《信息网络安全》2012 年第 2 期。

③ 黄文汉：《基于 Windows 系统的开机取证方法研究》，载《电脑知识与技术》2012 年第 10X 期。

证、移动系统取证、移动网络取证、移动应用取证。① 根据移动设备证据源的角度，移动设备的数字数据可分为 3 个部分，包括易变性数字数据、固定性数字数据及文件系统之数字数据②。移动设备取证指南（Guidelines on Mobile Device Forensics）③中则指出，移动存储设备取证技术分为 5 层次技术，其技术分类的依据是据提取数字数据手段和方式的不同。

（1）手工提取技术。手工提取技术是指直接在移动终端上通过按钮、触屏等方法浏览查看相关数据，并使用相机等翻拍设备记录证据的技术。这种技术手段简单方便，但不足在于必须保证该设备处于未设置密码或已知密码能进入正常开机的状态，这种方式仅能获取已有数据，对于删除的数据无法进行提取和固定。

（2）逻辑提取技术。类似计算机系统中文件的拷贝，移动终端逻辑提取技术就是将移动终端（如手机）连接电子设备（如计算机电脑），进行数据同步传输，将移动终端设备中的短信、通话记录等传输到电子设备（如计算机电脑）的应用技术。

（3）JTAG 提取技术和十六进制镜像。JTAG 的技术原理是通过向移动终端背后的 JTAG 点，向移动终端的 CPU 发指令，通过 JTAG 指令控制 CPU，将 FLASH 所有数据发给 CPU。④ 对移动终端进行十六进制镜像可以完整地获取移动终端存储芯片中的数据，只要在未覆盖的情况下，被删除数据通常都可以被提取。

（4）芯片分析技术。芯片分析技术原理是使用拆机清洗套件把移动终端存储芯片从移动终端设备上取出并清洗，把芯片放入适配器或置入芯片读取设备上，后对芯片数据进行读取，或直接分析芯片本身的电路和协议，获取并分析原始镜像或相关数据。

（5）微读技术。微读技术就是使用电子显微镜观察 NAND FLASH 芯片和 NOR

① 丁丽萍、岳晓萌、李彦峰：《移动数字取证技术》，载《中兴通讯技术》2015 年第 3 期。
② 张志宷、戴天岳、沈明昌、贺宇才：《移动恶意代码攻击数字证据取证调查处理程序之研究》，载《计算机科学》2015 年第 B10 期。
③ 参见"Guidelines on Mobile Device Forensics"，https：//www. itbusinessedge. com/itdownloads/mobile-tech/guidelines-on-mobile-device-forensics. html，最后访问时间：2020 年 6 月 17 日。
④ 参见"物理提取：JTAG 提取技术"，http：//blog. sina. com. cn/s/blog_65f5ed270102vs2s. html，最后访问时间：2020 年 6 月 17 日。

FLASH 芯片在微观状态下的存储层，并进行数据还原的技术。

(二) 网络取证技术

有观点认为，与计算机系统相关联的网络方面的电子数据取证称之为网络取证。[1] 有观点认为，网络取证是指捕获、记录和分析网络事件以发现安全攻击或其他的问题事件的来源。[2] 还有观点认为，网络取证是指通过计算机网络技术，按照符合法律规范的方式，对网络事件进行可靠的分析和记录，并以此作为法律证据的过程。[3] DFRWS 提出的网络取证指的是，为了揭示阴谋相关的事实，或为了成功检测出那些已在破坏、误用或危及系统构成的未授权行为，使用科学的技术，对来自各种活动事件或传输实体的数字证据进行收集、融合、识别、检查、关联、分析和归档等活动过程。[4]

网络取证的概念定义在目前还尚未统一，导致网络取证技术的定位和研究范围不同，[5][6] 常见的网络取证技术包括如下几种。

1. 网络取证的证据获取技术

网络取证的证据来源是网络物理层、TCP/IP 层和网络应用层。在物理层，采用混杂模式设置主机网卡，在该网段内，主机就能接受同一物理通道中传输的信息，采用一定的技术或工具截取传输中的主要信息，物理层采用的证据取证工具有 Wireshark、Sniffer、TCP Dump；TCP/IP 层获取技术是从网络上抓取数据包，

---

[1]　尉永青、刘培德：《计算机取证技术研究》，载《信息技术与信息化》2005 年第 4 期。

[2]　RANUM M. J.：" Network forensics and traffic monitoring". *Computer Security Journal*, 1997，13(2)，pp. 35-39.

[3]　段玲、王锋：《网络取证技术研究》，载《微型机与应用》2009 年第 23 期。

[4]　PALMER G.：" A road map for digital forensic research". *Digital Forensic Research Workshop*, 2001.

[5]　有观点认为，网络取证技术是指在网上跟踪犯罪分子或通过网络通信的数据信息资料获取证据的技术，包括 IP 地址和 MAC 地址的获取和识别技术、身份认证技术、电子邮件的取证和鉴定技术、网络侦听和监视技术、数据过滤技术及漏洞扫描技术等。参见：丁丽萍、王永吉：《计算机取证的相关法律技问题研究》，载《软件学报》2005 年第 2 期。

[6]　有观点认为，网络安全设备和应用软件包括 IDS、防火墙、反病毒软件日志、网络系统审计记录、网络流量监控记录等，网络取证技术包括 IP 地址获取技术，针对电子邮件和新闻组的取证技术，网络入侵追踪技术等。参见：胡东辉、夏东冉、史昕岭、樊玉琦、王丽娜、吴信东：《网络取证技术研究》，载《计算机科学》2015 年第 B10 期。

调用路由器 IP 路由表对网络目的地址范围和到达路由的信息进行分析处理；网络应用层获取技术是面向网络应用实现监控技术，Web 浏览，E-mail，NewsGroup，WebChat 和 Peer-to-Peer 等是常见的网络应用。[①]

2. 数据挖掘技术

数据挖掘指的是采用技术和方法对数据进行规律寻找，用规律表示数据的技术方法，常用的技术方法有分类、回归分析、聚类、关联规则、神经网络方法、Web 数据挖掘等。[②③] 数据挖掘技术应用随不同领域的应用而有所变化，每一种数据挖掘技术有各自的特性和使用领域，针对不同问题和需求所制定的数据挖掘过程也会存在差异。例如，在网络取证中，先建立犯罪行为的特征库[④]，其后，在犯罪行为特征库的基础上，使用数据挖掘技术和方法去挖掘数据，比对分析、发现有用的信息，满足案件的侦查需要。

3. 日志分析技术

日志是按照一定策略来记录系统活动的文件，操作系统提供系统日志、安全日志和应用程序日志，防火墙和入侵检测系统等安全组件提供相应的日志，这些日志可以完整记录所有操作、过程或事件。在取证实践中，通过日志文件分析可以获得诸如用户 IP 来源、被访问文件、被访问端口、执行的任务或命令等信息，找寻与案件相关的证据信息。[⑤] 常见的日志分析技术方法包括：日志文件的完整性和一致性的检查分析、网络和服务器端口关联日志的搜索分析、基于日志内容的完整性和一致性的检查分析、假冒 IP、假冒账号等异常行为的识别、日志信息的数据挖掘等。

[①] 参见" Network Forensics Tools"，https：//www. manageengine. com/products/netflow/network-forensics. html，最后访问时间：2020 年 6 月 20 日。

[②] 贺清碧、胡久永：《数据挖掘技术综述》，载《西南民族学院学报(自然科学版)》2003 年第 3 期。

[③] 张慧霞：《常用数据挖掘算法的分析对比》，载《河南科技》2014 年第 19 期。

[④] 注明：犯罪行为特征库可以理解为对不同类型的犯罪行为进行分析，提取该类犯罪行为的特征并建立犯罪行为特征库。

[⑤] 蒋平、黄舒华、杨莉莉著：《数字取证》，中国人民公安大学出版社 2007 年版，第 69 页。

(三)云取证技术

1. 云取证对象

探讨云取证离不开对云计算的研究。何谓云计算？自 2006 年在搜索引擎大会(SES San Jose 2006)云计算被首次提出以来，其概念解释众说纷纭。现阶段广为接受的是美国国家标准与技术研究院(NIST)给出的云计算定义。[①] 通俗地讲，云计算可以理解为整合资源、以按需方式提供服务、服务收费，其中针对不同的付费对象和使用对象，云计算提供硬件资源、应用平台、应用三个层面的技术和服务。[②]

从云基础设施采集数字取证数据称之为云取证，[③] 也可通俗地理解为，云取证指的是在云平台中通过云计算环境获取犯罪信息，向有关机构提交云平台中采集获取到的电子数据，进行证据的分析，形成结论性意见，对犯罪嫌疑人进行司法判定。为更好理解云取证，笔者引入云计算服务的应用系统架构来进行阐述。[④] 该应用系统架构分为 9 个层次结构，具体包括网络层(Networking)、存储层(Storage)、服务层(Servers)、虚拟化层(Virtualization)、操作系统层(OS)、中间件层(Middleware)、程序运行层(Runtime)、数据层(Data)、应用层(Applications)，如下图 2-1 所示。在取证实践中，根据 SaaS 和 PaaS 提供的云服务，取证人员能够获得日志信息。相比较 SaaS 服务，PaaS 服务订户能建立其自身的应用，因此也可以获得一些额外的数据，在 IaaS 服务中能获得操作系统级的数据信息。

2. 云取证常见技术

云取证的第一步也是确定证据源，云环境下的电子数据来源有本地客户端和云服务提供端。嫌疑人在利用云环境传输和处理信息的过程中会有一些文件碎

---

① 参见《云计算》，https://baike.so.com/doc/580575-614558.html，最后访问时间：2020 年 6 月 20 日。

② IaaS(infrastructure as a service)基础设施即服务、PaaS(platform as a service)平台即服务)、SaaS(software as a service)软件即服务。

③ 王雅实、王立梅：《云计算环境与电子取证的研究》，载《计算机科学》2016 年第 B12 期。

④ Almulla, S, Iraqi, Y, Jones, A.："Cloud forensics: A research perspective", *Innovations in Information Technology* (*IIT*), 2013, pp. 17-19, 66.

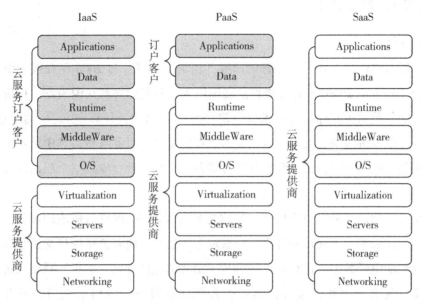

图 2-1 云计算服务的应用系统架构

片、网址缓存等遗留在本地终端(个人电脑、笔记本、手机及其他智能终端),这些遗留在本地物理机器上的关键数据就成为了云取证的证据来源。几种典型的云应用如 Amazon s3,Dropbox,Google Does,EverNote 等大部分云产品会在本地客户端(PC 端和手机端)遗留下一些重要数据,包括客户端留下的注册信息、安装信息、用户 session、cookie、浏览历史、下载历史、缓存数据等。根据云计算服务的特征,常见云取证技术包括本地客户端取证技术和服务器日志取证技术。

(1)本地客户端取证技术。对本地客户端残余数据的取证工作方式与计算机取证、移动终端取证等方式相同,例如,使用开机取证工具收集本地终端的用户活动,利用数据恢复技术查找相关证据。很多用户会使用本地数据与云数据的同步机制,在采用本地终端取证时,针对订户客户使用了哪些云服务和资源,借助现有的取证工具收集本地客户端残余数据,可能会找到犯罪证据。

(2)日志取证技术。在当前的云环境下,云服务提供商的数据格式并不统一,各个云服务提供商几乎都有自己的一套格式规范,日志的收集和分析存在一定的困难,而且日志通常是多用户数据混杂,包含大量与取证无关的冗余或敏感信息,在取证实践中,取证人员在获取日志数据时需要通过云服务提供商的协助。常见日志取证技术包括：通过修改平台模块的 API，加入日志获取模块实现对虚拟化磁盘映像、API 日志和客户端防火墙日志的可信获取；[①] 通过第三方在云服务端和客户端构建日志模块，同步云服务端和客户端的日志记录，不需要云服务提供商来协助调查取证，方便取证人员获得日志；为保证云客户端数据的机密性，以第三方平台的形式存储虚拟机的日志，供取证人员访问。

第二节　电子数据取证工具

一、电子数据取证工具的发展

(一)取证工具之于取证工作

电子数据取证工具是取证技术的重要承载与集中体现。电子数据取证工具指的是为实现符合法律程序要求的调查取证过程，即电子数据的固定、恢复、提取、保全、分析，最后生成符合司法规范的证据分析报告调查取证过程而运用的工具。[②] 可以通俗地理解为，电子数据取证工具指的是确保调查数字犯罪时保护证据的完整性和证据的有效性所使用的一些辅助工具。

取证人员是否拥有足够多的、适合的、高效的取证工具，在很大程度上影响着电子数据取证的成功。美国数字调查专家 Warren G. Kruse II 和 Jay G. Heiser 在《计算机取证：应急响应精要》书中曾经作过如下描述："取证调查的成功与否有很大一部分取决于调查人员使用的收集、保存和处理证据的工具。为了在这一领域中取得成功，你必须拥有大量的工具……"[③]

事实上，在取证实践中，电子数据的固定、提取、恢复、分析等操作皆是依赖电子数据取证工具的使用。例如，为保证电子数据的客观性和完整性，进行电子数据分析时，不能在原始数据上进行操作，需要使用克隆工具对源数据进行克隆。再如，为了检验监督源数据、目标数据是否一致，需要用到检验码工具。

---

① 高运、伏晓、骆斌：《云取证综述》，载《计算机应用研究》2016 年第 1 期。
② 蒋平、黄淑华、杨丽丽著：《数字取证》，中国人民大学出版社 2007 年版，第 145 页。
③ 杜春鹏著：《电子证据取证和鉴定》，中国政法大学出版社 2014 年版，第 96 页。

(二)国内外取证工具的发展

20 世纪 80 年代,计算机取证的研究就引起了研究机构(尤其是美国军方)的重视。电子数据取证开始被业界重视的重要标志是 FBI 在 1984 年成立的计算机分析响应组(CART)。在这个时期,计算机取证的理论、技术和方法从无到有,逐步建立。这段时间还缺乏比较系统的专业取证工具,主要使用相关技术人员自行研制的一些命令行工具,比如 IRS Utilitie、Maresware、IACIS Utilities 和 RCMP Utilities,这些工具多半是用于解决特定数字取证问题的工具,比如解决镜像问题或者识别删除文件。[1]

20 世纪 90 年代中期,司法机关对电子数据取证工具的需求较为强烈,学术界也开始对数字取证技术展开较为热烈的讨论,并产生一批取证工具产品。[2] 在这个阶段,取证工具由过去的命令行工具变身为 GUI 界面的工具集,取证商业工具开始出现。比较典型的工具产品有:美国 GUIDANCE 软件公司开发的 Encase 软件,适用于 Windows、Linux 和 MAC OS 等多种平台;由美国计算机取证公司开发的对数据进行镜像的备份系统 DIBS 软件;由英国 Vogon 公司开发的 Flight Server 软件,适用于 PC、Mac 和 Unix 等系统。还有一些常用的工具,例如,将软盘镜像备份到硬盘上的 LISTDRV,用于对数据分析的 DISKIMAG;搜索未分配的或者空闲的空间的 FREESECS 等。[3]

进入 21 世纪,学术界开始系统研究和讨论数据取证基本理论、程序、方法和技术,确立数字取证领域的发展方向。[4] 行业会议如数字取证研究工作组 DFRWS、IFIP 的数字取证工作组 11.9 和数字取证工程系统方法 SADFE 每年都发表大量关于数字取证的论文。[5] 在此阶段,理论上一些数据挖掘、智能推理、神经网络、知识发现等技术方法被引入到该领域的技术研究中,各种取证套件(如

---

[1] 李毅:《电子数据取证发展概况》,载《中国信息安全》2019 年第 5 期。

[2] 孙波:《计算机取证方法关键问题研究》,中国科学院研究生院(软件研究所)2004 年博士学位论文。

[3] 孙波、孙玉芳、张相锋、梁彬:《电子数据取证研究概述》,载《计算机科学》2005 年第 2 期。

[4] 黄淑华、赵志岩:《数字取证工具及应用》,载《警察技术》2012 年第 1 期。

[5] 李毅:《电子数据取证发展概况》,载《中国信息安全》2019 年第 5 期。

EnCase 和 FTK)已经进入网络/企业环境中,取证厂商陆续开发出越来越多的取证工具,如数据恢复工具、在线取证工具、数字终端设备取证工具、密码破解工具、数据关联分析工具、不同操作系统平台取证工具等。

在我国,早期的电子数据取证工具主要以计算机取证工具(现场取证和介质分析系统)为主,以各种网络和安全的工具辅助。从 2006 年开始,专门针对手机取证的工具开始在市场上出现。从 2008 年开始,国内多家电子数据取证产品供应商都开始提供自主研发的电子数据取证工具,在绝大多数电子数据取证市场上完全替代了国外产品。[①]

国内电子数据取证领域具有一定规模的主要厂商有美亚柏科、中安华科、瑞源文德、上海盘石等企业,司法部门和行政执法部门是主要的取证工具使用者。[②] 现阶段取证工具发展呈现出:(1)围绕计算机取证工具、手机取证工具、数据分析工具及取证平台进行工具的创新突破及更新换代;(2)基于语音识别、语义分析及图片分类、自动分析的人工智能取证工具正逐步进入电子数据取证市场,例如,高性能一体化取证综合平台"取证航母"、智能化高速取证分析系统"取证金刚"、支持各种移动互联网智能终端的新型"智能终端取证设备"和"智能终端画像系统"、移动式和手持式的"智能取证设备"、专注于数据恢复的"恢复大师"等。[③]

二、电子数据取证工具分类

研究的角度不同,电子数据取证工具的分类也随之多样化。通过文献梳理,不难发现当前电子数据取证工具的分类主要有按取证工具功能的分类、按取证过程的分类、按硬件软件的分类和按商用开源与否的分类。

---

① 李毅:《电子数据取证发展概况》,载《中国信息安全》2019 年第 5 期。

② 参见《2017 年中国电子数据取证市场规模及市场供需现状分析》,载中国产业信息网,https://www.chyxx.com/industry/201808/666960.html,2020 年 7 月 10 日访问。

③ 参见《中国电子取证行业主要公司市场占有率、市场发展空间及行业发展趋势分析》,载中国产业信息网,https://www.chyxx.com/industry/201904/728624.html,最后访问时间:2020 年 7 月 10 日。

(一)按取证工具功能的分类

依取证工具功能划分为三大类：实时响应工具、取证复制工具和取证分析工具。① 实时响应工具主要解决开机状态下的易失性数据提取和分析。Windows 系统常用的实时响应工具包括：md. exe、PsLoggedOn、rasusers、netStat、Fport、PsList、ListDlls、rmtshare、netcat、cryptcat 等。

取证复制工具采用原始的比特流格式，对硬盘数据进行备份，常见的取证复制工具包括：Unix 系统命令的 dd 工具、Safeback、Encase、客户机/服务器模式的开放数据复制工具(ODD)。

取证分析工具同时具有取证复制和取证分析功能，常见的取证分析工具包括：EnCaSe、AccessData 公司的 FTK(Forensic Toolkit)、The Coroner's Tookit(TCT 工具包)、ForensiX、NTI 等。

(二)按取证过程的工具分类

按照证据取证的过程将取证工具分为三类：证据获取工具、证据保全工具、证据分析和归档工具。② 证据获取工具包括主机系统取证工具和网络信息获取工具，主机系统取证工具又分为主机系统和文件基本信息的获取工具。其中，常用的磁盘映像工具有 Safe Back、SnapBack、dd、DIBS PERU 等，常用的磁盘擦除工具和反删除工具有 NTI 公司的 DiskScrub 工具、Unrm、Higher Ground Software lnc. 的软件 Hard Drive Mechanic 等，常用的磁盘特殊区域数据获取工具有 NTI 公司的 GetFree 工具等。网络信息获取工具主要是用来在网络信道监测，获取特定的可成为证据的信息。常用的网络信息获取工具有 Windump、IRIS、TCPDump、Ngrep、Snort、Sniffer、Dsniff、Grave-robber 等，以及获取本地网络状态信息的工具，如 Netstat、Route、ARP 等。

证据保全工具通常使用数字摘要、数据签名和数字时间戳技术开发的工具，用于保全取证过程中电子数据完整性。Md5sum、CRCMd5、DiskSig、DiskSig pro、Seized 等是常用的证据保全工具。

---

① 殷联甫：《计算机取证工具分析》，载《计算机系统应用》2005 年第 8 期。
② 陈祖义、龚俭、徐晓琴：《计算机取证的工具体系》，载《计算机工程》2005 年第 5 期。

证据分析工具主要用于分析计算机类型、操作系统类型、隐藏分区、有无可疑外设、有无远程控制和木马程序、当前计算机系统网络环境等。例如，New Technology 公司的 Ptable 工具用来分析硬盘驱动器的分区情况，New Technology 公司的 FileList 工具用于浏览文件系统的目录树。证据归档工具主要用于对电子数据分析结果和评估报告的归档处理，比较典型的归档工具有 NTI 公司的软件 NTIDOC、Guidance Software 公司的 Encase 工具等。

（三）按硬件软件的工具分类

按照证据的来源可将取证工具分为硬件工具和软件工具两大类。① 取证硬件工具主要包括数据复制设备、写保护设备（只读设备）、分析检验设备、接口转换设备、数据保护擦除设备等。② 取证软件工具主要包括查看软件、镜像软件、数据恢复软件、密码破解软件、检验分析软件等。常用的查看软件有 Quick View Plus、Conversion Plus 等，常用的图片检查工具有 TnumbsPlus。常见集成化的综合检验分析软件有 EnCase、FTK，其中 Encase 集成了基于 Windows 界面的取证应用程序其功能，包括数据浏览、搜索、磁盘浏览、数据预览、建立案例、建立证据文件、保存案例等。

（四）按商用开源与否的工具分类

电子数据取证需求日益增大，国内外每年都有各种各样的工具不断涌现或更新。有学者将取证工具分为商业取证工具、开源（免费）取证工具和为执法部门服务的专用取证工具。③ 专用法证工具主要是为执法部门提供全面的数据获取、分析和发现能力的软件，其数据处理及分析结论通常是受法院认可的。④ 专用法证工具也是商业取证工具，常用的专用法证工具包括 Encase 系列取证分析工具、

---

① 丁丽萍、王永吉：《计算机取证的技术方法及工具研究》，载《信息安全与通信保密》2005 年第 8 期。

② 杜春鹏著：《电子证据取证和鉴定》，中国政法大学出版社 2014 年版，第 101 页。

③ 参见"Larry E. Daniel，Lars E. Daniel．Overview of Digital Forensics Tools"，https：//www．sciencedirect．com/science/article/pii/B9781597496438000055，最后访问时间：2020 年 7 月21 日。

④ 黄淑华、赵志岩：《数字取证工具及应用》，载《警察技术》2012 年第 1 期。

FTK 司法分析软件、X-Ways Forensics 综合取证分析工具、Nuix 电子邮件数据分析系统、NetAnalsis 分析软件等。①

层出不穷的新技术被应用到犯罪中，取证的复杂性不断增加，任何一款取证工具不足以解决复杂的计算机犯罪或网络犯罪案件取证过程中面临的所有问题。由于开源(免费)取证工具具有多用户环境、命令行或 GUI 界面的柔性工作平台、日志备份能力及较好的容错性，其也成为取证人员取证过程中的工具选择。② 常见开源(免费)取证工具包括磁盘和数据捕获工具、文件查看器、文件和数据分析工具、注册表分析工具、互联网分析工具、电子邮件分析工具、移动设备分析工具、Mac OS 分析工具、数据分析套件、应用分析软件、一般性取证工具以及一些以供参考的取证工具。③

第三节　取证技术面临的挑战及理论研究

一、取证技术面临的挑战

(一)新型网络犯罪带来电子数据取证困惑

随着互联网的普及与发展，传统违法犯罪不断向网上转移、渗透、蔓延，传统犯罪在网络时代发生了异化，其犯罪案件的种类也随之发生着变化，案件量及在全部刑事案件总量中的占比均呈逐年上升趋势。据公安部透露，网络犯罪已占我国犯罪总数的三分之一，且呈不断上升态势。网络黄赌毒、盗窃、诈骗、传

---

① 除了文中介绍的工具外，国际上的 FINALForensics、Smart、ilook、Paraben、Helix3 Enterprise、Virtual Forensic Computing、Belkasoft Forensic Studio、i2 Analyst's Notebook、Intella 电子邮件分析软件、Mount Image Pro，国内的盘石介质取证分析系统(SafeAnalyzer)、取证大师 (Forensics Master)都是出色的计算机法证工具。

② 参见"Free Computer Forensic Software"，https://forensiccontrol.com/resources/free-software/#general，最后访问时间：2020 年 7 月 25 日。

③ 刘志军著：《可信电子数据取证及规则运用研究》，武汉大学出版社 2020 年版，第 153~154 页。

销、贩枪、传授制爆技术、窃取公民个人信息等违法犯罪增多，严重影响公共安全。①

高科技网络犯罪、与网络相关犯罪、传统犯罪案件的网上迁移化将使得犯罪案件的诸多环节与互联网密不可分，犯罪种类将会更加复杂，以电信网络诈骗、网络平台犯罪、网络传销、网络套路贷等为代表的新型网络犯罪不断涌现。作为犯罪工具的新型智能终端被大量使用，云存储系统、Xbox、PS4 游戏主机、iCloud、可穿戴设备等参与到犯罪活动中，② 涉案数据越来越多地从终端设备向云端迁移，很多犯罪行为的电子数据也向云端迁移。

因为这类新型网络犯罪案件具有涉案人员多、提取电子设备多、数据量多、数据关系复杂等特征，需要海量数据分析、交叉数据分析、案件数据建模分析扩展等取证技术及相应的取证工具，用于分析取证目标人物社会关系、活动轨迹特征、购物规律、经济状况等。但现有的取证技术相对比较成熟，证据提取阶段采用只读复制技术对硬盘或其他存储介质进行数据的复制，采用开机取证技术提取易失性内存数据，采用数据恢复技术对已经删除的文件或对已删除的文件内容或片段信息根据文件类型来恢复。在证据分析阶段，针对不同操作系统环境下的外设使用痕迹信息、删除文件痕迹信息、使用浏览器痕迹信息、文件使用或下载痕迹信息、程序安装及执行痕迹信息等采取相应的证据分析技术。面对这些新型网络犯罪案件时，当前的取证技术及依此技术开发出的取证工具显得有些无能为力。

(二) 大数据环境下电子数据取证技术挑战

从信息技术的发展来看，2010 年前后兴起的"大数据技术"是继 1980 年个人计算机普及、1995 年互联网普及之后的第三次信息化浪潮。第三次浪潮以物联网、云计算和大数据为标志，解决新时代信息爆炸的问题。③ 由于大数据的开放

---

① 参见《打击网络犯罪要技术革新》，载人民网，http：//opinion. people. com. cn/n1/2019/1125/c1003-31471669. html，2020 年 7 月 23 日访问。

② 金波、杨涛、吴松洋、黄道丽、郭弘：《电子数据取证与鉴定发展概述》，载《中国司法鉴定》2016 年第 1 期。

③ 林子雨著：《大数据技术原理与应用：概念、存储、处理、分析与应用 (第 2 版)》，人民邮电出版社 2016 年版，第 2~3 页。

性，大数据会被一些暴恐犯罪分子运用于暴恐犯罪之中。在大数据时代，传统的金融犯罪与互联网耦合，将催发出该领域新的犯罪样态。[1]

从取证技术发展看，理论上是先有云取证(Cloud Forensics)概念的提出，其后才有近几年来大数据取证(Big Data Forensics)概念的提出。[2] 大数据环境下，电子数据取证对象包括云客户端操作、云备份、大数据系统本身、客户端虚拟主机、大数据宿主计算机等，大数据环境下的电子数据取证层次框架如图2-2所示。[3]

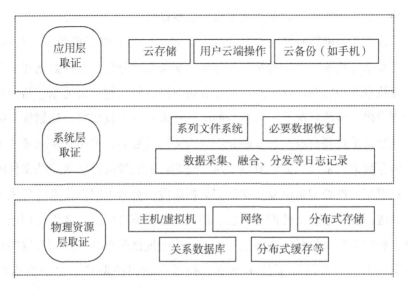

图2-2 大数据环境下的电子数据取证框架

从图2-2中可以看出，大数据环境下的电子数据取证面临着许多技术挑战：

1. 应用层取证中取证对象定位难

在应用层取证中要定位取证对象较为困难。一方面网盘技术、云存储技术是基于虚拟化技术的，数据存储于不同的数据中心，甚至跨司法管辖范围，取证人员一

---

① 参见《大数据时代下的犯罪防控》，载检察日报网，http：//newspaper. jcrb. com/2017/20170914/20170914_003/20170914_003_4. html，最后访问时间：2020年7月25日。

② 张其前、尤俊生、高云飞：《大数据取证技术综述》，载《信息安全研究》2017年第9期。

③ 刘志军、王宁：《大数据环境下电子数据取证技术研究》，载《科技视界》2019年第36期。

般需要云服务提供商协助，否则其难以定位到具体物理机器进行取证；另一方面，用户共享云基础设施或应用，数据存在着混杂存储的状况，分离用户数据困难，在收集证据时可能会掺杂无关用户的数据，如何保障无关用户数据的机密性，如何在电子数据提取中仅提取用于事件重构的数据，目前在取证技术上是一个挑战。

2. 系统层取证中面临数据分析难

日志是系统层取证中最重要的证据来源之一，但是云服务提供商提供的日志文件数据格式不同，也缺乏统一的日志文件数据格式规范。现有的日志通常也是多用户数据混杂，包含大量与取证无关的冗余或敏感信息。[①] 大数据分布式文件系统中如一些 DFS、HDFS 将分割后的块文件以数据块编号命名，仅从文件名是无法判断文件的类型和归属关系。结构化数据、半结构化数据和非结构化数据并存，电子数据取证的数据体量常达到 10TB 甚至 PB 级别，目前在取证技术上是一个难题。

3. 物理资源层取证中取证对象多样化

现有的取证技术能较好地完成宿主计算机上残留的用户 Session、Cookie、下载历史、缓存数据、浏览历史等数据的提取和分析，也能较好地提取移动设备如手机中删除的通信录、短信、SIM 卡信息、图片、Webchat 和 QQ 等聊天信息等，甚至提取和分析一些可穿戴电子设备中的电子数据。但是面对无所不在的各类物联网传感器，汽车、摄像头、洗衣机、烤箱等在内的智能设备时，现有的取证工具在提取和分析其电子数据时显得力不从心。大数据环境中普遍使用虚拟化技术（VM），当用户释放 VM 后，VM 占用的空间将被收回，资源回收和再分配较为频繁，这种虚拟化技术特性使得平台或节点中的数据成为易失性数据，现有的电子数据取证技术难以解决好这类问题。

二、取证技术的理论研究

（一）云取证模型的研究

大数据是以云作为基础架构，云计算是大数据的基础架构平台。云计算充分

---

① 高元照、李学娟、李炳龙、吴熙曦：《云计算取证模型》，载《网络与信息安全学报》2017 年第 9 期。

利用物理设施的弹性来处理快速增长的大数据，并为大数据提供存储空间和访问渠道。①② 由于各种云存储、云端操作和云备份等中包含重要的潜在证据源，近年来关于云取证模型的研究也成为学术界探索的热点。现有的云取证模型研究集中在两类：普适性解决方案和特定类型性解决方案。普适性解决方案是分析电子数据取证各个阶段在云环境中可能会遇到的问题，提出一个通用性、普适性的解决思路，而特定类型性解决方案是针对某个特定类型的云模型或云产品如 OpenStack 云计算平台、Amazon s3、Drop box、Google Does、EverNote 等提出一套具针对性的取证解决思路。③

当前理论研究中提出了诸多云取证模型，但是具有综合性和整体性取证策略与实施方法的云取证模型仍然缺乏，不足以指导大数据应用层取证中云环境下的取证工作。④ 笔者认为，云取证模型的研究一是要解决电子数据的识别和定位问题，针对云环境的特点指导取证人员识别和定位电子数据所在虚拟机的物理位置，并研究可行的数据收集方法和数据分析方法；二是在云环境中针对存在着混杂存储的用户数据，一方面从保护用户隐私的角度研究如何判断哪些电子数据是合法的，哪些用户数据是不应触及的，另一方面也要保障电子数据的真实性和关相关性。

(二)综合性多样性取证工具产品的研究

随着现代信息技术的发展和应用，人们交流方式多样化，信息分享便捷化，数据已成为人类生产生活的重要基础资源，计算机不再是生产数据的主力军，大量的取证数据源将来自各类物联网传感器、汽车、摄像头、洗衣机、烤箱等在内的智能设备。电子数据形式将更多样化，非结构化、半结构化的数据会越来越多。这些来源不同的非结构化、半结构化数据可能记录着嫌疑人涉嫌犯罪的痕

---

① 肖伊涵、石天唯：《基于大数据环境下的电子数据审计机遇、挑战与方法》，载《纳税》2018 年第 2 期。

② 陈伟、SMIELIAUSKAS Wally：《大数据环境下的电子数据审计：机遇、挑战与方法》，载《计算机科学》2016 年第 1 期。

③ 高运、伏晓、骆斌：《云取证综述》，载《计算机应用研究》2016 年第 1 期。

④ 丁丽萍、刘雪花：《云环境下的电子数据取证技术研究》，载《中国信息安全》2019 年第 5 期。

迹，由于这些异构的、多源的数据是相互关联的，单独分析每个来源数据难以给案件侦查提供有效的办案线索和证据来源。在分析这些异构多源的电子数据时，依赖当前传统单一型的电子数据取证工具显得力不从心。[①]

有观点认为，可以采用分层思想来开展电子数据取证，例如，整合传统取证工具提取实时电子数据，虚拟机中电子数据采用自动化提取技术，客户端本地缓存数据提取等。[②] 但是由于云计算具有分布性和虚拟性特性，传统的基于单机的电子数据提取存在诸多局限，在落地实施方面普遍存在存储开销和性能负载过高、运维困难等问题。笔者认为针对无所不在的各类物联网传感器和智能设备，综合性、多样性取证工具产品的技术研究以及基于大数据架构取证平台的研究将是电子数据取证技术领域的一个研究重点。

(三)电子数据分析检验技术研究

电子数据分析检验技术指的是在电子数据收集的基础上，对所提取的电子数据结合案件进行合理解释后所涉及的技术，具体包括数据复制技术、数据恢复技术、关键字搜索技术等。

笔者认为，面对海量的、异构多源的电子数据，一是在取证思路上要建立从"分析所有数据以确保不遗漏任何内容"到更多地依赖于智能方法研究的转变。二是要在数据源的分析、文件搜索等方面开展大数据智能取证检索技术研究，研究和开发智能检索引擎，满足全面、准确、快速的取证检索。三是将杂乱无章的、分散的数据变成有条理的、集中的档案化数据基础上，强化数据挖掘算法的研究，结合公安办案和侦查取证工作的实际需求，强化由案到人、由案到物、由案到案的案件串并等关联模型的算法研究。[③]

(四)电子数据取证的可视化技术研究

由于银行柜台、网上银行、手机银行等各种交易系统中会留下犯罪的蛛丝马

---

① 李毅：《电子数据取证发展概况》，载《中国信息安全》2019 年第 5 期。

② 丁丽萍、刘雪花：《云环境下的电子数据取证技术研究》，载《中国信息安全》2019 年第 5 期。

③ 刘志军、王宁：《大数据环境下电子数据取证技术研究》，载《科技视界》2019 年第 36 期。

迹，在侦查实践中，通过核查这些数据，可以展开以"资金流"引导"犯罪流"的侦查。例如，当前的经济犯罪查账分析是通过顺查和逆查分析帐表，采用抽查法开展数据抽样分析，采用数据查询方法、盘查法、统计分析法得到大量可靠的线索和证据来源。尤其是在大数据环境下，这些账户的交易进出账频率、金额特征、资金流向等数据不仅数据量巨大，而且资金关系互相交织显得异常复杂，依靠人工梳理根本不可能完成复杂的资金数据分析。

可视化是指把数据转换成图形，通过可视化图形界面，帮助分析人员发现数据背后隐藏的潜在信息，数据可视化有助于海量复杂数据的分析。[①] 笔者认为，电子数据取证可视化技术研究的价值至少体现在两个方面：一是取证人员通过交互式图形界面，结合自身的取证背景知识，可以对收集和提取的电子数据进行不同方面的分析和理解，"洞察"收集提取的电子数据其内在因素的模式和关联，快速从中发现问题；二是随着相关法律规定和指导意见的出台，[②] 取证人员依法出庭将成为常态，如何在法庭上将抽象的、异构多源的电子数据以直观可视的方式展示，如何让电子数据分析结果成为有利的呈堂证供，电子数据取证可视化技术的研究和应用将是解决此类问题的有效途径。

---

① 陈伟、SMIELIAUSKAS Wally：《大数据环境下的电子数据审计：机遇、挑战与方法》，载《计算机科学》2016年第1期。

② 《中华人民共和国刑事诉讼法（2018年修正）》第59条规定："现有证据材料不能证明证据收集的合法性的，人民检察院可以提请人民法院通知有关侦查人员或者其他人员出庭说明情况；人民法院可以通知有关侦查人员或者其他人员出庭说明情况。有关侦查人员或者其他人员也可以要求出庭说明情况。经人民法院通知，有关人员应当出庭。"

《人民法院办理刑事案件排除非法证据规程（试行）》第20条规定："公诉人对证据收集的合法性加以证明，可以出示讯问笔录、提讯登记、体检记录、采取强制措施或者侦查措施的法律文书、侦查终结前对讯问合法性的核查材料等证据材料，也可以针对被告人及其辩护人提出异议的讯问时段播放讯问录音录像，提请法庭通知侦查人员或者其他人员出庭说明情况。不得以侦查人员签名并加盖公章的说明材料替代侦查人员出庭。"

《人民法院办理刑事案件第一审普通程序法庭调查规程（试行）》第13条3款规定："控辩双方对侦破经过、证据来源、证据真实性或者证据收集合法性等有异议，申请侦查人员或者有关人员出庭，人民法院经审查认为有必要的，应当通知侦查人员或者有关人员出庭。"

第四节　取证工具应用的司法困境及运用规则

一、电子数据取证工具应用的司法困境

(一)取证工具可靠性保障问题

传统证据研究中较少讨论取证工具的可靠性,因为取证工具对证据的影响相对较小。电子数据的提取、固定、分析等取证操作直接依赖取证工具,取证工具的可靠与否将直接关系到电子数据的真实性、完整性等判断。

任何取证工具包括商用软件都有可能在研发生产过程中出现漏洞、设计错误和编码错误。取证工具一般存在两类错误。工具错误和提取错误,工具错误源自代码中的漏洞,提取错误则源自算法错误。[①] 给出每个程序的提取错误率比较容易,确定工具的执行错误率就比较困难。[②] 对于这种错误率,如果取证工具经过了认证或者测试,利用该取证工具获得的证据在法庭上是可以被采纳的。但是取证工具没有经过认证或测试,在法庭上法官心中会产生对这些取证工具可靠程度的疑问。例如,在网络犯罪案件中借用一些传统的网络安全工具来实时分析网络数据流,法庭上法官内心会考量该工具是否会存在误报和漏报网络数据,其检测结论是否全面或完全准确,数据分析过程是否改变了部分的原始数据等因素。

事实上,司法实践中取证人员可能选择商用取证工具,可能选择开源取证工具,可能针对具体的案件选择自行编程的取证工具,也可能是多种取证工具的组合取证活动。在取证人员选择的这些取证工具中,有些商用取证工具可能是经过认证的,有些商用取证工具可能出于商业秘密和竞争考虑不愿意公开源代码,有些取证工具没有经过认证但得到普遍应用的,有些开源软件是经过认证的,有些开源软件或免费软件没有认证等。由于取证工具之于电子数据的重要性,法庭对电子数据是否采纳往往要考虑取证工具是否经过测试或认证,取证工具错误率的

---

① 黄步根:《存储介质上电子证据的发现和提取技术》,载《计算机应用与软件》2008 年第 1 期。

② 徐军:《计算机取证的证明力》,载《数字图书馆论坛》2009 年第 9 期。

存在是否众所周知，是否有控制技术实施，或者该工具在哪些地方取得了重大的成功，也即它们的普遍应用性如何。①

(二)取证工具功能性质疑问题

当前司法实践中的取证工具功能特色各异，即使是完成同一个取证功能的取证工具所采用的技术实现也有所不同。例如，硬盘磁盘查看时，其取证工具有物理查看方式、逻辑查看方式和综合具查看方式，其中逻辑查看方式是只检查文件系统展示磁盘上的数据，综合查看工具查看磁盘时，其采用的方式既可以是物理查看的方式也可以逻辑查看的方式。但是无论是哪一种查看磁盘的方式，都有自身的局限性。例如，当搜索关键词的时候，物理搜索方式以扇区为单位进行，由于组成一个文件的扇区并不必相邻，这种方式不能找到被不相邻扇区所割开的关键词；另一方面，物理查看能够恢复所有的损耗空间或未占用空间，并且可以对比文件，找出不同。②

在司法实践中，常常发现不同取证工具对同一涉案电子设备进行电子数据取证时，电子数据提取的结果不尽相同，有些取证工具会改变获取文件内容的原始属性，即使是知名的取证公司生产的专业取证工具如 Encase 和 FTK，其特定版本的软件也可能存在这样或者那样的问题，在有些条件下会产生不科学或不完备的结果。③ 事实上，司法实践中没有哪个取证工具或产品可以做到所有的事情，没有任何一款取证工具能适应所有的犯罪案件。在面对异构、多源的电子数据源和错综复杂的犯罪案件时，取证人员需要组合多种取证工具完成取证活动，有时需要使用一些非专用的取证工具，甚至需要取证人员自行开发相关取证工具。

总的来说，电子数据取证活动需要借助一定的取证工具对电子数据实施专门技术性操作。取证工具作为取证技术的重要载体体现，利用取证工具完成电子数据取证活动时需要考虑电子数据取证技术自身的原理和技术要求，也需要考虑电

---

① 参见 Mary Brandel："Rules of Evidence-Digital Forensics Tools"，https：//www. csoonline. com/article/2117658/investigations-forensics/rules-of-evidence——digital-forensics-tools. html，最后访问时间：2020 年 8 月 3 日。

② 刘志军、麦永浩：《取证工具及产品的评估方法浅探》，载《警察技术》2006 年第 4 期。

③ 廖根为：《数字取证工具对电子数据证据的影响及法律规制》，载《计算机科学》2014年第 10A 期。

子数据取证工具在法律意义上的要求。

二、取证工具的评估方法

在司法实践中，可用的取证工具数量种类多，且功能特色各异，不同的电子数据应该适用什么样的取证工具和进行怎样的操作过程，电子数据取证工具必须满足什么样的科学标准才能够使得获取的证据适格进入法庭程序，需要对取证工具进行一定的评估。

(一)国内取证工具评估方法

公安部发布了4个由公安部物证鉴定中心起草的电子物证检验方面技术规范：《电子物证数据搜索检验技术规范(GA/T 825-2009)》《电子物证数据恢复检验技术规范(GA/T 826-2009)》《电子物证软件功能检验技术规范(GA/T 828-2009)》《电子物证软件一致性检验技术规范(GA/T 829-2009)》。公安部认可国外专业软件作为有法律效力的电子数据取证工具中包括数据恢复软件的有 11 款，分别为 Encase、Forensic Toolkit、X-Ways Forensis、FinalData、EasyRecovery、File Recovery、PhotoRecovery、Recovery My File、Recover4all、R-Studio、Macforensiclab；包括数据搜索软件的有 3 款，分别为 Encase、Forensic Toolkit、X-Way Forensic，以及操作系统提供的资源(文件)管理器。[①]

国内学术理论界一些学者也提出了一些取证工具评估的方法。有观点认为，电子数据取证软件的检测包括取证软件的检测和检查两部分。[②] 有观点认为，鉴定工具三个验证方法包括源代码检测法、正式检验与非正式检验、同级评审法。[③] 有观点认为，电子数据司法鉴定工具可靠性评估体系分为 3 个阶段：工具基本认可、工具定性评估和工具定量评估，其评估的可靠度依次递增：工具基本认可<工具定性评估<工具定量评估。[④] 有观点认为，根据计算机取证的特点和取

---

① 仇新梁、李敏：《国家电子物证检验标准分析》，载《保密科学技术》2010 年第 3 期。
② 杜春鹏著：《电子证据取证和鉴定》，中国政法大学出版社 2014 年版，第 127 页。
③ 刘志军、麦永浩：《取证工具及产品的评估方法浅探》，载《警察技术》2006 年第 4 期。
④ 罗威丽、杨永川：《电子数据司法鉴定工具可靠性评估研究》，载《刑事技术》2010 年第 2 期。

证分析工作中遇到的特殊情况，取证分析工具应在功能和性能方面进行评估。①
有研究者在 Linux 系统下开发一套包括磁盘初始化、磁盘内容检测、磁盘比较和
磁盘分区信息获取等模块组成的系统，对磁盘镜像类取证软件的检测和实现进行
了分析研究。②

（二）国外取证工具评估方法

国外电子数据取证工具评估有 Carrer's 的抽象层次模型方法、NIST 的取证工
具评估标准方法和黑盒测试法。③

1. Carrer's 的抽象层次模型方法

Carrer 最早提出了取证的识别和分析阶段的数字取证工具评估模型和方法，
该模型中提出了抽象层误差和软件实现中 bug 产生的误差，如图 2-3 所示。

图 2-3　Carrer's 的抽象层次模型

该模型和方法，对于软件测试者而言，其需要拥有取证工具内部的专门取证
知识，尤其是面对开源代码，测试者很难对缺少文档的取证工具进行评估，而且
评估程序耗时且复杂，测试者需要比取证调查者更多的技能知识，因此该方法不
适于大规模的软件测评。

2. NIST 的取证工具评估标准方法

美国国家标准和技术研究所（National Institute of Standards and Technology，
NIST）实施的电子数据鉴定工具检测计划（Computer Forensic Tool Testing，CFTT），

---

① 刘晓宇、翟晓飞、杨雨春：《计算机取证分析工具测试方法研究》，载《第 23 次全国
计算机安全学术交流会论文集》2008-10-12。

② 秦海权、赵利：《磁盘镜像类取证软件的检测研究》，载《第 24 次全国计算机安全学
术交流会论文集》2009-09-04。

③ 参见 F Flandrin，WJ Buchanan，R Macfarlane，B Ramsay，A Smales："Evaluating Digital
Forensic Tools（DFTs）"，http：//www.docin.com/p-1647124189.html，最后访问时间：2020 年
7 月 21 日。

其目标就是通过开发通用的工具规范、检测过程、检测标准、检测硬件和检测软件，建立用于检测电子数据取证软件的方法。CFTT 的评测结果主要用于取证工具研发厂商对取证工具功能做改进，便于取证用户选取合适的取证工具，便于相关部门了解工具性能。美国司法实践中对于经过了 CFTT 检测的取证工具一般就可以认定其是可靠的，其所获得的电子数据是有效的。

3. 黑盒测试法

黑盒检测法由 Wilsdom 提出，黑盒法不需要访问源代码，具备软件开发实现的知识。黑盒测试法分为 6 个步骤：取证工具软件获取、取证工具软件功能识别、测试案例和参考集选取、可接受结果范围、执行测试和评估测试结果、测试结果发布。该方法使得任何人都可以成为电子数据取证工具的测试者，对被测取证工具的功能执行做实际检测，同时测试能适应不同的环境，并且测试结果接近真实。黑盒法理论上是可行的，但实践上从未实行过。

4. 其他评估方法

Bechett 依据 CNAS-CL01《检测和校准实验室能力认可准则（ISO/IEC17025：2005）》对认可的定义说明，提出评估取证软件应该提供工具的可靠性信息，并提出了一种参考集的数字取证工具的认可和验证模型方法。① 佛罗里达大学国家法庭科学中心和工程技术系的 J. Philip Craiger 在其"Law Enforcement and Digital Evidence"一文中提出源代码查看法（Code Walkthrough）和比较确认法（Compare Validation）。源代码查看法要求工具厂商提供其产品的源代码，由源代码测试确定其所能实现的预定功能。比较确认法是在缺乏已经经过验证的参考数据的情况下，将类似功能或类型的工具进行比较检验的方法。②

三、取证工具选择原则

（一）Daubert 规则

作为取证技术重要载体的取证工具，其所采用的技术开发手段或是其所蕴含

---

① Beckett, Jason; Slay, Jill. Digital forensics："Validation and verification in a dynamic work environment", In Proceedings of the 40th Annual Hawaii International Conference on System Sciences, 2007，pp. 266-276.

② 杜春鹏著：《电子证据取证和鉴定》，中国政法大学出版社 2014 年版，第 128 页。

的科学原理，都属于特定领域的专业技能或知识体系，只有该领域的专业人士才能得以知悉，普通公众靠着日常知识是无法理解的。虽然法官具备专门的法律知识，可以依据逻辑或经验法则对证据进行审查，但对取证工具的技术评估，法官与普通公众一样，并不具备更多的优势。

事实上，任何科学技术领域都存在困惑和质疑，任何科学证据的提取、检验等都有人的参与，人的客观局限性可能导致科学证据错误或误差地提取收集，人也可能有偶然和恶意的行为存在于科学证据的形成过程中。在法庭上，将对科学证据的技术评估工作交给法官去评判在现实司法实践中是不可行的。如何判断科学证据是否可采，实际上是证据科学性认知和司法实践可操作性之间的一个平衡取舍问题。因此，1993 年在美国的 Daubert 起诉 Merrell Dow 制药公司的案件中，从基于"科学方法和科学程序"的特点对评判科学理论角度和科学证据(取证技术及取证工具)提出了评估的四个标准[1]：

(1)理论或技术是否能够(或者已经)经受检验；

(2)是否存在众所周知的或潜在的误差率，是否有控制技术实施的现存和维持标准；

(3)理论或技术是否可以相互检阅或发表

(4)理论或技术方法是否在相关科学领域内获得"普遍的接受"。

在司法实践中，对科学证据依赖的理论基础以及采用科学技术严密性等问题的证明，法官只需当好"守门员"，仅需对技术本身是否具有有效性、技术应用方法的适用性、推理过程的可靠性等展开审定即可。[2]

(二)司法实践中取证工具选用原则

电子数据取证工具的自身效能以及对其的运用是否正确将直接影响所获得的电子数据的证据能力有无或证明力强弱，正确采取和运用适合的取证工具是确保所获得的电子数据能被法庭采纳的重要环节。当前司法实践中电子数据取证工具

---

① 刘志军、麦永浩：《取证工具及产品的评估方法浅探》，载《警察技术》2006 年第 4 期。

② 庄琳：《对影响美国科学证据采信标准若干判例的评析》，载《吉首大学学报(社会科学版)》2011 年第 5 期。

应遵循以下几个选用原则。①

1. 适用性原则

案件的性质和特点决定了取证工具的选用类型和选择方式。不同的案件、不同的取证环境和场景的取证人员应采用不同的取证工具，取证工具的选用应视取证案件实际情况而定。从科学角度看，取证工具要能够达到为案件服务，针对案件能提供实际的应用这一目的来确定电子数据取证工具的适用性。

2. 优先性原则

官方机构认可或经过知名组织认证的取证工具表明该取证工具或者该工具所采用的技术能够(或者已经)经受检验。在司法实践中，选择取证工具开展取证时应当遵循这类工具优先选择的原则。

3. 可重复性原则

不是所有的取证工具都经过了认证或者测试。在取证目标或取证任务确定的前提下，应选择具备相同功能的多种取证工具进行取证，保障取证结果的有效性。从科学的角度看，取证工具或取证工具采用的理论或技术是可以相互检阅的。

4. 可复核性原则

在考虑取证工具或其所采用的技术方法是否可靠时，法庭都会关心该工具或其采用的技术方法是否得到了适当的支持，是否经其他人的复核。但由于技术的飞速发展，取证工具的迭代更新，以及其可复核性需要时间的积累，司法实践中应尽量选择圈内广泛认可或者被圈内同行复核过的取证工具。

---

① 刘志军著：《可信电子数据取证及规则运用研究》，武汉大学出版社 2020 年版，第 162~163 页。

第三章 电子数据取证程序

现有的电子数据相关性、合法性审查判断主要围绕保障真实性来展开，电子数据的关联性审查本质上仍然是保障真实性。[①] 在司法实践中，司法实务人员通常是将真实性技术性审查转化为法律程序问题，通过审查电子数据是否遵守程序规则，从而在法律形式上确认电子数据真实性。[②] 因此，研究电子数据及其相关性问题，离不开对电子数据取证程序的研究。

电子数据取证程序指的是对电子取证主体规范性实施电子取证活动的立法规定，属于法律层面的"程序法"。与传统证据的取证不同，电子数据需要特定的技术手段去识别、提取和分析，电子数据取证过程需要关注取证流程的规范性、技术方法和原则的遵循性，研究电子数据取证程序必须要考虑电子数据技术层面的特点。

本章具体考察电子数据取证技术模型，归纳取证模型和取证技术的区别与联系，阐述学理中电子数据取证程序，评析当前电子数据取证程序的法律规定，为后续电子数据相关性研究提供若干理论分析依据。

第一节 电子数据取证模型

一、电子数据取证模型发展及特征

(一)电子数据取证模型的发展

电子取证研究产生于 20 世纪中后期，发展于 20 世纪末期，尔后不断走向成

---

① 胡铭：《电子数据在刑事证据体系中的定位与审查判断规则——基于网络假货犯罪案件裁判文书的分析》，载《法学研究》2019 年第 2 期。

② 褚福民：《电子证据真实性的三个层面——以刑事诉讼为例的分析》，载《法学研究》2018 年第 4 期。

熟和完善。在计算机取证的研究初期，计算机取证的思想、理念以及取证的技术和方法初步确立。计算机取证的初始阶段以美国联邦调查局的电磁媒介计划为标志，这项计划最终造就了 FBI 的计算机分析响应组（CART）的诞生。[1] 随后，美国的计算机分析与响应小组（CART）、计算机证据工作组（TWDGE）、计算机证据科研工作组（SWGDE）、美国联邦调查局实验室及其他执法机构均开始计算机证据的检验和研究。在这个时期，取证人员较少关注取证理论的基础研究，更多关注如何发现潜在的数据来证明犯罪，以及如何从计算机犯罪现场挖掘出犯罪方法、犯罪动机、犯罪工具并确定犯罪责任和评估损失。[2]

20 世纪 90 年代中期，司法机关对电子数据的收集技术以及工具的依赖日益增强，促进了计算机取证技术的飞速发展，在这个阶段对计算机取证研究的关注点一直是工具的开发和利用。到了 90 年代后期，由于计算机取证程序没有统一的标准，引发了大量的法律问题。过分关注应用技术的应用、产品的开发而忽视了基本理论及基本方法的研究，导致在许多数字犯罪案件侦破中取证过程既没有一致性也没有可依据的标准。取证过程中不规范的操作导致电子数据证明力下降或电子数据在法庭上受到质疑等问题的产生。在这一时期，业内许多专家开始对取证程序及取证标准等数字取证中的基本问题进行研究，美国等电子技术领先的发达国家首先提出了电子数据取证模型的概念，主要目的是为了方便取证人员开展调查工作，确保提交到法庭上的电子数据的有效性。

21 世纪初，由加拿大、美国、德国、英国、意大利、日本、俄罗斯和法国的相关研究人员组成的 G8 小组制定了一系列有关电子数据的标准，并提出了电子数据取证操作过程的六条原则。另外，美国的数字证据科学工作小组（Scientific Working Group on Digital Evidence，SWGDE）也制定了相关标准和原则草案。美国 ACPO 组织（Association of Chief Police Officer）的取证指南中给出了五条电子数据取证规范原则，RFC 3227 提出了电子数据取证的规范原则。[3]

---

[1] 付忠勇、赵振洲：《电子取证现状及发展趋势》，载《计算机与网络》2014 年第 10 期。

[2] 孙波：《计算机取证方法关键问题研究》，中国科学院软件研究所 2004 年博士学位论文。

[3] 刘志军：《电子证据完整性的几个关键技术研究》，武汉大学 2009 年博士学位论文。

（二）电子数据取证模型概念及特征

电子数据取证模型可以理解为对取证程序、取证行为以及取证应用系统的若干基本特征进行的类型化概括和抽象。[1] 电子数据取证模型是指为了保护、收集、确认、识别、分析、解释以及呈现电子数据，能够促进与推动成功重构犯罪事实，或是帮助预见未经授权的破坏性违法行为，独立于任何特定技术和组织环境的标准化取证过程的概括和抽象[2]。一个系统而全面的电子数据取证模型的关键在于术语标准、定义准确，并能够为新技术研发与应用提供良好的支撑，电子数据取证模型有其自身特点，具体体现在以下几个方面。

1. 技术性

电子数据取证模型可以看作是在电子数据的固定保护、收集提取、分析解释以及呈现的取证过程中，取证技术规范的类型化概括和抽象。取证模型的提出和发展来源于取证过程中取证技术的标准化需求。在取证过程中，取证人员往往要运用多种技术方法或技术手段，针对不同的取证对象需要采用相应的取证技术，取证模型是为讨论取证工作中的取证技术和技巧提供思路的基础，是独立于这些特定技术和组织环境的一个抽象的参考框架，技术性是取证模型的一个重要特征。

2. 标准化

电子数据取证模型是由电子数据的固定、收集提取、分析解释以及呈现等一系列相互衔接的取证环节组成的，环环相扣不可省略，这些取证环节都必须以通用的术语来表示，便于理解记忆与运用，从而促使其成为一个统一且权威的电子数据取证程序。取证模型的标准化为电子数据取证程序奠定基础，在司法证明的四个环节即取证、举证、质证和认证中，电子数据质证与认证程序的核心内容就是审查取证人员是否按照规范和标准化的操作去收集和分析电子数据，用来辅助判断电子数据的证据能力和证明力。电子数据质证和认证的主体需要按照标准化的电子数据取证模型的各环节逐一进行核对和审查取证过程中技术方法的应用、取证过程的规范性。从这个角度看，电子数据是一个经过抽象而形成的标准化的

---

[1] 吴同：《针对海量数据的数字取证模型》，载《贵州警官职业学院学报》2011 年第 4 期。

[2] 吴思颖：《电子证据取证模型研究》，重庆邮电大学 2014 年硕士学位论文。

取证过程。

3. 渐进性

早期的电子数据取证模型针对的对象主要是计算机，为实现取证规范化，调查取证大多仅限于属于犯罪嫌疑人独立的计算机系统，所提出的取证模式为线性取证模型，提出的取证模型的各个阶段线性相连，彼此承接。① 随着取证对象越来越多样化，数字空间的调查取证活动不断增大，物理犯罪现场和数字犯罪现场中所遗留痕迹的交互性越来越复杂，新的线索或证据在调查活动中不断补充，关于时间空间转换的取证模型、犯罪行为模式的取证模型被提出。当前云计算及云存储模式的使用，使证据源的发现越来越困难，一些研究者提出了云计算取证模型。②③ 总的来说，信息技术本身更新换代带来电子数据取证对象的变化，导致提出的电子数据取证模型理论面临着被后期提出的电子数据取证模型理论所替代。早期针对计算机等有形终端设计出的电子数据取证模型，在云端和远程取证中就不完全符合取证实践的需要。从这个角度看，电子数据取证模型具有渐进性特征。

二、国内外电子数据取证模型

（一）国外电子数据取证模型

自 20 世纪 90 年代以来，国外有很多相关组织根据不同方面提出了各种取证过程模型，如基本过程模型（Basic Process Model）、事件响应过程模型（Incident Response Process Model）、法律执行过程模型（Law Enforcement Process Model）、过程抽象模型（An Abstract Process Model）、DFRW 过程模型、综合过程模型（IDIPM，The Integrated Digital Investigation Model）和增强过程模型（The Enhanced Digital Investigation Process Model，EIDIPM）。电子数据取证模型针对的对象主要

① 吴同：《针对海量数据的数字取证模型》，载《贵州警官职业学院学报》2011 年第 4 期。

② 高元照、李学娟、李炳龙、吴熙曦：《云计算取证模型》，载《网络与信息安全学报》2017 年第 9 期。

③ 黄晓芳、徐蕾、杨茜：《一种区块链的云计算电子取证模型》，载《北京邮电大学学报》2017 年第 6 期。

是计算机，内容是对取证的主要阶段进行设计，并提出了各阶段的顺序与作用。①

此外，巴西研究人员 Marcelo Abdalla dos Reis 在第十四届 FIRST 技术论坛上提出了取证模型的标准化分为合法标准和技术标准。合法标准包括合法原则和证据的法律和规则；技术标准包括技术原则、分析策略以及技术方案和解决方法。美国 FBI 的取证专家 M. Noblet 等人提出了电子数据取证的金字塔模型，包括检查原则、策略与实践以及程序与技术三类标准。

比较典型的电子数据取证模型有以下几种。②

1. 基本过程模型（Basic Process Model）

由 Farmer 和 Venema 在 1999 年的一次取证培训会议上提出，模型的基本取证步骤为：保证现场安全并进行隔离、记录现场信息、系统地查找证据、对证据进行提取和打包、维护监督链。该模型为电子数据取证程序模型的发展起到奠定基础作用。

2. 事件响应模型（Incident Response Process Model）

由 Chris Prosise 和 Kevin Mandia 在《应急响应：计算机犯罪调查》（*Incident Response：Investigating Computer Crime*）一书中提出，模型包括以下步骤：事前准备、事件检测、初始响应、响应策略规划、备份查系统、调查、实施安全措施、网络监听、恢复、报告。该模型主要针对可疑的网络系统的紧急响应，核实是否存在对系统正在进行的攻击，以及攻击后系统状态的恢复。

3. 法律执行过程模型（Law Enforcement Process Model）

由美国司法部在 2001 年发布的《电子犯罪现场调查指南》中提出，模型基本步骤为：准备阶段、收集阶段、检验阶段、分析阶段、报告生成。该模型是一个针对物理犯罪现场的调查过程模型，对不同类型的电子数据及安全处理的方法进行了阐述。

4. 取证抽象过程模型（An Abstract Process Model）

针对早期的模型着眼于特定技术或方法细节，难以有较好的普适性，而提出的一种具有共性的数字取证程序。该模型分为以下几个阶段：识别阶段、准备阶

① 吴思颖：《电子证据取证模型研究》，重庆邮电大学 2014 年硕士学位论文。
② 刘耀、杜春鹏：《计算机证据取证程序探析》，载《中国法学教育研究》2014 年第 3 期。

段、策略制定阶段、保存阶段、收集阶段、检验阶段、分析阶段、陈述阶段。

5. 综合调查过程模型(An Integrate Digital Investigation Process Model)

建立在前面几个模型基础上,同时也指出了物理取证和电子取证分处的各自不同阶段。该模型分为:预备阶段、配置阶段、物理犯罪现场调查阶段、数字犯罪现场调查阶段、检查阶段。而现场调查阶段分为:现场保护、调查取证、记录归档、搜索收集、重构、提交六个阶段。

6. 增强型数字过程取证模型(Enhanced Digital Process Forensic Model)

Tushabe 在 2004 年提出了增强型数字过程取证模型,这个模型是基于综合过程模型而提出的。① 该模型包括:准备阶段、部署阶段、反馈阶段、实施阶段、总结阶段。

(二)国内电子数据取证模型

国内学者提出了若干电子数据取证模型,比较典型的电子数据取证模型有以下几种。

1. 基于需求的网络电子数据取证过程模型

针对电子数据的完整性、可靠性、抗抵赖性这些特定的问题,该模型以软件工程的思路,对取证环境进行分析,然后拟定取证的目标,在这个目标的基础上确定取证的过程需求,进行取证过程的概要设计,最后对取证过程的实现。② 该模型由四个阶段组成:攻击预防阶段、攻击过程取证阶段、事后分析阶段、结果提交阶段。

2. 计算机取证的层次模型

该模型是在国内第 19 次计算机安全技术交流会上提出的,模型将计算机取证分为证据发现层、证据固定层、证据提取层、证据分析层和证据表达层五个层次。③ 证据发现层是通过侦查和现场勘察搜集最原始的证据层;证据固定层通过

---

① 胡亮、王文博、赵阔:《计算机取证综述》,载《吉林大学学报:信息科学版》2010 年第 4 期。

② 刘尊:《基于需求的网络电子取证过程模型》,载《计算机应用与软件》2005 年第 11 期。

③ 参见《计算机取证的层次模型》,载 360 百科,https://baike.so.com/doc/25674204-26751922.html,2020 年 8 月 18 日访问。

数字签名和见证人签名等保证获得数据的完整性、真实性；证据提取层是将原始数据表达成可以理解的抽象数据层；证据分析层是通过关联分析信息的形成、产生、传播等，用以得出犯罪的动机，行为重构，以及找寻犯罪嫌疑人特征层；证据表达层是通过技术将原始数据表达成可以理解的抽象数据层。

3. 多维取证模型

该模型分为数据层、证据获取层和取证监督层①。模型特点是可以随时间而变化，随着犯罪分子犯罪手段的升级而多维改变。模型的实施步骤包括：取证准备阶段、物理取证阶段、数字取证阶段、取证的全程监督、证据的呈堂、总结阶段。该模型增加了时间约束，且审计过程全程监督，在这个多维取证程序框架模型中，可以避免可能出现的不足或失误，取证人员也可以从多个角度开展取证工作。

第二节　电子数据取证程序的理论研究

一、电子数据取证模型与取证程序的区别与联系

(一)电子数据取证模型与取证程序的区别

电子数据取证模型用于概括描述取证事件的全过程，对取证技术应用和取证工具研究具有重要指导意义。电子数据取证模型研究内容是对取证的主要阶段进行设计，并提出了各阶段的顺序与作用，其作用是以某种标准形式或使取证人员可以照着标准样式开展取证工作。

电子数据取证程序是采取立法形式描述取证主体对取证对象实施取证行为的程序性规定，对取证主体规范性实施取证活动的立法规定。电子数据取证程序规定了电子数据取证的主体和对象，取证主体对取证对象开展具体取证行为的方式和步骤的规定等。

电子数据取证模型与电子数据取证程序是不同的。从本质上看，电子数据取证模型属于技术层面，纵观上文列举出的电子数据取证模型，不难发现，多数取

---

① 丁丽萍、王永吉：《多维计算机取证模型研究》，载《计算机安全》2005 年第 11 期。

证模型是基于特定的技术应用环境而制定的，是对取证过程各个阶段的技术要求。电子数据取证程序本质上属于法律制度层面，以立法的形式对取证活动所应遵循的具体基本原则、步骤和方法等进行规定。

从形式上看，电子数据取证模型与电子数据取证程序也具有不同性，电子数据取证模型是概括和抽象，是"纲"，而电子数据取证程序是具体的。从内容上看，电子数据取证模型是对电子数据取证活动的规范性过程和标准化过程，电子数据取证程序则是在这个标准化过程之上形成的法律制度。

（二）电子数据取证模型与取证程序的联系

电子数据与传统证据相比，具有虚拟性、易篡改性、对科技的依存性等诸多特点。与传统证据的取证不同，将收集、提取的电子数据固定为法定证据的电子数据的取证过程更为特殊，需要适用不同于传统证据的特殊取证程序方能实现诉讼过程的科学化和法治化。

在研究和制定电子数据取证程序时，在固定与提取、审查与判断有法律效力的电子数据过程中，通常需要考虑取证调查和分析技术的应用，需要考虑取证过程是否严格遵守技术规范，以及是否使用合法的工具和技术手段等。因而，虽然从定义和研究内容看，电子数据取证模型与取证程序两者存在巨大区别，但两者的联系也十分紧密。

1. 电子数据取证模型是取证程序的基础

电子数据是高技术产物，电子数据的技术性特征决定了电子数据取证程序必须有别于传统证据取证，以何种方式、何种流程实现取证是电子数据取证程序首先需要考虑的问题。电子数据取证模型是从取证技术角度对取证过程技术规范的类型化概括和抽象，电子数据取证模型能为电子数据取证程序指引方向，明确电子数据取证程序需重点关注的步骤，并提供合理的技术指导。

2. 电子数据取证程序是取证模型的归宿

电子数据取证模型高度概括了整个取证过程所遵守的步骤和方法，同时也对取证过程各个阶段提出了技术上的要求。电子数据取证程序是根据电子数据取证的标准化过程形成的法律制度，也可以理解为是在遵循取证模型的基本方针下，从更具操作化的层面上提出的具体的取证程序。电子数据取证模型要真正运用于司法实务中，就必须转化为与之相适应的电子数据取证程序，否则就失去了存在的价值和意义。①

二、国内外电子数据取证程序研究

（一）国外电子数据取证程序研究

在国外，电子数据取证领域甚少有专门取证程序方面的研究，涉及程序步骤流程的问题主要由统一制定的手册进行指导，而其中的行为边界所导致的证据问题主要由证据规则进行判断。② 国外电子数据取证程序研究大致上可以分为两个阶段。

第一个阶段主要集中于电子数据取证模型的研究。2000 年以前，国外电子数据取证研究侧重于电子数据取证技术、电子数据取证工具的研究。2000 年以后，电子数据取证技术模型、方法及标准等科学问题的研究得到重视，包括Farmer 和 Venema 提出的电子数据取证的基本过程模型、Chris Prosise 和 Kevin Mandia 提出的电子数据取证的事件响应模型等。其中最为代表性的学术研究成果是 Eoghan Casey 的著作《数字证据与计算机犯罪》③。

该书从法律、计算机科学、法学和行为证据分析四个角度对 20 世纪前涉及电子数据的相关问题作了总结和整理。在该书的技术和法律章节（第 3 章）、利用数字证据进行调查推理章节（第 5 章）、法庭上的数字证据章节（第 7 章）中，作者针对不同案件类型总结了取证模型，并对取证过程中取证人员需要了解的基本知识、注意事项等都作了步骤性梳理总结，为司法实践中电子数据取证活动提供操作指导。同时，该书列举了当时具有划时代和指导意义的若干判例，例如，在获取收集与提取数据证据权限方面的美国诉 Carey 案、在电子数据的搜查扣押方面的 Steve Jackson 案、在电子数据取证范围方面的 United States v. Barry Hoffman

---

① 吴思颖：《电子证据取证模型研究》，重庆邮电大学 2014 年硕士学位论文。

② 尹晓鹤：《电子数据取证侦查程序研究》，中国人民公安大学 2019 年博士学位论文。

③ 注明：《数字证据与计算机犯罪》是电子工业出版社于 2004 年出版的图书，作者是［美］Eoghan Casey，译者是陈圣琳、韩建俊、汤代禄。该书具体讲述了数字证据和计算机犯罪的基本概念、历史背景和相关术语、欧美相关法律的对比、调查推理、惯用手法和犯罪动机、计算机入侵调查、网络骚扰调查、Internet 上的性犯罪和数字证据托辞等内容。

案等。

第二个阶段集中于对取证程序相关法理问题的完善和补充。随着科技的发展，新的数据产生和存储技术也有所发展，对电子数据在虚拟空间、云端、远程等不同环境中所体现出的证据形式以及所涉及的问题，国外法学领域对取证程序相关的法理问题进行了完善和补充。在这一时期，国外对电子数据取证程序的关注点也从电子数据取证行为整体的不合法，如超过许可令权限边界、未经允许私自取证等行为，转移到电子数据取证程序中具体细节的恰当性是否符合电子数据所不同于其他证据形式的特点。[①]

(二) 国内电子数据取证程序研究

国内证据法学界对于电子数据研究一直没有中断，涉及电子数据取证程序研究的代表性著作包括：《电子证据法研究》一书对电子证据的概念、特点、学理分类、收集保全手段、不同技术环境下的特性状态，以及各国关于电子证据的法律制度、相关原则等作了系统的论述，[②] 为从法学角度理解电子数据的一系列重点问题奠定了坚实的基础；《中国电子证据立法研究》一书梳理了全球范围内的现行立法，比较了英美法系与大陆法系做法的异同，论述了中国构建电子证据法律系的现状、经验与不足，最后给出了一份适合中国的电子证据立法方案，同时，该书还全面阐释了电子证据定位七分法、拟制原件说、合法性标准、真实性标准、可靠性标准以及完整性标准等前沿理论；[③]《电子取证的法律规制》一书介绍了电子取证的基本内容、计算机搜查、勘验程序、网络监控、搜索等法律问题以及电子数据保全程序；[④]《电子数据取证和鉴定》一书则从证据科学的视角对电子数据取证和鉴定进行了系统探讨，从取证主体、技术方法、取证工具、取证程序等方面展开系列研究。[⑤]

与此同时，国内一些学者从不同角度研究和探讨了电子数据取证程序中的系列问题。例如，有观点指出，目前我国涉及电子数据取证程序的立法不是很规

---

① 尹晓鹤：《电子数据取证侦查程序研究》，中国人民公安大学 2019 年博士学位论文。

② 何家弘、刘品新：《电子证据法研究》，法律出版社 2002 年版。

③ 刘品新：《中国电子证据立法研究》，中国人民大学出版社 2005 年版。

④ 刘品新：《电子取证的法律规制》，中国法制出版社 2010 年版。

⑤ 杜春鹏：《电子数据取证和鉴定》，中国政法大学出版社 2014 年版。

范，分析和论证了当前我国电子数据取证程序进行规范的难点和重点。[①] 有观点认为，2016 年出台的电子数据规定存在着一些不足，下一步查程序的发展应该对强制侦查的司法审查、救济程序进行完善。[②] 有学者认为，目前我国收集电子数据的方式尚存在不足，完整的电子数据取证程序尚未建立。[③] 有学者指出，目前我国用勘验、检查、鉴定的取证手段规避了在法律上受到更严格规范的搜查行为，使得电子数据取证的法制化程度受到质疑。[④] 有学者提出，侦查人员应有更多的选择空间，但同时也应受到更加严格的行为规范[⑤]等。此外，有研究者介绍了美国电子数据搜查中何时可以无证搜查及公民在电子数据领域所拥有的合理隐私期待权的相关规定。[⑥] 这些观点虽各成一家之言，但其对于推动我国电子数据取证程序理论研究分别具有不同的启发意义。

三、学界中几种代表性的电子数据取证程序

1. 四阶段电子数据取证程序

既然电子数据取证程序在本质上属于法律制度层面，应当有所统一。电子数据取证程序的构建应当参考取证模型，一方面考虑电子数据取证措施的特殊性，同时也要考虑参考传统搜查、现场勘查、鉴定、保全、技术侦查等取证措施的程序，有学者进而提出了称之为抽象的司法程序模型[⑦]，如图 3-1 所示。

电子数据取证准备阶段的工作主要包括：制定取证计划、收集案件的相关信息、准备相应的取证工作和设备，并对取证人员进行选择和对应的技术培训等。电子数据取证收集保全阶段的主要任务是既要收集和保全物理空间的电子数据载

---

① 周新：《刑事电子搜查程序规范之研究》，载《政治与法律》2016 年第 7 期。

② 龙宗智：《寻求有效取证与保证权利的平衡——评"两高一部"电子数据证据规定》，载《中国检察官》2017 年第 1 期。

③ 骆绪刚：《电子数据搜查扣押程序的立法构建》，载《政治与法律》2015 年第 6 期。

④ 胡铭、王林：《刑事案件中的电子取证：规则、实践及其完善——基于裁判文书的实证分析》，载《政法学刊》2017 年第 1 期。

⑤ 赵长江、李翠：《电子数据搜查扣押难点问题研究》，载《太原理工大学学报（社会科学版）》2017 年第 3 期。

⑥ 高荣林：《美国电子数据取证之无证搜查与证据排除规则》，载《上海政法学院学报》2015 年第 5 期。

⑦ 刘品新：《电子取证的法律规制》，中国法制出版社 2010 年版，第 8 页。

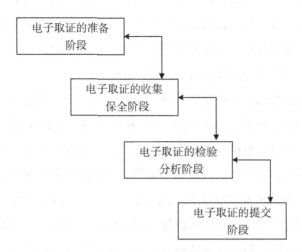

图 3-1　抽象的司法程序模型

体，又要收集和保全虚拟空间中电子数据。在电子数据取证的检验分析阶段，针对电子数据取证不同于传统取证的特点，提出了"两步式"的取证分析，即电子数据分析主要集中在证据分析实验室，调查人员在证据所在地开展基本的证据分析。在电子数据的提交阶段，主要对取证结果进行汇总提交。

2. 六流程电子数据取证程序

电子取证一般分为六个流程：准备阶段、现场勘查、证据获取、证据固定、数据分析、生成报告。[①] 第一步是准备阶段，主要任务是充分收集案件现场详情，制定工作方案，以及准备电子取证设备。第二步是现场勘查阶段。取证人员在进入现场后，应迅速封锁现场，隔离人、机、物品，保护电子数据物品，电子数据物品包括计算机、硬盘、U 盘、各类存储卡、光盘、手机、相机、录音机、打印机等电子设备，查看各设备的连接及使用情况。第三步是证据获取阶段，涉及只读访问和开机获取证据方式，由专业的取证人员或电子取证鉴定机构或公司的专业人员进行收集或提供专业咨询，保证电子设备储存的内容不被破坏。第四步是证据固定阶段。对每一个设备的基本信息、状态信息、来源数据、数据提取的操作过程和方法，提取数据的时间和地点，以及操作人和见证人的签字都要进

---

①　参见《电子取证的一般流程》，载个人图书馆网，https：//mp. weixin. qq. com/s/a8eg5KT-wodQIivo6HsMJQ，最后访问时间：2020 年 8 月 8 日。

行记录。第五步是数据分析阶段。在完成上述步骤后，取证人员会根据案件的诉求进行数据分析，以找到关键的证据或线索。第六步是生成报告阶段。取证人员在取证完成后，需要对整个取证分析过程生成一个完整的报告。

3. 实战中的四阶段电子数据取证程序

实战中的电子数据取证程序大致分为取证前的准备、现场勘查取证、实物的提取和扣押以及鉴定分析四大环节。① 取证前的准备包括人员的准备和设备的准备。现场勘查取证分为单机勘查和网络勘查，现场勘查工作又分四个小阶段，分别为：到达现场后，安保组的人员和涉案物品的安保工作；现场勘查前，侦查人员的拍照、录像等记录当时的状态；现场勘查时收集相关证据；制作法律文书。实物的提取和扣押分为原始载体可以提取的和原始载体不可提取的，对于不可提取的，侦查员可采用拍照、录音或摄像方法固定。鉴定分析是在现场勘查和取证工作后，将案发现场发现的涉案存储媒介、电子设备和电子数据委托鉴定机构进行进一步的检验鉴定分析工作。

第三节　电子数据取证程序的法律规定

一、法律视角下的取证程序

(一)侦查取证程序的定义及特征

法律意义上的取证程序指的是采用立法形式描述法定的取证主体对取证对象实施取证行为的程序性规定。这些程序性规定描述了取证的主体和对象、取证主体的资格与条件、取证对象的范围与要求、取证主体对取证对象的具体取证行为的方式与步骤等。

我国法律上规定的取证主体一般指的是侦查机关中的公安机关和人民检察院，因此在司法实务中取证程序也称之为侦查取证程序，是侦查机关对取证对象实施取证行为的程序性规定。根据我国法律有关规定，侦查取证程序既包括侦查主体实施案件调查及证据收集行为的程序，也包括在案件诉讼过程中律师、当事

---

① 李娜：《电子证据取证程序研究》，载《河北公安警察职业学院学报》2017 年第 4 期。

人实施证据收集行为的程序，以及在案件的审判阶段时法庭的案件调查程序。

侦查取证程序既属于行政程序，也属于司法程序。侦查的目的是为了查明案件的情况，抓获犯罪嫌疑人，证实犯罪事实真相。为了达成该侦查目的，需要国家通过国家专门机关如公安机关、检察院去查明犯罪事实真相，使犯罪行为及时得到制裁，从而尽快恢复稳定的秩序，确保公民人身自由。① 侦查机关一旦发现犯罪事实可能存在，就必须启动侦查取证程序并依法进行专门的调查工作。从侦查目的看，侦查取证程序具有行政程序特征；另一方面，侦查、起诉和审判程序是紧密相关的，法律上也要求侦查要严格依法进行，从这个角度来看侦查取证程序又具有一定的司法程序特征。

侦查取证程序既具有行政属性又具有司法属性，侦查取证程序的行政属性和司法属性的不平衡容易导致侦查权滥用。司法实践中的案件多数情况下，侦查阶段只有侦查机关与犯罪嫌疑人两方，如何保障嫌疑人在侦查阶段的权益使得我国《中华人民共和国刑事诉讼法(2013 年版)》及有关司法解释中对侦查取证都设置了程序性制裁规定，包含在刑事案件的侦查、审查起诉、审判多个环节中。

(二)侦查取证程序步骤

一般来讲，案件立案后就可以开始展开侦查，侦查活动结束后对案件作出是否移送起诉的决定，侦查活动是在侦查阶段进行的。② 侦查机关对案件的处理一般包括如下的步骤：立案、侦查、破案与预审、起诉，其中立案工作包括受理案件、审查案件(初查)、立案。

1. 立案环节

立案是指侦查机关认为某一事件存在犯罪事实并且应追究刑事责任从而决定正式调查的程序性规定。侦查活动一般以立案为开始，立案首先需要有一定的材料来源，也就是侦查机关据以立案的线索。根据法律规定，报案、控告、举报、

---

① 刘晓燕：《我国刑事侦查程序反思与完善》，载《安徽农业大学学报(社会科学版)》2008 年第 2 期。

② 在起诉和审判阶段，如果认为案件事实尚需进一步查明，依法也可以对其进行补充侦查。

自首等皆能成为案件的材料来源。①

2. 侦查环节

在立案后，为查明主要犯罪事实，获取充分犯罪证据，侦查机关需要展开现场勘查与线索收集，在线索确定后，确定犯罪嫌疑人。侦查环节中的侦查活动包括讯问证人、勘验、检查、搜查、扣押、冻结、鉴定、技术侦查等。②

3. 其他环节

侦查破案的第三个步骤是破案与预审，指的是在主要犯罪事实已经查清并能证实的情况下，对犯罪嫌疑人缉捕归案，讯问犯罪嫌疑人，审查判断证据。侦查活动的最后一个步骤是起诉，根据侦查中取得的结论，确定罪名，提出起诉意见或撤销案件的决定。

二、电子数据取证程序法律规制沿革

(一)混杂与其他文件中的程序规定

在 2005 年前，并没有单独的关于电子数据规范的司法解释和规范性文件。在程序法制定的最初阶段是没有考虑电子数据取证程序的，电子数据方面的刑事程序立法基本上是没有发展的。处理涉及电子数据的案件主要依靠执法机关和监督机关自行参考、推导其他证据类型的取证规范来决定其在电子数据领域是否适用，或在电子数据问题上是否同样适用，关于电子数据的相关规范是散见于其他文件中并被提及。

在这一阶段发布的规范性文件包括 1991 年 10 月 1 日实施的《计算机软件保护条例》，1994 年 2 月 18 日发布实施的《计算机信息系统安全保护条例》，1995

---

① 《中华人民共和国刑事诉讼法(2018 年修正)》第 112 条规定："人民法院、人民检察院或者公安机关对于报案、控告、举报和自首的材料，应当按照管辖范围，迅速进行审查，认为有犯罪事实需要追究刑事责任的时候，应当立案；认为没有犯罪事实，或者犯罪事实显著轻微，不需要追究刑事责任的时候，不予立案，并且将不立案的原因通知控告人。控告人如果不服，可以申请复议。"

② 姚磊：《论侦查取证程序的结构——以程序的功能为标准》，载《大连海事大学学报(社会科学版)》2014 年第 1 期。

年 2 月 28 日全国人大通过《中华人民共和国人民警察法(1995 年修订)》①。1997
年 3 月全国人大修订通过的《中华人民共和国刑法(1997 年修订)》首次规定了计
算机犯罪，将计算机犯罪写进刑事实体法，增加了 3 条有关计算机犯罪的条款：
第 285 条对侵入计算机信息系统的犯罪进行了法律条款的规定②；第 286 条对计
算机信息系统功能进行破坏的犯罪进行了法律条款的规定③；第 287 条对利用计
算机实施的犯罪进行了法律条款的规定④。

　　为贯彻落实当时的刑事诉讼法，公安部在 1998 年 5 月颁布了《公安机关办理
刑事案件程序规定》(公安部令第 35 号发布)，在该程序规定中的第 197 条、第
218 条首次提及"电子数据"一词。⑤ 该程序规定的第 197 条指出在计算机犯罪案
件的勘验现场中，需要复制电子数据。第 218 条规定中指出可以作为证据使用的

---

　　① 《中华人民共和国人民警察法(1995 年修订)》第 6 条第 12 小条规定："公安机关的人
民警察按照职责分工，依法履行下列职责：……；(十二)监督管理计算机信息系统安全保护
工作；……"

　　② 《中华人民共和国刑法(1997 年修订)》第 285 条规定："违反国家规定，侵入国家事
务、国防建设、尖端科学技术领域的计算机信息系统的，处三年以下有期徒刑或者拘役。

　　违反国家规定，侵入前款规定以外的计算机信息系统或者采用其他技术手段，获取该计
算机信息系统中存储、处理或者传输的数据，或者对该计算机信息系统实施非法控制，情节
严重的，处三年以下有期徒刑或者拘役，并处或者单处罚金；情节特别严重的，处三年以上
七年以下有期徒刑，并处罚金。

　　提供专门用于侵入、非法控制计算机信息系统的程序、工具，或者明知他人实施侵入、
非法控制计算机信息系统的违法犯罪行为而为其提供程序、工具，情节严重的，依照前款的
规定处罚。"

　　③ 《中华人民共和国刑法(1997 年修订)》第 286 条规定："违反国家规定，对计算机信
息系统功能进行删除、修改、增加、干扰，造成计算机信息系统不能正常运行，后果严重的，
处五年以下有期徒刑或者拘役；后果特别严重的，处五年以上有期徒刑。

　　违反国家规定，对计算机信息系统中存储、处理或者传输的数据和应用程序进行删除、
修改、增加的操作，后果严重的，依照前款的规定处罚。

　　故意制作、传播计算机病毒等破坏性程序，影响计算机系统正常运行，后果严重的，依
照第一款的规定处罚。"

　　④ 《中华人民共和国刑法(1997 年修订)》第 287 条规定"利用计算机实施金融诈骗、盗
窃、贪污、挪用公款、窃取国家秘密或者其他犯罪的，依照本法有关规定定罪处罚。"

　　⑤ 《公安机关办理刑事案件程序规定》(1998 年 5 月 14 日公安部令第 35 号发布)第 197
条规定："勘查现场，应当按照现场勘查规则的要求拍摄现场照片，制作《现场勘查笔录》和现
场图。对重大、特别重大案件的现场，应当录像。

　　计算机犯罪案件的现场勘查，应当立即停止应用，保护计算机及相关设备，并复制电子
数据。"

证据材料包括电子数据、录音、录像带和存储介质，同时该程序规定也指出在收集这些证据材料时应当清晰标明案件发生的理由、收集的对象和内容，录取和复制的时间、地点等。①

这一时期对电子数据取证问题作出规定的规范性文件还有最高人民检察院在1996年出台的《最高人民检察院关于检察机关侦查工作贯彻刑诉法若干问题的意见(高检发研字[1997]1号)》②。该文件第三部分即关于依法收集和运用视听资料证据的第1条规定中将电子数据纳入到视听资料范围，并在第2条规定中对视听资料证据的收集方式进行了规定，第3条对具体取证做了程序性和技术性规定，第4条对需要运用到技术侦查的部分要严格进行审批程序进行了着重强调，第5条对视听资料证据的审查和采信进行了若干规定。

(二)行业内部规制阶段

2005年至2012年这一阶段，电子数据的法律地位和相关认证、取证问题没有被法律所承认，最高人民法院、最高人民检察院和公安部在这个阶段陆续颁布了一系列关于电子数据收集、认定的司法解释及规范性文件，或者在相关文件中用专门的章节、条款进行了规定。③

2005年，《计算机犯罪现场勘验与电子证据检查规则(公信安[2005]161号)》由公安部颁发，其中第一章第二条对电子数据的检查内容作了罗列，第三

---

① 《公安机关办理刑事案件程序规定》(1998年5月14日公安部令第35号发布)第218条规定："对不能随案移送的物证，应当拍成照片；容易损坏、变质的物证、书证，应当用笔录、绘图、拍照、录像、制作模型等方法加以保全。

对于可以作为证据使用的录音、录像带、电子数据、存储介质，应当记明案由、对象、内容，录取、复制的时间、地点、规格、类别、应用长度、文件格式及长度等，并妥为保管。"

② 《最高人民检察院关于检察机关侦查工作贯彻刑诉法若干问题的意见(高检发研字[1997]1号)》中关于依法收集和运用视听资料证据规定："1. 视听资料是指以图像和声音形式证明案件真实情况的证据。包括与案件事实、犯罪嫌疑人以及犯罪嫌疑人实施反侦查行为有关的录音、录像、照片、胶片、声卡、视盘、电子计算机内存信息资料等。2. 视听资料证据的收集方式：……。3. 收集视听资料证据的程序……。4. 严格区分视听技术手段与技侦手段的界限……。5. 视听资料证据的审查和采信……。"

③ 王琳、刘建杰：《推进刑事电子证据取证行为的规范化》，载《人民论坛》2013年第2期。

章到第六章分别对电子数据的固定与封存、现场勘验检查、远程勘验和电子数据检查的内容、程序步骤、注意事项和例外情况等作了规范，第七章对检查记录所需要的内容、记录范式等作了具体规范。2005年公安部颁布的《公安机关电子数据鉴定规则(公信安〔2005〕281号)》第2条通过下定义的形式指出电子数据是指以数字化形式存储、处理、传输的数据。① 在2006年8月，公安部发布的《公安机关办理行政案件程序规定(2006年修订)》②第23条中使用的是"电子证据"这一术语，该规定指出公安机关办理行政案件的证据种类有电子证据，电子证据与视听资料是并列关系的证据类型。

2009年，最高人民检察院出台了《人民检察院电子证据鉴定程序规则(试行)》和《人民检察院电子证据勘验程序规则(试行)》。2010年6月13日，最高人民法院、最高人民检察院、公安部、国家安全部、司法部联合发布了《关于办理刑事案件排除非法证据若干问题的规定》和《关于办理死刑案件审查判断证据若干问题的规定》。在《关于办理死刑案件审查判断证据若干问题的规定》第29条对电子证据作出了包括提交、内容、步骤和证据关联性等一些审查判断方面的规定。③ 2010年9月，最高人民法院、最高人民检察院、公安部日前联合出台了《关于办理网络赌博犯罪案件适用法律若干问题的意见》，其中第五条规定中指出对于存储在境外计算机上的电子数据，或提取电子数据时犯罪嫌疑人未能到案

---

① 《公安机关电子数据鉴定规则(公信安〔2005〕281号)》第2条规定："本规则所称的电子数据，是指以数字化形式存储、处理、传输的数据。本规则所称的电子数据鉴定，是指公安机关电子数据鉴定机构的鉴定人按照技术规程，运用专业知识、仪器设备和技术方法，对受理委托鉴定的检材进行检查、验证、鉴别、判定，并出具鉴定结论的过程。"

② 《公安机关办理行政案件程序规定(2006年修订)》第23条规定："公安机关办理行政案件的证据种类主要有：(一)书证；(二)物证；(三)视听资料、电子证据；(四)被侵害人陈述和其他证人证言；(五)违法嫌疑人的陈述和申辩；(六)鉴定意见；(七)检测结论；(八)勘验、检查笔录，现场笔录。证据必须经过查证属实，才能作为定案的根据。"

③ 《关于办理死刑案件审查判断证据若干问题的规定》第29条规定："对于电子邮件、电子数据交换、网上聊天记录、网络博客、手机短信、电子签名、域名等电子证据，应当主要审查以下内容：(一)该电子证据存储磁盘、存储光盘等可移动存储介质是否与打印件一并提交；(二)是否载明该电子证据形成的时间、地点、对象、制作人、制作过程及设备情况等；(三)制作、储存、传递、获得、收集、出示等程序和环节是否合法，取证人、制作人、持有人、见证人等是否签名或者盖章；(四)内容是否真实，有无剪裁、拼凑、篡改、添加等伪造、变造情形；(五)该电子证据与案件事实有无关联性。对电子证据有疑问的，应当进行鉴定。对电子证据，应当结合案件其他证据，审查其真实性和关联性。"

的、电子数据持有人无法签字或拒绝签字等电子数据的收集与保全的规定①。

总的来说，在这一阶段我国涉及电子数据的相关刑事案件呈现出了陡然上升的态势，电子化的证据在产生、存储的形式上都变得更加复杂和多样化，其他证据类型的取证规范无法有效适应对电子数据取证的相关需求。同时，国外对于电子数据相关问题的研究成果也开始引起我国学者的重视，参考相关电子信息技术发达国家的相关规范，我国公安、检察机关开始尝试探索对我国电子数据取证行为和方式进行规范。这一时期我国的刑事司法实务明显走在了立法的前面。②

(三)作为独立证据形式规制阶段

2012 年 3 月 14 日，第十一届全国人民代表大会第五次会议通过了《关于修改〈中华人民共和国刑事诉讼法〉的决定》，标志着 2013 年 1 月 1 日起施行的《中华人民共和国刑事诉讼法》将电子数据作为证据种类之一加入刑事诉讼法，也标志着电子数据取证程序性规范的合法化。

2012 年 11 月，最高人民法院出台了《人民检察院刑事诉讼规则(试行)》，其中第 9 章第 6 节第 238 条对电子数据调取、查封，以及被扣押和检查的对象等进行了一定程度的程序规定。③ 2012 年 12 月，最高人民法院出台《最高人民法院关于适用〈中华人民共和国刑事诉讼法〉的解释》，其中第 93、94 条规定电子数据

---

① 《关于办理网络赌博犯罪案件适用法律若干问题的意见》第五条规定："侦查人员应当对提取、复制、固定电子数据的过程制作相关文字说明，记录案由、对象、内容以及提取、复制、固定的时间、地点、方法，电子数据的规格、类别、文件格式等，并由提取、复制、固定电子数据的制作人、电子数据的持有人签名或者盖章，附所提取、复制、固定的电子数据一并随案移送。

对于电子数据存储在境外的计算机上的，或者侦查机关从赌博网站提取电子数据时犯罪嫌疑人未到案的，或者电子数据的持有人无法签字或者拒绝签字的，应当由能够证明提取、复制、固定过程的见证人签名或者盖章，记明有关情况。必要时，可对提取、复制、固定有关电子数据的过程拍照或者录像。"

② 尹晓鹤：《电子数据取证侦查程序研究》，中国人民公安大学 2019 年博士学位论文。

③ 《人民检察院刑事诉讼规则(试行)》第 9 章第 6 节第 238 条规定："对于可以作为证据使用的录音、录像带、电子数据存储介质，应当记明案由、对象、内容，录取、复制的时间、地点、规格、类别、应用长度、文件格式及长度等，妥为保管，并制作清单，随案移送。"

的收集、扣押的合法性和规范性为审查内容。① 2012 年 12 月，公安部出台了修订版的《公安机关办理刑事案件程序规定》，其中第 62 条、第 63 条是收集电子数据关于证据复制件问题的规定，第 208 条是关于现场保护、勘验犯罪证据（包括电子数据）的规定。第 217、218、219 条是关于电子数据收集程序的规定，其中第 219、220 条涉及犯罪证据（包括电子数据）的保全问题。②

2014 年，最高人民检察院、最高人民法院和公安部联合发布了《关于办理网络犯罪案件适用刑事诉讼程序若干问题的意见》。2016 年 7 月，公安部出台了当时最新版的《公安机关执法细则》。2016 年 9 月，最高人民检察院、最高人民法院、公安部联合发布《关于办理刑事案件收集提取和审查判断电子数据若干问题的规定》，该规定通过总结电子数据取证和审查的相关实践经验与技术要求，从电子数据的收集提取、移送展示和审查判断几个方面对电子数据相关规则作了全面的规范，因而也成为指导和规范电子数据取证工作的里程碑标志性文件规范。

2018 年 10 月 26 日颁布实施的《中华人民共和国国际刑事司法协助法》，对在网络主权原则下如何进行国际司法协作进行了程序性的规范。2018 年 11 月，由最高检印发的《最高人民检察院关于办理电信网络诈骗案件指引》中就明确指出，对于境外证据的合法性审查要确认来源是否为外交文件、司法协助或警务合作所得，并要求相关文件齐全。③ 2019 年 2 月开始实施的《公安机关办理刑事案

---

① 《最高人民法院关于适用〈中华人民共和国刑事诉讼法〉的解释》第 93 条规定："对电子邮件、电子数据交换、网上聊天记录、博客、微博客、手机短信、电子签名、域名等电子数据，应当着重审查以下内容：……。"

第 94 条规定："视听资料、电子数据具有下列情形之一的，不得作为定案的根据：（一）经审查无法确定真伪的；（二）制作、取得的时间、地点、方式等有疑问，不能提供必要证明或者作出合理解释的。"

② 参见《公安机关办理刑事案件程序规定（中华人民共和国公安部令第 127 号）》第 62 条、第 63 条、第 208 条、第 217 条、第 218 条、第 219 条、第 220 条规定。

③ 《检察机关办理电信网络诈骗案件指引（高检发侦监字［2018］12 号）》（七）境外证据的审查的第 1 条证据来源合法性的审查规定："境外证据的来源包括：外交文件（国际条约、互助协议）；司法协助（刑事司法协助、平等互助原则）；警务合作（国际警务合作机制、国际刑警组织）。

由于上述来源方式均需要有法定的程序和条件，对境外证据的审查要注意：证据来源是否是通过上述途径收集，审查报批、审批手续是否完备，程序是否合法；证据材料移交过程是否合法，手续是否齐全，确保境外证据的来源合法性。"

件电子数据取证规则》是公安机关单独出台的对电子数据取证内容、方式、手段进行程序性规范要求的首个文件。

三、电子数据取证程序规定评析

(一)程序规范制定层面上的模糊性

电子数据作为新的证据类型被写入《中华人民共和国刑事诉讼法(2012 年修正)》后,也意味着在理论上关于电子数据相关的一系列证据认证和取证规则的出台和落实都开始进入"有法可依"的阶段。从程序规定制定的角度看,电子数据取证程序规定具有如下特点。

1. 总体上还处于较为粗犷阶段

在我国的三大诉讼法当中,难以找到有关于电子数据取证工作的规定。目前对这一问题的法律规范仍然处于初级阶段,大量的基础问题并未得到很好地立法解决,例如,若干基本概念并未得以明确;取证环节依据不足;认证规则并未得以确认;取证标准并未得以统一;取证工具和技术并未得到有效的权威性认证;电子数据的收集提取并没有具体的依据可循;如何对电子数据进行审查判断并没有有力的规范支持。[1]

相较于欧美等程序制度发展的较为先进完善的国家,我国电子数据取证的相关规范总体来说还处于较为粗犷的阶段。英美国家通过判例等方法确定下来的一系列原则、法德等国家通过司法令状审核进行严格把控后落实的一系列相关准则,在我国还暂未进行推广。[2]

2. 上位法制定的规范落后于部门规范

在我国,近些年来两高一部(最高人民法院、最高人民检察院和公安部)和其他部门一直在制定电子数据取证规范,严格来说,这些规范仅仅是《中华人民共和国刑事诉讼法》中侦查程序相关规定的细化或者解释,这些规范应当是可以融入,而不是超出《中华人民共和国刑事诉讼法》的规定范围。最高人民检

---

[1] 陈利明、高瑛、任艳丽:《网络犯罪案件办理中的取证困境与对策——以"一元木马"系列网络诈骗案为例》,载《人民检察》2018 年第 6 期。

[2] 尹晓鹤:《电子数据取证侦查程序研究》,中国人民公安大学 2019 年博士学位论文。

察院在 1996 年出台的《最高人民检察院关于检察机关侦查工作贯彻刑诉法若干问题的意见》和公安部在 1998 年 5 月颁布的《公安机关办理刑事案件程序规定》就开始注意并试图通过规范电子数据收集审查的方式来规范电子数据的取证问题，然而，《刑事诉讼法》直到在 2012 年的修订中才将电子数据列为合法的证据形式。

《中华人民共和国刑事诉讼法(2018 年修正)》中关于搜查扣押程序的相关规定一共有 10 条，即第 136 条至第 145 条，是关于搜查程序的规定①，其中第 141 条到第 145 条是关于物证和书证的查封、扣押程序的相关规定，但是对电子数据这种独立证据类型的程序规定着墨不多。对于电子数据的取证程序行为和后果的规范直到《中华人民共和国刑事诉讼法(2018 年修正)》中也未见有相关规定。

3. 程序性规范未能呈体系构建

我国法律长期秉持宜粗不宜细的总方针，电子数据取证规则的制定亦是如此。这种"粗"在一定程度上可以增加规范覆盖范围，相关规定的也可划分多个层次，不过对于电子数据程序性规范而言，目前还是没有能形成一个规范的体系。

我国在电子数据方面上的程序性制度规范还是比较分散，有法规效力比较高的《电子签名法》《合同法》《道路交通安全法》《电子商务法》等基本法，也有位阶很低的地方性法规。在我国现有的电子数据法律当中，这些法律存在一个十分明显的缺点，那就是它们基本没有成为体系，并且也没有解决电子数据的可采性还有证明力这两个非常难以解决的难点。大量的基础问题并未得到很好地立法解决，电子数据的收集提取并没有具体的依据可循，如何对电子数据进行审查判断并没有有力的规范支持。

(二)司法实践操作层面上的难适应性

严格意义上讲，从整个电子数据取证程序法律沿革和体系看，涉及电子数据取证的两个核心规范性文件是 2016 年 9 月由最高人民法院、最高人民检察院、公安部联合出台的《关于办理刑事案件收集提取和审查判断电子数据若干问题的

---

① 参见《中华人民共和国刑事诉讼法(2018 年修正)》第 136 条至第 145 条规定。

规定》，以及 2019 年 1 月公安部正式出台的《公安机关办理刑事案件电子数据取证规则》。由于上位法规范留白之处较多，即使部门法规制定出能指导具体技术操作和如何做的程序规范，但对"如何做"背后的"为什么这么做"留白之处过多，换言之，缺乏落到实处的程序规范制定。

1. 取证要求与审核标准脱节

目前关于电子数据的部门法规之间衔接和细化不足的，具体来说，就是现有的程序性规范没有告诉取证人员怎样提取及如何呈现电子数据才是满足检察机关诉讼要求的证据形式。例如，侦查人员提取到的数据无法满足证据要求不能使用，检察机关需要看到的关键证据（数据）没有被提取到，能够证明证据（及其载体）唯一性的记录缺失等。

司法机构和部门出台的规范性文件是属于法律效力较低的层次的文件，其具有的效力范围仅限于本系统之中，在一些关键性问题中缺乏上位法的统一权威规定，各部门和各地在立法性规范文件中就难免"各取所需"。例如，现行的侦查机关取证规则中就以勘验、检查和鉴定的方式替代强制处分的搜查行为，这给相关部门人员在办案时带来沟通和协调上的问题，典型的表现是侦查机关获取的证据无法通过检察机关的审核，容易造成同样类型的案件取证范围和内容不同进而造成"同案不同判"的问题。①

2. 对取证主体程序规定的理解有偏差

大多数刑事案件由刑事警察实施犯罪的侦查和取证，一旦涉及案件的电子数据取证，他们中的大多数人并不具备专业的技术知识，也难以应对取证中的技术问题。对于检察机关而言，司法改革实行人员分类管理后，技术人员属于司法辅助人员。一旦涉及案件的电子数据取证，出现的情况是能够胜任取证的技术人员不具备侦查人员身份，能去取证的侦查人员缺乏一定技术能力无法胜任取证工作。另外，由于体制及历史等原因，目前国家机关仍存在为数不少的工编人员。因此，在检察机关或公安机关内部，有时不具有办案资格的人员参与了办案，甚至这些人员的名字一旦出现在案件材料中，往往便成为辩护方的口实和话柄。然而，基于"毒树之果"的原理，此类证据因法律规定取证主体不合法性理应排除

---

① 王畅、范志勇：《互联网金融案件中电子证据制度的适用》，载《法律适用》2018 年第 7 期。

于证据体系之外，但是如果坚持这一原则，则可能导致相当一部分这类案件无法定案，从而最终会轻纵犯罪。《中华人民共和国刑事诉讼法(2018 年修正)》第128 条规定指出：侦查人员在必要的时候，可以指派或者聘请具有专门知识的人，在侦查人员的主持下进行勘验、检查。① 《关于办理刑事案件收集提取和审查判断电子数据若干问题的规定》第 7 条要求电子数据收集、提取，应当由二名以上侦查人员进行。② 2019 年公安部出台的《公安机关办理刑事案件电子数据取证规则》第 6 条规定：必要时，可以指派或者聘请专业技术人员在侦查人员主持下进行收集、提取电子数据。③ 在实施电子数据的收集、提取过程中，取证主体的选择似乎更应按照《中华人民共和国刑事诉讼法(2018 年修正)》规定的要求进行，但是在司法实践中取证主体由侦查人员和专业技术人员组成，并相互配合实行取证，可能更为有效。

3. 对取证技术应用的考虑不足

我国立法和相关部门规范缺少对技术应用的重视，不少存在性证明、数据签名等技术，其实本可以很好地实现对电子数据同一性的验证需求。在这种情况下，无论学者怎样解读相关规范表达了对数据鉴真背后的法律意义的重视，也无法在实际意义上为鉴真手段的使用提供法律背书。当前司法实践中部分技术存在无相关法律许可作为依托的现象，这使得这些技术本身的合法性受到质疑。

虽然新型的取证技术无法及时找到相关的法律依据是法律制定领域中长久存在的问题，但当前程序规范也缺乏原则性和宏观性的角度对一个阶段内未来可能产生的新问题作出预测性的规范要求。当前我国现行电子数据的规制大体来说还是存储介质这种有形物体，而对于电子数据中真正起决定意义的虚拟数据这种无形物体的取证程序，包括远程勘验、云端取证等则几乎处于空白状态。④ 另外，当前制定的电子数据取证程序性规范还包括缺乏审批、监督、告知和救济的程序性规定，我国司法部门在处理电子数据证据问题时，不得不自行通过对电子数据

---

① 参见《中华人民共和国刑事诉讼法(2018 年修正)》第 128 条规定。

② 参见《关于办理刑事案件收集提取和审查判断电子数据若干问题的规定》第 7 条规定。

③ 参见《公安机关办理刑事案件电子数据取证规则》第 6 条规定。

④ 刘波：《电子数据鉴定意见质证难的破解之道》，载《重庆邮电大学学报(社会科学版)》2018 年第 1 期。

的证据资格、认定和取证规则进行认证的方式来满足司法实务的需要，这在法理上是欠缺正当性的，也会导致相关的规范和司法解释的法律效力受到法理的质疑，产生潜在的混乱和无序现象。[①]

---

① 尹晓鹤：《电子数据取证侦查程序研究》，中国人民公安大学 2019 年博士学位论文。

第四章　电子数据的证据属性

证据相关性与证据客观真实性、证据合法性合称为证据的"三性"。根据通说，证据的证据能力与证明力具体体现于证据"客观性、关联性及合法性"①。由于证据"三性"具有客观性与可操作性，在审判者进行证据认定时，亦是对此"三性"的检验。

随着我国三大诉讼法的修正，电子数据入法成为程序法领域的重大突破，电子数据作为一种新的证据被立法认定为法定证据类型之一。电子数据具可复制性、对高科技的依赖性、电子数据与载体的低度链接性等技术特征，当前学理上缺乏系统性归纳电子数据的证据属性即俗称的"三性"，法律规定上没有一个系统详细的电子数据应用规则，也没有一个指引电子数据"三性"审查判断的操作指南，如何认定电子数据"三性"也成为司法实务中的难题。

本章从英美法系中的证据可采性、大陆法系中的证据资格和证明力分析入手，结合当前立法及司法中关于证据"三性"的若干法律规定，从学理的角度分析和完善电子数据真实性等的概念特征、主要内容组成及程序规则。

第一节　证据采纳及采信

一、英美法系中的证据可采性

(一)证据可采性

英美法系国家认为可采性是一个法律问题，应由法官决定某一证据是否具有

---

① 何家弘、张卫平主编：《简明证据法学》，中国人民大学出版社 2007 年版，第 34 页。

可采性，而证据一旦被采纳，再由陪审团考虑"证据价值"这个事实问题。证据可采性指的是凡属可受容许、可被法院接受的证据皆属于适格的证据，只有具有可采性的证据，才能被法律容许用于证明案件的待证事实。①

在英美法中，可采性与可靠性、相关性等一起构成证据的要素或属性。一项证据即使同时具有可靠性和相关性，如果该项证据由于无重要性或非相关性之外的理由被拒绝，该项证据也可能不被法庭接受，此项证据是不可采纳的。因此，在诉讼中所出现的证据材料处理具有可靠性和相关性，最终该证据能否转化为定案的依据，还要接受法律中关于可采性的要求，只有通过可采性，具有可靠性和相关性的证据材料才能最终转化为定案的证据。

在英美法中，可采性同证据排除规则有着密切的联系，在某种意义上可以认为，法官可以根据证据排除规则来决定证据的可采性。由于英美法国家奉行的是当事人主义的诉讼模式以及实行陪审团审理的制度，一般为了防止当事人和陪审团成员因为缺乏法律常识而提出或采纳有碍于查明案件真相的事实和材料，排除经验上弊大于利的证据，保障诉讼的公正，因此在法律上设置了相对完备而细密的证据规则，用以对证据资格进行规范。②

在英美法系国家，其法律是预先设定排除证据的一般规则，然后再列举若干例外。例如，具有相关性的证据不为排除规则所排除就具有可采性。再如，某些证据虽然允许被全面提供出来，但法律限制它只能基于特定的目的或特定的当事人而被使用，超出这个特定的范围该证据就不具有可采性了。再如，某些证据虽被允许提供出来，但如果另一事实未予证明，法官就会忽略该证据，认定该证据不具有可采性等。

(二) 证据规则

在英美法系中，证据规则一般包括基础性规则、证据排除规则及其例外三部分。基础性规则以正面的角度规定何种证据具有证据资格，从否定的角度排除何种证据不具有证据资格称为证据排除规则，从被排除的证据种类中又有选择地赋

---

① 刘显鹏：《电子证据的证明能力与证明力之关系探析》，载《北京交通大学学报：社会科学版》2013 年第 2 期。

② 孙金海：《试论电子证据的证据适格性》，载《辽宁行政学院学报》2010 年第 3 期。

予部分证据材料具有证据资格称为证据排除规则的例外。为适应陪审团裁判制度，保护被告人的利益，英美法中的法律中极少有积极的规定，多数从消极的角度就有无证据能力或其他能力受限制的情形加以规定，不可采纳的证据反而成为英美法中证据可采性的重点。①

英美法系国家的证据排除规则有基于外部政策的证据排除规则和基于证明政策的证据排除规则。基于外部政策证据排除规则有非法证据排除规则，基于证明政策的证据排除规则包括不具有相关性的规则、排除事实的规则、排除证明方式的规则，其中排除证明方式的规则又包括传闻证据规则、意见证据规则等。②

与传统证据种类相比，对电子数据资格影响最深的是传闻证据规则和最佳证据规则。

1. 传闻证据规则

此规则也称作传闻证据排除法则，指的是除非符合法定例外条件，否则不具备可采性，不得提交法庭质证。《美国联邦证据规则》第 801 条（C）规定，传闻证据（Hearsay）指的是由陈述人在审判程序或在听证程序外作出的，作为证明所称事实的真实性的陈述。③ 美国学者 Finner 根据美国《联邦证据规则》相关规定，指出传闻证据是一项庭外陈述，被用来证明主张事项之真实性。《元照英美法词典》对传闻证据的解释是证人作出的陈述是别人那里听说的事实而不是以自己对某项事实的亲身感知为基础。④

传闻证据具有如下特点：一是传闻证据是一项主张性陈述；二是传闻证据是在法庭上被提出而在法庭外获得的；三是传闻证据目的是证明证据所包含内容的真实性。在英美法当事人主义诉讼模式中，利用传闻证据规则其实质就是要求只有亲自知道该事实的人在审判程序或听证程序中的证言才能被采纳。也可以理解为，陈述人能精确感知其自身所讲述事实，能诚心讲述其所相信的事实，其意图

---

① 何家弘：《司法证明方式和证据规则的历史沿革——对西方证据法的再认识》，载《外国法译评》1999 年第 4 期。

② 李慧：《两大法系证据能力制度的比较研究》，载《山西高等学校社会科学学报》2009 年第 10 期。

③ 孙金海：《试论电子证据的证格适性》，载《辽宁行政学院学报》2010 年第 3 期。

④ 参见《传闻证据规则的特点及价值》，载《中国法院网》，https://www.chinacourt.org/article/detail/2018/11/id/3584318.shtml，2020 年 8 月 30 日访问。

表达的思想用其描述语言能表达清楚的证言才能被采纳。一旦被判断为传闻证据的证据是不能被提交到法庭进行质证,以免误导陪审团而作出不公正的裁判。

2. 最佳证据规则

最佳证据规则是英美法系中的一项关于文字材料的证据可采性规则,即认为原始文字材料(包括录音、录像、摄影材料等)作为证据,其效力优于它的复制品,因而是最佳的。最佳证据规则也称原始证据规则,指的是当需要证明书面文件的内容时,除非例外情况,当事人必须出示文件本身或者原件作为证据。《美国联邦证据规则》第 1001 至第 1004 条规定指出,文字或录音的原件是文字或录音材料本身,照像原件包括底片或任何由底片冲印的胶片。严格按照最佳证据规则排除证据显然是不现实的,为此,英美法系各国都规定了最佳证据规则的例外情形,对"原件"扩大解释,以及对最佳证据规则的例外适用。[①]

最佳证据规则仅适用于以其所载内容证明案情的文字材料。适用最佳证据规则必须具备以下两个条件:一个是该证据属于文字材料,二是该文字材料是以其所载内容为证明手段。文字或录音的原件可以认为是由制作人或签发人使其具有与原件同等效力的副本、复本;与原件同样印刷的复制品,或者以同一字模或通过照像手段制作的副本,或者通过机械或电子的再录,或通过化学的重制,或通过其他相应手段准确复印原件的副本等具有与原件同等效力。复印件可与原件在同等程度上采纳,但是下列情况除外:对复制品是否忠实原件产生疑问;以复制品替代原件采纳将导致不公正。

二、大陆法系中证据资格和证明力

(一)证据证明能力与证明力

大陆法系国家实行的是职业法官裁判制度,审判职能是由职业法官来承担,基于职权主义原则,法官对程序进行和证据调查采信起主导作用。大陆法系国家强调法官裁量权,证据的取舍和证明力的大小是由法官按照自由心证原则作出评判,法律不对证据资格予以限制。

---

① 参见《最佳证据规则》,载百度文库,https://wenku.baidu.com/view/069dcc1a227916888486d74d.html,2020 年 8 月 23 日访问。

作为大陆法系证据理论基本概念之证据证明能力，又称证据资格，是指符合法律规定可被允许进入诉讼，进而能够作为证明案件事实之用的能力，相当于英美法系中证据的可采性。证据证明能力的提出和法律规定意味着并非所有与案件事实有关的证据材料都能进入诉讼并作为证据使用，没有证据证明能力的证据不能进行合法的证据调查，即使错误的进行调查，也不得作为案件认定事实的材料。

作为大陆法系证据理论基本概念之证明力，也称证据力或证据价值，是与证据内容相关联的一个概念，是指法官通过自由心证来判断证据材料在多大程度上可以证明案件事实，相当于英美法系相关性。[①] 证明力强弱指的是证据材料与案件的特定事实是否相关，能在某种程度上证明特定事实在过去、现在或未来的存在与否。大陆法系国家和地区在证明力强弱的判断中，立法上给予法官自由裁量权，但也不排斥一些证据证明力的规则在制度层面上的确立。例如，大陆法系国家中的意大利《刑事诉讼法》明确规定了证据必须具有相关性。[②]

(二)证明能力和证明力的区别

证明能力和证明力虽然一字之差，但两者概念包含的内容是不同的。证明能力关乎证明是否具有证据资格，证明力则是涉及一些证据材料的证明效果的大小。具体而言，两者有下述的不同。

1. 性质不同

证明能力是法律问题，属于可采性范畴，要解决的问题是证据是否被允许进入法庭的资格，某一事实材料是否能作为证据资格通常由法律所规定。证明力是一个事实问题，属于相关性范畴，解决的问题是该证据材料在多大程度上证明案件事实。只有进入证据资格的证据材料才能作为定案的依据。

2. 要求不同

对于证明能力，法律上多从否定层面对其限制性规范，对证明能力的判断必

[①] Relevance：[英][ˈreləvəns][美][ˈrɛləvəns]，n. 相关性，关联；实用性；[计]资料检索能力，早期学界直接译为"相关性"，后期法律条文规定为"关联性"。在本书中，两个术语名词基本同义，为行文所需，统一使用"相关性"的概念，引文中遵从原文表述的除外。

[②] 李慧：《两大法系证据能力制度的比较研究》，载《山西高等学校社会科学学报》2009年第 10 期。

须依据法定的证据规则进行，法官不能做出自由心证，证据的取得必须符合法律规定的方式或程序，如果证据未依照法定的方式或程序，即为非法证据，因而不具备证据能力。对于证明力，法律不预设判断规则，基本上由法官根据个案情况进行自由判断。

3. 规则不同

证明能力的有无，主要从证据收集主体的合法性、收集程序规范性和收集形式完备性等方面进行判断。大陆法系国家，在强调法官裁量权的传统上，也通过立法形式确立出一定数量的规则，促进了证据证明能力的法定化。证明力的大小判断则是在考虑证明能力的证据基础之上，再来判定证据与案件事实之间的内在联系以及相关联的紧密程度。

三、电子数据证据属性

（一）电子数据证据属性的形成

在三大诉讼法依次将电子数据认定为是证据的一种形式之前，对于电子数据的探讨仅仅基于学术层面，对于电子数据的研究多是对域外相关制度的整理和介绍。学界对电子数据的证据属性问题的研究比较少，也没有对电子数据内涵形成统一共识。事实上，法学界自 20 世纪 80 年代开始就在不停地对电子数据的概念进行探讨，对电子数据的描述也从"计算机证据"到"电子证据"或"数字证据"，再到"电子数据"。[①]

在三大诉讼法依次将电子数据认定为是证据的一种形式之后，学界对电子数据的认证规则和质证规则展开探讨，围绕电子数据真实性和可靠性问题进行了一系列有力的探索和研究。虽然立法上将电子数据作为证据的一种类型，但并没有对电子数据进行明确定义，学界对电子数据的定义和内涵的争论此起彼伏。直到 2016 年 9 月最高人民法院、最高人民检察院、公安部出台了《关于办理刑事案件

---

① 刘文斌：《"电子证据"与"电子数据"考辨——以 2012 版刑事诉讼法对证据制度的调整为背景》，载《天津法学》2015 年第 1 期。

收集提取和审查判断电子数据若干问题的规定》，首次明确了电子数据的定义和形式①，是司法机关对电子数据实践规则立法上的统一，由以往公、检、法三个机关的不同办法合为一个立法，减少了以往不同规则之间的冲突矛盾。

《关于办理刑事案件收集提取和审查判断电子数据若干问题的规定》对电子数据收集、提取方法，以及对电子数据审查判断中关于电子数据真实性、关联合法性等审查方法作出了相关规定②，该部规定对规范和指导刑事案件电子数据的取证和认证具有重要作用。电子数据具有什么样的条件才具有作为定案依据的证据资格，以及电子数据具有什么样的条件才具有证据力，该部规定并未给出明确规定。

电子数据作为一种诉讼证据，我国立法和相关司法解释并未明确电子数据的证据属性，在司法实践中难免会遇到尴尬。我国证据法学理论认定案件事实的证据必须在具备真实性、合法性、关联性的情况下，才能成为证据。学界认为电子数据既然是一种诉讼证据，应当具有传统证据的共性，应当具有证据的主要特征。③④ 近年来，学界围绕电子数据真实性、合法性和关联性逐步深入和细化地展开了系列研究⑤⑥⑦⑧，提出了包括电子数据采纳和采信两阶段的认证过程，给

① 2016年9月9日《关于办理刑事案件收集提取和审查判断电子数据若干问题的规定》第1条第1款规定："电子数据是案件发生过程中形成的，以数字化形式存储、处理、传输的，能够证明案件事实的数据。"

2016年9月9日《关于办理刑事案件收集提取和审查判断电子数据若干问题的规定》第1条第2款规定："电子数据包括但不限于下列信息、电子文件：

(一)网页、博客、微博客、朋友圈、贴吧、网盘等网络平台发布的信息；

(二)手机短信、电子邮件、即时通信、通讯群组等网络应用服务的通信信息；

(三)用户注册信息、身份认证信息、电子交易记录、通信记录、登录日志等信息；

(四)文档、图片、音视频、数字证书、计算机程序等电子文件。"

② 《关于办理刑事案件收集提取和审查判断电子数据若干问题的规定(2016年)》第2条规定："人民检察院、人民法院应当围绕真实性、合法性、关联性审查判断电子数据。"

③ 刘品新：《论电子证据的定位——基于中国现行证据法律的思辨》，载《法商研究》2002年第4期。

④ 汪闽燕：《电子证据的形成与真实性认定》，载《法学》2017年第6期。

⑤ 李勇、翟荣伦：《电子证据的证据能力及其审查方法》，载《中国检察官》2017年第8期。

⑥ 刘品新：《电子证据的基础理论》，载《国家检察官学院学报》2017年第1期。

⑦ 罗文华、孙道宁、赵力：《电子数据证据评价问题研究》，载《河北法学》2017年第12期。

⑧ 刘品新：《电子证据的关联性》，载《中国检察官》2017年第9期。

出了法官采纳电子数据应着重审查电子数据的关联性、合法性和形式真实性等若干建议。①

(二)电子数据的三性概述

1. 电子数据真实性

实质上，我国传统证据学理论认为客观性与相关性、合法性一起共同构成证据的三大基本属性，而客观性又是证据最重要的属性。客观性是指证据必须是客观存在的事实，是一种不以人的主观意志为转移、变更的，实实在在发生过的过程或状态。例如，对于物证、书证而言，本身在内容和形式上都是客观的，其作为证据使用则具有客观性。《中华人民共和国刑事诉讼法(2018 年修正)》第 50 条第 3 款规定，"证据必须经过查证属实，才能作为定案的根据"，《民事诉讼法》中也有类似的规定，这里指的是证据的真实性。严格意义上讲，客观性是不等同于真实性的，但我国证据法学界一些学者在讨论证据的客观性时或多或少会论述证据的真实性。②

电子数据形式是客观存在之物，其内容也是客观的，因为它们形成于案件客观事实发生的过程之中，就是过去发生的客观事实的一部分。但是，电子数据是依赖于信息技术而产生的，导致其出现虚拟性，人们无法直接感知而需要借助于一定的电子设备才能显示出来，这就使得证据的客观表现形式有一定的间接性特征。另外，电子数据的勘验检查笔录、电子数据司法鉴定意见等都是经过人的主观思维活动的产物，其内容是特定人员对已过去的客观案件事实的一种主观认识。对于这种主观认识，需要有真与假的判断，评价该主观认识是否与客观事实相符，因而当前对电子数据客观性的研究多以电子数据真实性的研究而开展的，但何谓电子数据真实性，学理上也未给出明确的概念界定。笔者认为，电子数据真实性是指诉讼的电子数据必须是能证明案件真实的、不依赖于主观意识而存在的客观事实。

---

① 颜雅君：《关于刑事电子证据的采纳标准之讨论》，载《福建警察学院学报》2019 年第1 期。

② 刘涛、朱颖：《论"以事实为根据"：兼谈证据客观性和证明标准》，载《社会科学研究》2002 年第 1 期。

2. 电子数据合法性

合法性是我国传统证据属性的理论即"三性说"中规定的证据三大基本属性之一。证据的合法性，也称为证据的许可证，指的是证据的来源、形式、收集和认定都有法律调整和规范，都应符合法律的固定。在我国，对证据合法性的理解包括：证据的收集和提供主体必须合法、证据形式要合法、证人资格要合法、取证程序要合法等。① 在刑事司法领域中，办案机关是需要严格按照法定程序收集证据，确保证据具有合法性，检察机关需要完成证据合法性证明的使命。

电子数据合法性指的是电子数据的取证主体、取证方法和取证程序等必须符合法律的规定。例如，在刑事司法实践中，由于侦查权只能由公安机关、国家安全部门等国家专门机关的侦查人员行使，只有这些主体才享有搜查、扣押、查封、勘验等侦查权限，电子数据的收集主体首先是侦查人员。② 当然，除了取证主体具备有取证权限的合法性外，基于对电子数据高技术性要求和易侵犯其他权利的考虑，取证主体还需要考虑其是否具备技术资质的合法性。

3. 电子数据相关性

证据相关性又称关联性，是指证据必须与案件事实之间存在客观的必然联系，并对查明案件有实际意义。证据须与待证的案件事实有内在联系性，是我国学界长期以来一直持有的观点。我国学界一贯地将证据相关性划分为证据能力相关性和证明力相关性，认为相关性属于证据资格范畴，又将证明力纳入相关性调整的范围内。③

作为立法上明确规定的证据种类之一的电子数据，其相关性也可以理解为作为证据的事实即电子数据不仅是一种客观存在，而且它必须是与案件所要查明的事实存在逻辑上的联系，从而能够说明案件事实。传统证据相关性考虑的往往是证据的内容是否对待证事实具有存在的必要意义。与传统证据不同的是，电子数据相关性具有特殊的双重性特征，电子数据不仅需要强调电子数据内容所承载的信息与案件事实之间的相关性，同样也需考虑承载电子数据的载体与当事人或其

---

① 金鑫：《刑事证据合法性存在必要探究》，载《湖北函授大学学报》2013 年第 4 期。

② 谢登科：《电子数据的取证主体：合法性与合技术性之间》，载《环球法律评论》2018 年第 1 期。

③ 杨宗辉、赵祖斌：《英美法系证据关联性内涵再审视——基于对法律上的关联性和逻辑上的关联性的分析》，载《湖北社会科学》2018 年第 1 期。

他诉讼参与人之间的相关性。①②

第二节　电子数据真实性

一、电子数据真实性内容组成

(一)电子数据真实性分析的困难性

按照目前主流的证据法理论，证据的真实性有两个层面的含义：一是证据的载体或介质是真实存在的，不能伪造。例如，以外部特征、物质属性、所处位置以及状态证明案件情况的物证必须是真实存在的；作案工具、现场遗留物、赃物、血迹、指纹、脚印等痕迹必须是真实存在的。二是证据内容的真实性，即证据所记录的内容或所反映的证据信息必须是真实可信的。例如，被告人供述的内容与整个案件事实不相冲突则认为是该证据内容是真实的。

通常所说的一个证据是真实的，往往指的是证据载体的原始性，以及证据载体在整个诉讼过程中的同一性，其次该项证据材料能与其他证据包括的信息相互印证，该项证据的真伪能较易识别出，并能准确认定案件事实。

然而，作为高科技的产物，电子数据真实性是难以判定的。一是从证据与载体的关系看，电子数据依附的载体是电子设备。电子数据的"原始代码"就是电子数据的原件，电子数据的依赖性决定了电子数据必须经过电子设备的处理、显示才能为人们所感知。如果不以特殊的技术手段或借助于特定的工具来获取这些"原始代码"，予以转换并以特定的形式输出，即使非常真实可靠的内容也只能停留在电子设备或载体中。在从这些电子设备或载体提取这些"原始代码"，并予以转换和形式输出的过程中，电子设备或载体的来源是否可信，电子数据依附的载体环境是否遭受破坏，电子数据是如何形成的，在源证据向目标证据转换的过程中是否有数据被人变更、伪造等问题，皆属于电子数据真实性难以判断的

---

① 刘品新：《电子证据的关联性》，载《法学研究》2016年第6期。

② 周恒：《电子证据载体关联性理论视角下的网贷平台电子证据保存服务》，载《科技与法律》2018年第5期。

问题。

二是传统证据如书证或物证，其真实性均与证据载体的物理特性有关，其证据能力和证明力完全依赖于证物自身特性。与传统证据不同，电子数据的证据载体与证据信息存在形式是可以分离的，存储于载体中的电子数据，可以同电子设备分离，并可以方便地在存储介质之间互相转移。例如，存储于计算机硬盘中的电子数据，可以同计算机这一存储设备分离，存储在计算机硬盘中的电子数据可以方便地转储至 U 盘、移动硬盘等存储介质中，这种电子数据内容与载体的分离并不影响电子数据内容的真实性。

三是在案件的调查、审查起诉、审判环节中，电子数据也要随之移送和流转，电子数据极容易被篡改、伪造、破坏或毁灭，并且与传统证据形式相比，被破坏后不留痕迹，难以凭肉眼判断。电子数据在存储、复制、转移等过程中具有较大隐蔽性和专业性，确认电子数据真实性具有一定困难性。

(二)层次性电子数据真实性分析

如何来审查认定电子数据的真实性呢？有观点认为，电子数据真实性属于证据能力层面，审查电子数据真实性应从电子数据的来源、电子数据的内容和电子数据存储介质三个方面来审查。[1] 有观点认为，电子数据真实性属于证明力层面，电子数据真实性主要是通过自认、推定、辨认与鉴真和专家鉴定四种方式予以认定。[2]

如何来分析电子数据真实性呢？我们以一起网络诈骗案中手机转账支付为例来说明。在该案中，甲为受害者，乙为诈骗者，甲通过手机微信向乙转账 1 万元。分析该案电子数据真实性就要考虑三个方面问题：一是涉案手机是否是甲使用的那部手机，手机是否在侦查、审查起诉、审判阶段保持了同一性和没有被破坏，证据载体是否是真实存在的；二是转账信息的真实性，通过技术手段能否检测出转账的微信号、转账时间、接收账微信号等附属信息，转账信息是否是真实存在的；三是转账的微信内容是否真实，是否有银行账号及资金往来数据记录、

---

① 程权、孟传香：《论新刑事诉讼法视野下电子证据的审查》，载《重庆邮电大学学报（社会科学版）》2013 年第 6 期。

② 李主峰、刚继斌：《从立法到司法：刑事诉讼中电子证据之认证》，载《学术交流》2013 年第 7 期。

嫌疑人微信号等其他证据的相互印证来确认该微信内容的真实性。因此，从司法实践电子数据运用的角度，电子数据真实性应包含三个层面的内容：电子数据载体真实性、电子数据依附环境真实性和电子数据内容真实性。[①]

1. 电子数据载体真实性

电子数据载体真实性指的是存储电子数据的设备介质在诉讼过程中保持原始性、同一性和完整性，在诉讼过程中，不存在载体被伪造、替换、变更等问题。电子数据载体真实性包括两个方面：一个是证据载体来源的真实性，电子数据是否来源于原始存储介质，如果无法提取原始介质，如何保障电子数据的同一性；另一个是电子数据在案件移送流转过程中的真实性，具体表现为电子数据载体在案件侦查时的固定、封存和提取是否能同一地显示在案件的审查判断阶段，以及证据载体的证据保管链条是否完整。

2. 电子数据依附环境真实性

电子数据依附环境真实性指的是电子数据内容所依附的环境信息是真实的，并能证明电子数据内容是"真实存在的"。电子数据内容依附环境信息可划分为附属信息证据和关联痕迹证据[②]：附属信息证据指的是在电子数据内容生成、传递、存储、修改、增删时发生的记录，例如，电子数据依附的计算机系统日志、电子文件的属性信息等，其作用是用来证明电子数据的来源和形成过程；关联痕迹是指因生成、存储、传递、修改、增删电子数据内容时而导致的电子数据依附环境更新产生的相关痕迹。

3. 电子数据内容的真实性

电子数据内容的真实性指的是电子数据所包含的信息内容与案件中其他证据所包含的信息是否能相互印证，能否准确地证明案件事实，电子数据内容的真实性是电子数据真实性的核心问题。对于电子数据内容真实性判定，目前一般采用鉴定和证据综合审查判断方式，对于存在疑点的电子数据内容和电子数据中比较专业的问题可以通过鉴定方式作出真实性判断。

---

① 褚福民：《电子证据真实性的三个层面——以刑事诉讼为例的分析》，载《法学研究》2018 年第 4 期。

② 刘品新著：《网络时代刑事司法理念与制度的创新》，清华大学出版社 2013 年版，第191 页。

二、电子数据真实性技术措施

(一)计算电子数据完整性校验值

完整性校验基本原理是利用数字摘要特性。数字摘要,也称消息摘要,就是将不定长的数据(消息)作为输入参数,利用 Hash 函数,生成固定长度的内容,这个过程是单项不可逆的,且如果输入的消息不一样,就会产生不一样的消息摘要的值。利用这个特性,在取证过程中电子数据如果在中途被改变了,则接收方可以通过对接收到的电子数据计算其消息摘要,这个消息摘要与前期的消息摘要进行比较,通过比较值就可知道电子数据是否被更改过,以此来保证电子数据完整性确认。

完整性校验是目前司法实践中最为常用的电子数据真实性技术措施,2016年9月最高人民法院、最高人民检察院、公安部出台的《关于办理刑事案件收集提取和审查判断电子数据若干问题的规定》文件中规定了计算电子数据完整性校验值的电子数据保存方法。公安部《公安机关办理刑事案件电子数据取证规则(2019年版)》规定了取证时应当采用完整性校验技术措施。例如,现场提取电子数据时,对提取的电子数据进行数据压缩后,文件要进行完整性校验值计算;①对取证过程进行全程录像时,对录像文件应当计算完整性校验值并记入笔录。②

(二)电子数据公证方法

信息化时代产生的各类社会矛盾,越来越多地需要依赖电子数据来定纷止争。网络交易、即时聊天记录、电子邮件、电子合同、电子病历等都可能会成为各类社会纠纷的证据材料。电子数据真实性技术保障的需求催生了系列电子数据公证平台。电子数据公证平台是指由特定的网络公证机构,利用计算机和互联网技术,对互联网上的电子身份、电子交易行为、数据文件等提供证明以及证据保

---

① 公安部《公安机关办理刑事案件电子数据取证规则(2019年版)》第20条规定:"对提取的电子数据可以进行数据压缩,并在笔录中注明相应的方法和压缩后文件的完整性校验值。"

② 公安部《公安机关办理刑事案件电子数据取证规则(2019年版)》第21条规定:"由于客观原因无法由符合条件的人员担任见证人的,应当在《电子数据现场提取笔录》中注明情况,并全程录像,对录像文件应当计算完整性校验值并记入笔录。"

全等的公证行为。用户可以通过电子数据公证平台所提供的各种取证技术手段，以一定的形式将无形的电子数据加以固定并保存在电子数据公证平台所提供的用户数据库内及公证机构监督的公证数据库内。

2019 年最高人民法院出台的《最高人民法院关于修改〈关于民事诉讼证据的若干规定〉的决定》第 94 条规定指出，由记录和保存电子数据的中立第三方平台提供或确认的，人民法院可以确认其真实性；电子数据的内容经公证机关公证的，人民法院应当确认其真实性。[①]

(三)数字签名、可信时间戳技术及其他

在电子数据取证中，把电子数据的数字摘要与时间信息结合起来一起使用，将电子数据的"当前时间"与数字摘要结合在一起，然后利用某个人在公钥密码系统中的个人私钥对这些结合的信息进行加密。在庭审中对电子数据有质疑时，可以通过某个人在公钥密码系统中的个人公钥进行解密，能证明该电子数据是否有过篡改，该电子数据由谁来操作的，电子数据在什么时间被签名的。

另外，学界和实务界认可的电子数据司法鉴定方法，可以为电子数据内容真实性认定提供技术上的支持。近年来，区块链技术与电子数据的结合是区块链技术的法律化应用又一创新，最高人民法院通过司法解释认可了区块链电子数据的真实性[②]。区块链电子数据产生的目的是通过区块链技术补足电子数据真实性认定的一些先天性弱点，希望借助于区块链技术解决存储或生成的电子数据的真实性问题。[③][④]

[①] 《最高人民法院关于修改〈关于民事诉讼证据的若干规定〉的决定(法释〔2019〕19 号)》第 94 条规定："电子数据存在下列情形的，人民法院可以确认其真实性，但有足以反驳的相反证据的除外：(一)由当事人提交或者保管的于己不利的电子数据；(二)由记录和保存电子数据的中立第三方平台提供或者确认的；(三)在正常业务活动中形成的；(四)以档案管理方式保管的；(五)以当事人约定的方式保存、传输、提取的。

电子数据的内容经公证机关公证的，人民法院应当确认其真实性，但有相反证据足以推翻的除外。"

[②] 参见《最高人民法院关于互联网法院审理案件若干问题的规定(法释〔2018〕16 号)》第 11 条第 2 款规定。

[③] 刘学在、阮崇翔：《区块链电子证据的研究与思考》，载《西北民族大学学报：哲学社会科学版》2020 年第 1 期。

[④] 郑观、范克韬、吴泓：《区块链电子证据真实性的认定路径》，载《人民司法》2020 年第 4 期。

三、电子数据真实性程序规则

(一) 立法及司法中的程序规则

电子数据真实性其实质性的保障和审查措施应当是技术性的。[①] 但是司法实务中法官、检察官、律师等通常不具有相应的专业技术知识，因此难以进行电子数据真实性实质性保障和审查措施。在审判过程中，法官对电子数据技术性问题的审查通常是靠电子数据司法鉴定，或是将技术问题转化为法律程序问题，从法律形式上确认电子数据真实性。

例如，以刑事司法领域为例，根据《人民检察院刑事诉讼规则(2019 年版)》规定，检察官可以通过多种方式审查电子数据的真实性，对电子数据的勘验、检查、辨认、侦查实验等笔录存疑问时，必要时可以要求侦查人员提供获取、制作的有关情况，必要时也可以询问提供相关证据材料的人员和见证人，甚至对电子数据进行鉴定。[②]

公安部《公安机关办理刑事案件电子数据取证规则(2019 年版)》规定侦查机关可以通过封存笔录、清单、拍照、录像、见证人在场等方式，保障电子数据真实性。该部程序规则的第 12 条规定指出，对扣押的原始存储介质，应当会同在场见证人和原始存储介质持有人(提供人)查点清楚，该部程序规则的第 13 条规定指出，因客观原因无法由符合条件的人员担任见证人的，应当在有关笔录中注明情况，并对扣押原始存储介质的过程全程录像。[③]

[①]　褚福民：《电子证据真实性的三个层面——以刑事诉讼为例的分析》，载《法学研究》2018 年第 4 期。

[②]　《人民检察院刑事诉讼规则(2019 年版)》第 336 条规定："人民检察院对物证、书证、视听资料、电子数据及勘验、检查、辨认、侦查实验等笔录存在疑问的，可以要求调查人员或者侦查人员提供获取、制作的有关情况，必要时也可以询问提供相关证据材料的人员和见证人并制作笔录附卷，对物证、书证、视听资料、电子数据进行鉴定。"

[③]　公安部《公安机关办理刑事案件电子数据取证规则(2019 年版)》第 12 条规定："对扣押的原始存储介质，应当会同在场见证人和原始存储介质持有人(提供人)查点清楚，当场开列《扣押清单》一式三份，写明原始存储介质名称、编号、数量、特征及其来源等，由侦查人员、持有人(提供人)和见证人签名或者盖章，一份交给持有人(提供人)，一份交给公安机关保管人员，一份附卷备查。"

第 13 条规定："对无法确定原始存储介质持有人(提供人)或者原始存储介质持有人(提供人)无法签名、盖章或者拒绝签名、盖章的，应当在有关笔录中注明，由见证人签名或者盖章。由于客观原因无法由符合条件的人员担任见证人的，应当在有关笔录中注明情况，并对扣押原始存储介质的过程全程录像。"

(二)程序规则中几种典型的真实性审查方法

(1)笔录制作。电子数据笔录指的是对电子数据提取、固定、保存、传递、出示等过程作出的详细记载。例如,《公安机关办理刑事案件电子数据取证规则(2019年版)》第19条就明确规定在现场提取电子数据时,应当制作《电子数据现场提取笔录》,并附《电子数据提取固定清单》。[①] 对勘验、检查笔录的检查成为审查判断电子数据真实性的重要依据。

(2)照片、录像法。该方法在侦查中也称为音像提取法,指的是用照相、录音和录像等手段提取证据的方法,其中照相法用途最广。对于电子数据而言,在案件侦查的现场勘验中可能由于客观原因无法找到符合条件的人员担任见证人,或无法扣押原始存储介质且无法一次性完成电子数据的提取,或有可能存在着电子数据自毁功能或装置且需要及时固定相关证据等情形,可以通过拍照或者录像等方式固定相关证据。[②] 这些拍摄的照片或者录像可以成为审查判断电子数据真实性时的凭证依据。

(3)签名和盖章。公安部《公安机关办理刑事案件电子数据取证规则(2019年版)》规定指出,在制作《电子数据现场提取笔录》《电子数据提取固定清单》中侦查人员、电子数据持有人(提供人)需要签名或者盖章,电子数据持有人(提供人)无法签名或者拒绝签名的,由见证人签名或者盖章。[③] 检察官、法官可以通

① 公安部《公安机关办理刑事案件电子数据取证规则(2019年版)》第19条规定:"现场提取电子数据,应当制作《电子数据现场提取笔录》,注明电子数据的来源、事由和目的、对象、提取电子数据的时间、地点、方法、过程、不能扣押原始存储介质的原因、原始存储介质的存放地点,并附《电子数据提取固定清单》,注明类别、文件格式、完整性校验值等,由侦查人员、电子数据持有人(提供人)签名或者盖章;电子数据持有人(提供人)无法签名或者拒绝签名的,应当在笔录中注明,由见证人签名或者盖章。"

② 公安部《公安机关办理刑事案件电子数据取证规则(2019年版)》第8条规定:"具有下列情形之一的,可以采取打印、拍照或者录像等方式固定相关证据:

(一)无法扣押原始存储介质并且无法提取电子数据的;

(二)存在电子数据自毁功能或装置,需要及时固定相关证据的;

(三)需现场展示、查看相关电子数据的。

根据前款第二、三项的规定采取打印、拍照或者录像等方式固定相关证据后,能够扣押原始存储介质的,应当扣押原始存储介质;不能扣押原始存储介质但能够提取电子数据的,应当提取电子数据。"

③ 参见公安部《公安机关办理刑事案件电子数据取证规则(2019年版)》第19条规定。

过取证人、制作人、持有人、见证人等相关主体的签名或盖章，来证明电子数据载体的真实性。[①]

第三节　电子数据合法性

在现代刑事诉讼立法和司法实务中，证据必须具备合法性才能具有可采性以及非法证据不得作为定案根据，几成共识。但是，关于证据合法性的确切内涵及其外延，理论上的认识却并不一致。就电子数据合法性而言，有观点认为，电子数据的合法性包括形式合法、取证主体合法、取证程序和方法合法、证据来源合法。[②] 有观点认为，证据的合法性包括取证主体的合法性、取证程序的合法性以及证据存在形式的合法性三种情形。[③] 有观点认为，电子数据合法性指的是取证主体、取证方法和取证程序必须符合法律的规定。[④] 笔者认为，电子数据合法性是指法定的主体进行电子数据的固定、收集、提取必须符合法律规定的条件和要求，电子数据的合法性包括取证主体要合法、取证程序要合法、电子数据的来源及渠道要合法。

一、电子数据取证主体合法性

（一）法定取证主体

以刑事司法领域为例，我国现行刑事诉讼法上并无直接、明确的法律条文支撑取证主体合法性理论，但取证主体的合法性问题深刻影响到我国刑事司法实践。根据《中华人民共和国刑事诉讼法（2018年修正）》规定，法定取证主体包括三大类：一是国家专门机关，主要有公安机关、人民检察院、国家安全机关、人

---

① 褚福民：《电子证据真实性的三个层面——以刑事诉讼为例的分析》，载《法学研究》2018年第4期。

② 罗长斌：《刑事电子证据合法性探讨》，载《湖北警官学院学报》2007年第3期。

③ 张雪宁：《电子数据证据取证合法性问题探究》，载《黑龙江生态工程职业学院学报》2019年第4期。

④ 颜雅君：《关于刑事电子证据的采纳标准之讨论》，载《福建警察学院学报》2019年第1期。

民法院；二是诉讼当事人，主要是指与诉讼进程和诉讼结果有直接关系的人，包括原告和被告、犯罪嫌疑人和被害人，以及自诉人；三是协助诉讼活动的参与人，包括辩护人、诉讼代理人律师等。

1. 国家专门机关

根据法律规定，公安机关负责对刑事案件的侦查、拘留、执行逮捕、预审，对于大多数公诉型刑事案件，公安侦查机关是取证主体并行使侦查取证权。法律规定人民检察院可以对一些刑事案件如国家机关工作人员利用职权实施的重大犯罪案件等开展立案侦查，这些案件中人民检察院就是取证的主体。同时法律规定，在办理危害国家安全的刑事案件，取证的主体是国家安全机关，行使与公安机关相同的职权。① 人民法院负责案件的审判工作，代表国家行使审判权。刑事案件若是自诉案件，其取证的主体是人民法院。同时法律也规定，在案件法庭审理过程中，人民法院也可以作为取证主体行使一定的取证权。②

2. 诉讼当事人

"当事人"是指被害人、自诉人、犯罪嫌疑人、被告人、附带民事诉讼的原告人和被告人。我国《刑事诉讼法》赋予了当事人一系列诉讼权利，根据法律规定，当事人及其辩护人、诉讼代理人可以要求人民法院依法予以排除以非法方法

---

① 《中华人民共和国刑事诉讼法（2018 年修正）》第 3 条规定："对刑事案件的侦查、拘留、执行逮捕、预审，由公安机关负责。检察、批准逮捕、检察机关直接受理的案件的侦查、提起公诉，由人民检察院负责。审判由人民法院负责。除法律特别规定的以外，其他任何机关、团体和个人都无权行使这些权力。"

第 4 条规定："国家安全机关依照法律规定，办理危害国家安全的刑事案件，行使与公安机关相同的职权。"

② 《中华人民共和国刑事诉讼法（2018 年修正）》第 19 条规定："刑事案件的侦查由公安机关进行，法律另有规定的除外。……自诉案件，由人民法院直接受理。"

第 52 条规定："审判人员、检察人员、侦查人员必须依照法定程序，收集能够证实犯罪嫌疑人、被告人有罪或者无罪、犯罪情节轻重的各种证据。"

第 54 条规定："人民法院、人民检察院和公安机关有权向有关单位和个人收集、调取证据。有关单位和个人应当如实提供证据。"

第 196 条规定："法庭审理过程中，合议庭对证据有疑问的，可以宣布休庭，对证据进行调查核实。人民法院调查核实证据，可以进行勘验、检查、查封、扣押、鉴定和查询、冻结。"

收集的证据，排除非法方法收集的证据的方式是由当事人等提供相关线索或者材料。① 这就意味着在原告举证责任完成，作为当事人的被告可以提供相反证据去证明其是以非法方法收集的证据，在此情形下，当事人就是提供证据的取证主体。

3. 协助诉讼活动参与人

我国法律明确规定了犯罪嫌疑人、被告人除自己行使辩护权以外，还明文规定可以被委托成为辩护的人包括：律师；人民团体或者犯罪嫌疑人、被告人所在单位推荐的人；犯罪嫌疑人、被告人的监护人、亲友。② 犯罪嫌疑人、被告人因经济困难或者其他原因没有委托辩护人的，本人及其近亲属可以向法律援助机构提出申请。③ 根据法律规定，辩护律师经证人或者其他有关单位和个人同意，可以向他们收集与本案有关的材料。④ 在此情形下，律师就是提供证据的取证主体。

(二)学界中电子数据取证主体

按照我国传统证据法理论观点，形成证据的主体主要是法定的司法人员，侦查人员、检察人员、审判人员具有取证主体资格，其他单位和个人不具备主体资格，其所获得的证据不具有证据资格性，取得的证据被视为非法证据。基于此，

---

① 《中华人民共和国刑事诉讼法(2018 年修正)》第 58 条规定："法庭审理过程中，审判人员认为可能存在本法第五十六条规定的以非法方法收集证据情形的，应当对证据收集的合法性进行法庭调查。

当事人及其辩护人、诉讼代理人有权申请人民法院对以非法方法收集的证据依法予以排除。申请排除以非法方法收集的证据的，应当提供相关线索或者材料。"

② 《中华人民共和国刑事诉讼法(2018 年修正)》第 33 条规定："犯罪嫌疑人、被告人除自己行使辩护权以外，还可以委托一至二人作为辩护人。下列的人可以被委托为辩护人：

(一)律师；

(二)人民团体或者犯罪嫌疑人、被告人所在单位推荐的人；

(三)犯罪嫌疑人、被告人的监护人、亲友。"

③ 《中华人民共和国刑事诉讼法(2018 年修正)》第 35 条规定："犯罪嫌疑人、被告人因经济困难或者其他原因没有委托辩护人的，本人及其近亲属可以向法律援助机构提出申请。对符合法律援助条件的，法律援助机构应当指派律师为其提供辩护。"

④ 《中华人民共和国刑事诉讼法(2018 年修正)》第 43 条规定："辩护律师经证人或者其他有关单位和个人同意，可以向他们收集与本案有关的材料，也可以申请人民检察院、人民法院收集、调取证据，或者申请人民法院通知证人出庭作证。"

我国司法实务中对于刑事司法机关及其工作人员之外的其他主体，诸如事业单位或企业公司的保安人员以及私人等所获之证据，一概否定其证据能力，并禁止其在刑事诉讼中直接作为证据使用。[1]

在刑事案件的电子数据取证中，一旦犯罪嫌疑人有所警觉或者感受到异常时，依附在网络、计算机系统、电子设备中的电子数据很有可能被迅速删除、转移。另外，电子数据及其依附的环境容易遭到人为有意或无意地因某种原因的破坏或修改，要想及时迅速地、全部地收集电子数据显得非常困难。在此情形下仅依靠法定的取证主体如国家专门机关作为取证主体采取传统的搜查扣押等取证方式似乎已不再适合。

事实上，在当前的司法实践中电子数据的提供者越来越多，其采取提交证据的方式也日趋多样化。例如，当事人自行收集固定电子数据如网页，直接打印提交给法庭；申请公证处进行公证并制成的公证书；当事人聘请民间技术高手获取关键的电子数据；利用第三方的电子数据平台收集、固定的电子数据；等等。可见，电子数据取证主体除了法律规定的法定取证主体外，电子数据取证主体的研究似乎还涉及网络服务提供商、专业技术人员、第三方电子数据平台等。

1. 网络服务提供商

传统搜查主要由侦查人员实施，第三方通常起到见证的作用，但很多时候电子数据的提取收集工作离不开作为第三方的网络服务提供商的支持和参与，尤其涉及网络犯罪案件的侦查取证工作。因为很多网络犯罪的刑事案件，电子数据如数据库文件通常是由网络服务提供商保管。

2. 专业技术人员

随着对网络犯罪打击的力度加大，犯罪分子更加谨慎，也慢慢学会了一些反侦察、反取证技术，例如硬盘加密、系统加密和虚拟机在当前是比较难解决的取证技术问题。碰到这类高技术犯罪分子的时候，对于侦查人员来讲，具有一定的挑战性。面对网络取证、秘密取证、特殊取证等高科技含量技术时，电子数据的收集可能需要借助专业的技术人员来完成。

3. 第三方电子数据平台

如果电子数据收集和固定保全的具体行为由当事人操作实施，第三方电子数

---

[1]　万毅：《取证主体合法性理论批判》，载《江苏行政学院学报》2010 年第 5 期。

据平台可以被看作一种取证工具、取证手段或取证服务，第三方电子数据平台对当事人收集和固定的电子数据提供时间、电子数据真实性等证明服务。如果第三方电子数据平台接受当事人的申请，由第三方电子数据平台采取具体技术手段去操作电子数据收集和固定保全时，则第三方电子数据平台可看作电子数据的提供者，成为电子数据的收集主体。

二、电子数据取证程序合法性

(一) 电子数据违法取证行为界定

电子数据在收集提取的过程中，容易出现对民众的隐私权等基本人权的侵犯。电子数据在其生成、传递、存储、展示环节中，电子数据内容容易遭受增添、删除、修改等变更，电子数据依赖的计算机系统和网络环境等容易遭遇攻击和破坏，且这种变更、攻击和破坏在审查判断时不能被法官轻易感知。在这种情况下，收集的电子数据不合法或不可靠，应当依据证据规则加以限制和排除。

《中华人民共和国刑事诉讼法(2018 年修正)》第 56 条对物证、书证确立了非法证据排除规则，排除的条件是不符合法定程序、可能严重影响司法公正且不能补正或者作出合理解释。采用刑讯逼供等非法方法收集的犯罪嫌疑人、被告人供述和采用暴力、威胁等非法方法收集的证人证言、被害人陈述，应当予以排除。[①] 如果将被告人、证人等看作人的证据，将物证、书证等看作物的证据，根据法律规定，对于人的证据方法，采用非法方法收集的言词证据直接予以排除，不存在予以补正或解释的空间。对于物的证据形式，法律规定在收集不符合法定程序、可能严重影响司法公正、不能补正或者作出合理解释的情形下才排除该证据。电子数据是适用于人的证据方法，还是物的证据方法？

2016 年 9 月，最高人民法院、最高人民检察院、公安部联合发布的《关于办理刑事案件收集提取和审查判断电子数据若干问题的规定》指出以数字化形式记载的证人证言、被害人陈述以及犯罪嫌疑人、被告人供述和辩解等证据，不属于

---

① 《中华人民共和国刑事诉讼法(2018 年修正)》第 56 条规定："采用刑讯逼供等非法方法收集的犯罪嫌疑人、被告人供述和采用暴力、威胁等非法方法收集的证人证言、被害人陈述，应当予以排除。收集物证、书证不符合法定程序，可能严重影响司法公正的，应当予以补正或者作出合理解释；不能补正或者作出合理解释的，对该证据应当予以排除。"

电子数据。① 由于电子数据的技术性特征，法官有时需要依赖电子数据司法鉴定意见，鉴定意见属于言词证据，具相似性质和功能的电子数据检验报告也属于言词证据，根据法律规定，此部分内容似乎应纳入言词证据排除规则的规范对象。

（二）瑕疵程序的证据补正

以刑事司法领域的电子数据取证为例，有学者对 H 省检察机关侦查部门电子数据应用现状的实证研究后指出当前侦查取证程序诸多的不规范之处②，主要包括但不限于：在搜查后只是填写了扣押清单，但是搜查证没有申请办理；扣押后对电子数据的保管不规范，有时是案件侦办人自行保管；电子设备和电子数据扣押后，现场勘查的侦查人员没有及时将扣押物品移交给侦查机关内设的技术部门检查分析；搜查取证后，对涉嫌犯罪的电子物品如手机、电脑等没有制作搜查笔录等。

分析上述取证行为，不难发现这些取证行为是取证人员在符合法定程序下的取证，只是取证人员不规范的操作，在取证行为上属于轻微违法取证行为，也称为瑕疵程序取证。对于轻微违法取证行为，我国刑事诉讼法及有关司法解释设计了瑕疵证据补正原则。《中华人民共和国刑事诉讼法（2018 年修正）》第 56 条规定的瑕疵证据补正程序规范同样适应电子数据，司法实践中对于这类电子数据是采用补正或者作出合理解释，而非以非法证据排除规则。

有学者统计自 2016 年以来关于电子数据的裁判文书，其研究结果显示出近年来被告人及其律师质疑电子数据合法性的比例明显提高，多是关于瑕疵程序下的电子数据取证不合法性，同时裁判文书也显示，辩护方对合法性提出异议的成功率比较低，此类辩护意见并未有多少实际效果。③

①　参见《关于办理刑事案件收集提取和审查判断电子数据若干问题的规定（2016 年）》第 1 条第 3 款规定。

②　戴士剑、钟建平、鲁佑文：《检察机关侦查部门电子数据取证问题研究》，载《湖南大学学报（社会科学版）》2017 年第 2 期。

③　胡铭：《电子数据在刑事证据体系中的定位与审查判断规则——基于网络假货犯罪案件裁判文书的分析》，载《法学研究》2019 年第 2 期。

三、电子数据来源渠道合法性

（一）电子数据来源合法性要件

与传统证据的存储方式不同，电子数据的存储具有分散性和连续性。例如，一个网络犯罪行为的实施往往需借助网络中的多台计算机实现，如控制网络上的多台计算机向网站发起破坏性攻击，所以证明犯罪事实的电子数据有可能存储于网站上的一台或多台服务器上、不同地域或国家的网站上，也可能存储于犯罪行为实施人使用的终端存储器上，甚至可能存储于犯罪人的外部移动存储设备上，如存储计算机病毒原代码的软盘。

因此，与传统证据合法性分析有所不同，电子数据合法性要考虑电子数据的来源及渠道收集的合法性。电子数据来源指的是电子数据来自于哪里，对此要有证据证明一项电子数据证据材料是从哪里提取的、谁提取的，其来源要符合法律的规定和要求。

司法实务中案件电子数据来源是多样性的，有来源于原始存储介质的电子数据、有来源于现场勘验的电子数据、有来源于网络在线提取的电子数据、有来源于网络服务提供商等并冻结提取的电子数据，以及存在着向有关单位和个人调取的电子数据。[①] 这些多源的电子数据存储是分散的，易于成为庭审中关于证据合法性争议的焦点，也需要有证据证明这些证据是从哪里提取的。

在司法实践中，搜查、扣押、提取电子数据载体时，由于涉及的技术标准不高，侦查人员都可以胜任取证操作，但是在面对一些技术能力需求较高的取证行为时，需要实行侦查人员与专业技术人员相配合的取证方法。[②] 那么，这些参与案件电子数据提取或分析的技术人员，其是否熟悉取证程序规范，其资格是否可信，其所采用的证据提取方法及提取操作是否遵循了法定程序中的技术规范要求

[①] 《公安机关办理刑事案件电子数据取证规则（2019 年版）》第 7 条规定："收集、提取电子数据，可以根据案情需要采取以下一种或者几种措施、方法：（一）扣押、封存原始存储介质；（二）现场提取电子数据；（三）网络在线提取电子数据；（四）冻结电子数据；（五）调取电子数据。"

[②] 龙宗智：《寻求有效取证与保障权利的平衡——评"两高一部"电子数据证据规定》，载《法学》2016 年第 11 期。

等也需要有证据证明。

(二)收集渠道合法性

电子数据收集渠道合法性可以理解为电子数据提取及生成的过程要合法。例如，一份有载体的电子数据是如何进行扣押的，或一份跨地域调查取证的电子数据是如何调取的。当前立法及司法上关于证据审查判断规则的程序规定主要围绕保障真实性来制定[1]，在当前司法审判实务中，法官对电子数据的审查和认定，在某种程度上已经转换为对电子数据程序规则的审查[2]，表现为形成证据的过程是否合法，或者说是电子数据收集渠道是否合法，是通过对取证手续是否合法，证据的形式是否具有合法性来加以判断或证明。

笔者认为，电子数据收集渠道合法性包括：电子数据生成过程无损规则应用、见证人制度、提取笔录等。

1. 电子数据生成过程无损规则应用

此规则指的是在电子数据生成的整个过程中，不能对源文件任意改动或损坏，这就是电子数据生成过程的无损规则。基于该规则，在收集提取电子数据阶段则需要对电子数据的源文件，如现场提取的电子数据、网络在线提取的电子数据、原始存储介质中提取的电子数据、冻结的电子数据、向有关单位和个人调取的电子数据等，进行电子数据完整性校验值计算。在收集提取电子数据阶段到电子数据检查和侦查实验阶段整个过程中，涉及电子数据进行数据恢复、破解、搜索、仿真、关联、统计、比对等分析操作，在每个操作中都进行电子数据完整性校验值计算，通过完整性校验值的比对来审查电子数据在整个生成过程中的状态是否具有一致性，从而用以证明电子数据生成过程中其操作程序、数据提取和分析过程的合法性。

2. 见证人制度

《公安机关刑事案件现场勘验检查规则公通字[2015]31号》规定邀请一至二

---

① 胡铭：《电子数据在刑事证据体系中的定位与审查判断规则》，载《法学研究》2019年第2期。

② 褚福民：《电子证据真实性的三个层面——以刑事诉讼为例的分析》，载《法学研究》2018年第4期。

名与案件无关的公民作见证人。① 《人民检察院刑事诉讼规则》第 197 条规定勘验时，人民检察院应当邀请两名与案件无关的见证人在场。② 现有程序规则中制定的见证人制度是用于真实性的审查判断，但见证人制度体现了通过合理程序来监督、见证和制约国家公诉活动的民本主义价值趋向。在笔者看来，司法机关根据需要，邀请与案件无利害关系的人到场观察监督某项诉讼行为的实施，其实质也是对证据的取证方式是否合法、证据收集是否符合法定程序要求的监督和见证。

3. 提取笔录及其他

电子数据提取笔录可以看作电子数据在证据形式上的一种表现，因为电子数据提取笔录记录了案由、对象、内容、收集、提取电子数据的时间、地点、方法、过程，也记录了电子数据的类别、文件格式、完整性校验值等信息，对笔录的审查实则是对电子数据证据形式上的合法性审查。提取笔录反映了侦查人员、电子数据持有人是否根据法律规定要求签名或者盖章，电子数据持有人无法签名或者拒绝签名的，在笔录中是否注明了原因。在电子数据移交或流转过程中是否进行过录像等也是电子数据合法性审查的重要体现。

四、初查阶段电子数据合法性

(一)初查之于电子数据侦查的重要性

在笔者看来，相比传统的案件侦查，对于涉及电子数据的某些案件而言，如果不进行有效的案件初查，则会带来包括调查程序风险、案件定性及立案风险等。

初查程序最早由检察机关制定，1990 年 11 月最高人民检察院印发的《关于加强贪污、贿赂案件初查工作的意见》给出了初查的定义；1995 年 10 月最高人

---

① 《公安机关刑事案件现场勘验检查规则(公通字[2015]31 号)》第 24 条规定："公安机关对刑事案件现场进行勘验、检查不得少于二人。勘验、检查现场时，应当邀请一至二名与案件无关的公民作见证人。由于客观原因无法由符合条件的人员担任见证人的，应当在笔录材料中注明情况，并对相关活动进行录像。"

② 《人民检察院刑事诉讼规则(2019 年版)》第 197 条规定："勘验时，人民检察院应当邀请两名与案件无关的见证人在场。勘查现场，应当拍摄现场照片。勘查的情况应当写明笔录并制作现场图，由参加勘查的人和见证人签名。勘查重大案件的现场，应当录像。"

民检察院发布的《关于要案线索备查、初查的规定》指出初查是指人民检察院在立案前对要案线索进行审查的司法活动；1996 年 7 月最高人民检察院通过的《人民检察院举报工作规定》进一步规定明确初查的主体、程序；1999 年 1 月最高人民检察院公布的《人民检察院刑事诉讼规则》用专门的章节对初查的主体、手段、程序性措施、监督做出了明确规定。① 刑事诉讼法虽然提出了"对于报案、控告、举报和自首的材料，应迅速进行审查，认为有犯罪事实需要追究刑事责任的时候，应当立案"的规定②，但其法律条款中未有初查制度的规定。

与传统犯罪案件不同的是，网络犯罪类案件的初查是很有必要的。例如，在某基层公安机关侦办的一起网络投资平台诈骗案中，该案的受害人李某报案称其长期在一个股票群里交流投资信息，在 2019 年 7 月，李某看见有一个叫马某的人在群里留言称做某期货可以赚钱，于是李某联系了对方，马某让其联系张经理，其后李某根据张经理的指导下载了某 App 投资软件，并在该投资平台投资了 30 万元。至 2019 年 9 月底，李某发现不到两个月亏损了 20 余万元，李某认为自己可能受骗了，于是在 2019 年 10 月的某日向当地公安机关进行了报案。③

在该案的报案之初，当地公安机关接到的信息来源少，有效的侦办线索不多，线索来源也仅是报案人手机上的一个 App，以及残存不全的聊天记录、支付账单、QQ 视频直播等信息。只凭报案人提供的初始资料，若想对照刑法条文，准确判断被查对象的行为是否构成犯罪，构成何罪并展开立案侦查是不可能的。

事后证明该案当时采用的初查是很有必要的和正确的，该类案件采用初查方式规避了立案风险，因为一旦立案，则要考虑立案后是否存在案件的撤案、不起诉、无罪判决的风险以及由此而伴生的侵犯当事人人权、损害社会公平正义等风险。另外，该案的初查为后期该案的立案侦查供了大量的电子数据来源，对后期该案犯罪行为、危害后果、作案手段等犯罪事实的认定提供了直接的证据支持。

---

① 姜焕强：《论初查在刑事诉讼中的法律地位》，载《河北法学》2005 年第 1 期。

② 参见《中华人民共和国刑事诉讼法（2018 年修正）》第 112 条："人民法院、人民检察院或者公安机关对于报案、控告、举报和自首的材料，应当按照管辖范围，迅速进行审查，认为有犯罪事实需要追究刑事责任的时候，应当立案；认为没有犯罪事实，或者犯罪事实显著轻微，不需要追究刑事责任的时候，不予立案，并且将不立案的原因通知控告人。控告人如果不服，可以申请复议。"

③ 王宁、龚德中：《投资交易型网络诈骗案件的电子证据分析》，载《警察技术》2020 年第 1 期。

(二)初查阶段电子数据合法性审查

《刑事诉讼法》在侦查程序的规定中未给出初查的细化和解释，但是作为指引当前电子数据司法实践的两大部门规范，均规定了初查阶段的电子数据可以成为庭审中的证据使用。《关于办理刑事案件收集提取和审查判断电子数据若干问题的规定》第6条规定赋予了初查阶段收集的电子数据的证据能力。[1] 公安部出台的《公安机关办理刑事案件电子数据取证规则(2019年版)》第5条规定指出，其他国家机关在行政执法和查办案件过程中收集的电子数据，公安机关接受或者依法调取提取的电子数据可以作为刑事案件的证据使用。[2] 但是作为指引当前电子数据司法实践的两大部门规范虽然解决了初查阶段电子数据的证据资格问题，但是并未对初查阶段的电子数据合法性的审查判断和认定作出相关规定。

笔者认为，一是在司法实践中对取证主体合法性审查判断时应以两大部门规范中对取证主体的规定为依据。依据有关法律规定，法定的取证主体是侦查人员、检察人员、审判人员，其他单位和个人不具备主体资格，其所获得的证据不具有证据资格性，取得的证据被视为非法证据。[3] 根据法律规定，工商行政部门负责查处一般的非法传销活动，对于涉嫌构成犯罪的，则由公安机关予以侦办。在打击网络传销犯罪活动中，公安机关一般是中途进行侦查介入，如果公安机关不接受工商部门提供的其前期收集的电子数据材料，则该类案件侦查线索一般中断，如果不承认工商部门作为取证主体的法律地位，则工商部门取得的电子数据要经过取证主体的"转化"和证据的"转化"。因此，在初查阶段电子数据取证主体合法性审查中，应遵循两大部门规范中规定的"其他国家机关"的取证主体资格性。

二是，作为指引当前电子数据司法实践的两大部门规范虽然明确了初查阶段电子数据的证据能力，但并不意味着初查过程中电子数据的收集不需要受到刑事

---

[1] 《关于办理刑事案件收集提取和审查判断电子数据若干问题的规定》第6条规定："初查过程中收集、提取的电子数据，以及通过网络在线提取的电子数据，可以作为证据使用。"

[2] 《公安机关办理刑事案件电子数据取证规则(2019年版)》第5条规定："公安机关接受或者依法调取的其他国家机关在行政执法和查办案件过程中依法收集、提取的电子数据可以作为刑事案件的证据使用。"

[3] 万毅：《取证主体合法性理论批判》，载《江苏行政学院学报》2010年第5期。

诉讼法及其配套司法解释关于取证规范的法律规定。《公安机关办理刑事案件程序规定(公安部令第 35 号)》第 171 条规定①和《人民检察院刑事诉讼规则(2019年版)》169 条规定②均对初查阶段的调查手段进行了限制和规范,即初查阶段的调查手段只能使用任意性调查措施,而不能使用强制性调查措施。这些规定同样适用于电子数据的初查,电子数据的初查只能采用任意性调查措施,对于初查中采取强制性调查措施获得的电子数据不具合法性,应予以排除,不能作为定案依据。

---

　　① 《公安机关办理刑事案件程序规定》(2020 年修订)第 174 条规定:"对接受的案件,或者发现的犯罪线索,公安机关应当迅速进行审查。

　　发现案件事实或者线索不明的,必要时,经办案部门负责人批准,可以进行调查核实。

　　调查核实过程中,公安机关可以依照有关法律和规定采取询问、查询、勘验、鉴定和调取证据材料等不限制被调查对象人身、财产权利的措施……"

　　② 《人民检察院刑事诉讼规则(2019 年版)》169 条规定:"进行调查核实,可以采取询问、查询、勘验、检查、鉴定、调取证据材料等不限制被调查对象人身、财产权利的措施。不得对被调查对象采取强制措施,不得查封、扣押、冻结被调查对象的财产,不得采取技术侦查措施。"

　　注明:《人民检察院刑事诉讼规则(2019 年版)》将《人民检察院刑事诉讼规则(试行)》第八章第一节"初查"改为"立案审查",删除相关条文中"初查"的表述,以"调查核实"代替原来的"初查"概念。参见《人民检察院刑事诉讼规则重点解读 | 从初查到调查核实:立案审查工作机制的完善》,https://www.spp.gov.cn/spp/zdgz/202002/t20200209_453992.shtml,最后访问时间:2020 年 8 月 30 日。

第五章 司法实务视角下的电子数据

电子数据属于言词证据还是实物证据，电子数据审查判断是借鉴传闻证据规则及例外，还是另辟蹊径，学界中存在着不同的观点。我国法律、法规等规范性法律文件中没有电子数据真实性、合法性、相关性证明标准、证明方法的明文规定，有关电子数据法律法规尚不完善，缺乏可操作性，关于电子数据的审查判断等仍是摆在司法实务部门面前的难题。

在司法实践中，由于认识偏颇和技术障碍，将电子数据转换为其他证据形态，或实质上以真实性为导向的电子数据相关性审查判断是常见现象。本章从司法实务中电子数据的审查判断入手，剖析司法实务中电子数据审查判断存在的问题，结合电子数据技术特性及电子数据的证据特点，研究探讨司法实务中电子数据的证据规则运用及审查判断方法。

第一节 司法实务中电子数据审查判断

一、快播案个案电子数据研究

(一)快播案简介

快播案指的是 2016 年快播公司及高管王欣等被告人涉嫌传播淫秽物品牟利罪案。该案由于是首次采取网络直播的方式作案引发相当高的社会关注度，获得社会各界的赞誉外，更为主要的是控辩双方关于涉案服务器、淫秽视频等电子数据的证据资格和证明力的激辩，为日后电子数据的审查判断以及运用提供了更多有理论意义和实践价值的学术思考。

快播公司自 2007 年 12 月成立以来，采用基于流媒体播放技术在网上发布免费的 QVOD 媒体服务器安装程序和播放器软件的方式，提供网络视频服务。2013 年 11 月 18 日，北京市海淀区文化委员会在行政执法检查中，从北京网联光通技术有限公司查获了快播公司托管的四台服务器。2014 年 4 月 11 日，海淀公安分局以涉嫌传播淫秽物品牟利罪对快播公司及几名高管立案侦查。7 月 28 日，该案被移送审查起诉。2015 年 2 月 6 日，海淀检察院提起公诉，2 月 10 日海淀法院受理该案。2016 年 1 月 7 日和 8 日，一审公开开庭。庭审中，辩方坚持做无罪辩护，并就电子数据问题提出了种种抗辩，与控方展开了激烈的拉锯战。后由于控辩双方对部分证据争议较大，海淀法院决定检验核实相关证据。9 月 9 日，庭审恢复，主要被告人当庭认罪悔罪。9 月 13 日，海淀法院一审判决快播公司等犯传播淫秽物品牟利罪，对王欣等直接责任人处以三年至三年六个月不等有期徒刑，并处 20 万元至 100 万元不等的罚金，对快播公司判处 1000 万元罚金。被告人吴铭不服判决提出上诉，12 月 16 日，北京市一中院作出二审裁定，驳回上诉，维持原判。至此该案司法处理结果尘埃落定。①

(二)快播案中电子数据证据资格和证明力争议

在快播案中，关键性指控的电子数据是行政机关查获的四台服务器及从提取 29841 个审验视频中检出的 21251 个淫秽视频，因为这些证据涉及被告人的涉嫌罪名和定罪量刑，关于四台服务器和 21251 个淫秽视频的电子数据就成了庭审争议焦点。

1. 关于四台服务器的电子数据争议

一是海淀区文化委员会查扣服务器时，未对扣押物品记载和拍照，例如记录服务器内置硬盘的型号、数量、容量等；二是电子数据的载体即服务器在移交、流转过程中保管证据链条是否完整，情况不明；三是移交服务器的手续违法，海淀公安分局调取服务器时，制作的调取证据通知书上的 2014 的"4"字是由打印的"5"字涂改而来；四是海淀公安分局接受或者依法受理该案时，也未对服务器拍照和记录；五是在公诉机关出示三份电子数据司法鉴定意见书中，关于服务器内

---

① 参见《快播涉黄庭审实录》，载新浪科技网，http：//tech. sina. com. cn/i/2016-01-08/doc-ifxnkkux0980107-p15. shtml，最后访问时间：2020 年 10 月 3 日。

硬盘的数量及容量的表述存在不一致；六是服务器 IP 与快播公司的关联性不明，该地址作为识别服务器身份的证据存疑。

2. 21251 个淫秽视频电子数据的争议

一是见证人问题，行政扣押期间开启服务器时是否有行政人员监督，硬盘内容是否被污染、被替换的情况不得而知；二是在侦查阶段提供技术支持的文创公司，无鉴定资质且与本案存在利害关系；三是电子数据的解码应当在复制件内进行，但是有两台服务器的电子数据是直接转码，服务器上的原始数据是否遭到破坏存疑；四是查找到涉案视频，无法证明该视频内容与快播公司软件的抓取、存储、下载等行为有关；五是硬盘中部分数据在文件生成时间方面存在疑点；六是三份鉴定书关于淫秽视频的数量不一致，鉴定人却是同一。①

（三）关于快播案中的电子数据审查判断

在快播案中，被告人王欣的辩护律师在一审庭审现场提出了若干辩护意见。例如，"本案案件来源不明""北京市版权局所查处的四台服务器是怎么锁定的事实不清""涉案物品的扣押保管不合法律""言词证据不能作为定案的唯一依据""没有对服务器进行查封拍照及物品登记"等。

分析快播案中辩护方对控方提交的电子数据的质疑内容，不难发现，其质疑内容包括四台服务器的电子数据原始性、真实性；电子数据分析得出的淫秽视频数量是否准确；电子数据提取、存储和固定等程序的合法性；电子数据司法鉴定意见书的合法性、正确性等。从快播案的庭审实录看，其法庭质证涉及电子数据的真实性、合法性和相关性的审查判断，如表 5-1 所示。

表 5-1　　　　　　　　　　快播案中电子数据审查判断的分析

争议焦点	辩方质证理由	电子数据审查判断
四台服务器的电子数据争议	海淀区文化委员会查扣服务器时，未对扣押物品记载和拍照，例如记录服务器内置硬盘的型号、数量、容量等	相关性：服务器与快播公司关联性存疑 真实性：不能确认其真实性，服务器被掉包是否存在

---

① 刘品新：《电子证据的鉴真问题：基于快播案的反思》，载《中外法学》2017 年第 1 期。

续表

争议焦点	辩方质证理由	电子数据审查判断
四台服务器的电子数据争议	电子数据的载体即服务器在移交、流转过程中保管证据链条是否完整，情况不明	相关性：服务器与快播公司关联性存疑 真实性：不能确认其真实性，服务器被掉包是否存在 合法性：手续违法，即导致证据不具有合法性
	移交服务器的手续违法。海淀公安分局调取服务器时，制作的调取证据通知书上的 2014 的"4"字是由打印的"5"字涂改而来	合法性：手续违法，即导致证据不具有合法性
	海淀公安分局接受或者依法受理该案时，也未对服务器拍照和记录	相关性：服务器与快播公司关联性存疑 真实性：不能确认其真实性，服务器被掉包是否存在
	在公诉机关出示三份电子数据司法鉴定意见书，关于服务器内硬盘的数量及容量的表述存在不一致	真实性：不能确认其真实性，服务器被掉包是否存在 合法性：手续违法，即导致证据不具有合法性
	服务器 IP 与快播公司关联性不明，该地址作为识别服务器身份时，其支持证据存疑	相关性：服务器与快播公司关联性存疑
21251 个淫秽视频电子数据的争议	行政扣押期间开启服务器时是否有行政人员监督，硬盘内容是否被污染、被替换的情况不得而知	相关性：视频文件可能跟快播公司无关，且不能排除被污染、替换、修改的可能 真实性：即视频文件存在造假的疑点
	侦查阶段提供技术支持的文创公司，无鉴定资质且与本案存在利害关系	相关性：视频文件可能跟快播公司无关，且不能排除被污染、替换、修改的可能

续表

争议焦点	辩方质证理由	电子数据审查判断
21251 个淫秽视频电子数据的争议	电子数据的解码应当在复制件内进行，但是有两台服务器的电子数据是直接转码，服务器上的原始数据是否遭到破坏存疑	相关性：视频文件可能跟快播公司无关，且不能排除被污染、替换、修改的可能 真实性：即视频文件存在造假的疑点
	查找到涉案视频，无法证明该视频内容与快播公司软件的抓取、存储、下载等行为有关	相关性：视频文件可能跟快播公司无关，且不能排除被污染、替换、修改的可能
	硬盘中部分数据在文件生成时间方面存在疑点	相关性：视频文件可能跟快播公司无关，且不能排除被污染、替换、修改的可能
	三份鉴定书关于淫秽视频的数量不一致，鉴定人却同一	合法性：关于色情视频文件数量的鉴定意见有违法之嫌，其次视频文件的来源是否可靠存疑

(四)快播案中电子数据审查判断

客观地说，在第一次开庭后，电子数据的审查判断，或者说对电子数据证据资格和证明力的判断便陷入了极大的困境。虽然该案中扣押了四台服务器，但由于执法工作的粗疏错漏，到庭审阶段已经难以证明这四台服务器中的硬盘就是"原始存储介质"，更难以证明其中的电子数据是否出现"增、删、改"的情况，也难以证明这些服务器和淫秽视频同被告人有关联关系。[①]

众所周知，2016 年 9 月，最高人民法院、最高人民检察院、公安部联合出台了《关于办理刑事案件收集提取和审查判断电子数据若干问题的规定》。快播案的二审裁定时间是 2015 年 12 月，《关于办理刑事案件收集提取和审查判断电子数据若干问题的规定》是在快播案结束后出台的，在某种程度上似乎可以理解为对快播案的电子数据工作不规范现象的回应。

---

① 刘品新：《电子证据的关联性》，载《法学研究》2016 年第 6 期。

若以《关于办理刑事案件收集提取和审查判断电子数据若干问题的规定》来审视快播案中的电子数据，不难发现，《关于办理刑事案件收集提取和审查判断电子数据若干问题的规定》第 5 条规定提出了对原始存储介质采取扣押封存、张贴封条、计算完整性校验值、制作封存备份的方法，对收集提取的相关活动进行录像见证等方法；第 14 条提出了制作笔录、电子数据清单、电子数据持有人（提供人）签名盖章方法；第 15 条规定了见证人制度的落实执行措施，可以有效解决快播案中电子数据合法性、真实性的审查判断。该规定第 6 条指出初查过程中收集、提取的电子数据，以及通过网络在线提取的电子数据，可以作为证据使用的规定，无疑可以解决快播案初查阶段电子数据的证据资格能力认定问题①，但不能解决服务器中视频文件与快播公司关联性证明的问题。

二、几种代表性的电子数据审查判断

研究当前司法实务中的电子数据审查判断现状，用个案如快播案支撑的观点可能会陷入以点带面的误区，因为每一起案件都有偶然性，每一个当事人都有个体性，个案现象并不能有效地反映出当前电子数据的司法应用现状，因此，要想深刻认识当前司法实务中电子数据的审查判断现状，必须要有一定的案例统计分析。② 笔者梳理文献，归纳出有代表性的关于电子数据审查判断的研究结论，具体如下。

（一）刑事诉讼中电子数据之认证

通过"中国审判法律应用支持系统"中的"中国法院裁判文书库"对刑事诉讼中常见的主要电子数据形式进行数据分析和统计，通过全文关键词栏中输入"网页""QQ""手机短信"关键词，检索案由为"刑事案件"，审理日期为 2009 年至 2011 年，电子数据认证情况统计结果如表 5-2 所示。③

---

① 参见《关于办理刑事案件收集提取和审查判断电子数据若干问题的规定》第 5 条、第 6 条、第 14 条、第 15 条规定。

② 刘品新：《论电子证据的理性真实观》，载《法商研究》2018 年第 4 期。

③ 李主峰、刚继斌：《从立法到司法：刑事诉讼中电子证据之认证》，载《学术交流》2013 年第 7 期。

表 5-2 电子数据认证情况统计

输入的关键词	检索篇数	认证的理由
网页	命中 48 篇 (有效命中 41 篇)	网页打印件(或截图)等证据证实,足以认定(23 篇)
		网页打印件(或截图)证明事实(4 篇)
		按"勘验检查笔录、书证、证人证言、被告人供述、被害人陈述"等转化型证据来认定(14 篇)
QQ	命中 231 篇 (有效命中 103 篇)	QQ 聊天记录等证据证实,足以认定(50 篇)
		按"勘验检查笔录、书证、证人证言、被告人供述、被害人陈述"等转化型证据来认定(53 篇)
手机短信	命中 274 篇 (有效命中 243 篇)	手机短信等证据证实,足以认定(139 篇)
		手机短信证实事实(59 篇)
		按"勘验检查笔录、书证、证人证言、被告人供述、被害人陈述"等转化型证据来认定(45 篇)

研究结果显示,电子数据在刑事诉讼中获得了一定的应用。在刑事司法领域内,电子数据在法庭庭审认证时普遍存在如下情况:一是被认证的电子数据形式比较单一,法庭中法官认定的电子数据形式多是网页、QQ、手机短信、微信等的网页截图或聊天记录,认证过程比较简单化。二是在刑事诉讼中,法官对电子数据进行认证时对电子数据与待证案件事实之间的相关性是什么,为什么采信该电子数据,其证明力多大,电子数据证明了哪些事实等问题往往语焉不详。三是电子数据易于物化,也就是通常所说的证据的转化,将电子数据按新的承载方式认证并作为证据使用。

(二)电子数据真实性的审查判断

以"北大法宝"司法案例数据库为研究资源,以"电子证据""电子数据"为关键词进行案例检索,通过人工筛查,排除命中结果中重复或无关的裁判文书,同时收集来自线下渠道的一些裁判文书作为补充,最后共汇总 2003 年以来的民事案件 2067 例(涉及真实性问题的有 1295 例),刑事案件 1092 例(涉及真实性问题的有 475 例)。①

统计分析表明，一是在司法实务中存在着"易失真论"和"极可靠论"两论并存的局面，从整体上看，"易失真论"成为绝对主流的理论。二是刑事诉讼对电子数据真实性作出肯定认证的超过民事诉讼的认证结果，在不区分两种诉讼的统计情形下，最终裁判书的统计表明：持肯定电子数据真实性的占 48.53%，持否定电子数据真实性的占 36.03%，持中立未表态的占 15.44%。三是在司法实务中，依然存在着关于电子数据真实性的运用偏差，突出的表现是电子数据运用的复制件化与空洞化。

(三)刑事证据体系中电子数据的定位和审查判断规则

以网络假货罪(网络售假案件中涉及侵犯知识产权的犯罪)案件的电子数据应用情况为分析样本，通过"北大法意"的中国裁判文书库进行检索，在案由检索区的案由树中勾选"刑事→破坏社会主义市场经济秩序罪→侵犯知识产权罪"，分别输入关键词"网店假""电脑假""互联网假""网络假""网上假""微信假"，检索案由为"侵犯知识产权罪"。提取 2005—2015 年相关裁判文书的全样本，共计877 个案例，排除 24 个无效样本，有效样本 853 个。为对比法律修改和司法解释出台对司法实践的影响，又随机选取了 2016—2017 年的 30 个案例，作为对照样本。②

研究结果显示，一是占样本量 57.21% 的 488 个案件中，公诉机关提交了电子数据，但是，法院或公诉机关将这些证据明确认定为电子数据的案件为 83 个，占 17.01%；将电子数据划归为书证的案件 40 个，视听资料的案件 4 个，勘验笔录的案件 1 个；其余 360 个案件大多数法院未对电子数据作直接归类。这表明大量司法机关并未将电子数据定位为独立的证据种类，而是将其与其他证据种类相混同，适用类似的审查判断规则。二是从裁判文书看，法庭质证主要围绕电子数据的真实性来展开。辩护方对真实性的质疑主要包括：电子数据不真实和电子数据真而不实两种情形；电子数据相关性审查本质上仍然是保障真实性；电子数据

---

① 刘品新：《论电子证据的理性真实观》，载《法商研究》2018 年第 4 期。

② 胡铭：《电子数据在刑事证据体系的定位与审查判断规则——基于网络假货犯罪案件裁判文书的分析》，载《法学研究》2019 年第 2 期。

合法性审查围绕保障真实性来展开。

（四）电子数据鉴真及其他

以司法实践中相关典型案例为分析对象，对电子数据鉴真对象、电子数据鉴真方式、电子数据鉴真的法律效果问题进行研究。① 研究结果显示，在刑事诉讼中，法官更愿意通过鉴定意见对提交电子数据的证据能力和证明力形成内容确信。鉴定作为一种技术性较强的电子数据事后救济性鉴真方式，控辩双方由于缺乏专门性知识很难对其展开实质性质证，法官也难以对其展开实质性审查，解决问题的有效方法在于引进具有专门知识的人员来辅助控辩审三方对电子数据中的鉴定进行质证和审查。

针对网络虚拟财产犯罪中如何证明虚拟财产的价值、虚拟财产犯罪定罪量刑的核心问题，以"虚拟财产""虚拟货币"等作为关键词在"北大法宝"司法案例数据库进行搜索，从中筛选出近年来的虚拟财产犯罪案例共计 198 个。② 裁判文书的分析结果显示，一是当前针对该类犯罪，其定罪是以财产性犯罪定罪为主，以计算机犯罪定罪所占比例较小。二是虚拟财产价值证明问题是虚拟财产犯罪定罪的关键，司法实务中对其的主要认定方法还是沿用两个司法解释中提到的有效价格证明。

整体上来说，梳理和归纳当前学理上对司法实务中电子数据审查判断的研究，不难发现，当前司法实务中电子数据审查判断依然还存在着如下问题，包括但不限于：一是将电子数据纳入传统证据种类是常见现象，电子数据在法庭上展示的形式与法律、司法解释的规定有较大差距。二是系列的程序规范如《办理刑事案件收集提取和审查判断电子数据若干问题的规定》以及《最高人民法院关于适用〈中华人民共和国刑事诉讼法〉的解释》等列举的审查条款，多是针对电子数据真实性的程序规定。法律规定应围绕电子数据真实性、合法性和相关性审查判断的要求，但司法实践中实质上是以真实性为导向的电子数据相关性、合法性的审查判断，真实性的审查判断仍依托于对程序规范的审核为主。三是认证的电子

---

① 谢登科：《电子数据的鉴真问题》，载《国家检察官学院学报》2017 年第 5 期。

② 刘品新、张艺贞：《虚拟财产的价值证明：从传统机制到电子数据鉴定机制》，载《国家检察官学院学报》2017 年第 5 期。

数据形式依旧比较单一。根据法律规定，电子数据形式有网页、博客、微博客、朋友圈、贴吧、网盘、手机短信、电子邮件、即时通信、通讯群组、用户注册信息、身份认证信息、电子交易记录、通信记录、登录日志等信息、文档、图片、音视频、数字证书、计算机程序等电子文件。法庭中法官认定的电子数据形式多为网页、QQ、手机短信、微信等聊天记录或其网页截图等。

第二节 司法实务中电子数据真实性证据规则的运用

一、最佳证据规则及其司法适用

(一)最佳证据规则

传统证据学理论认为证据的收集以原件为佳，并且证据形式必须合法、真实。提供证据内容真实性的最佳证据方式是出示原件，而副本、抄件、复印件都是第二手或第二手以下的材料。

最佳证据规则是现代英美法系国家中关于文字材料可采性的一项重要证据规则，其基本的精神可以理解为以文件内容而不是以文件本身作为证据的一方当事人，必须提出文件内容的原始证据。文书、记录的"原本"或"原件"，是指文书或记录本身，或任何其复制品。例如，相片原本包括相片底片或任何由底片衍生的复制品，如果是储存于电脑或类似的设备中的资料，任何以可视形式或准确显示该资料本身的产品形式，即为原本。

最佳证据规则对于原件证据的要求主要出于对文件准确性和完整性的保证。最佳证据规则包括以下几个含义：当事人应当提供原始文书证明自己的诉讼主张，提供原始文书内容的目的是为了证明案件事实；原始文书应当优先于复制件提出，但不否定复制件的提供与证明；法官应当采纳原始文书内容作为认定案件事实的依据，法定情形下也可采用非原始文书证据形式。①

---

① 参见《最佳证据规则》，载 MBA 智库·百科，https：//wiki. mbalib. com/wiki/最佳证据？spm＝smwp. content. content. 73. 1537601723372LJzM8ga，最后访问时间：2020 年 10 月 15 日。

依据最佳证据规则，原本效力高于副本或影印本，原始文字材料优先于它的复制品，或者其所做的口头陈述。其次，如果证明对象不是文书的内容，文书的复印件与原件具有同等的法律效力或证明价值，即证明效力的发挥依赖于证明对象的范围。在司法实务中，应用最佳证据规则有利于保证证据真实性，从而查明和认定案件真实情况。

在违法犯罪案件的调查取证中，获得的证据材料之间可能不一致，甚至是相互矛盾的，运用最佳证据规则可找到令人信服和最有说服力的有关最佳证据。具体表现为：国家机关以及其他部门以职权制作的公文文书优于其他证据；鉴定结论、现场笔录、勘验笔录、档案材料以及经过公证或者登记的书证优于其他书证、视听资料和证人证言；书证的原件、物件的原物优于复制件、复制品；办案机关主持勘验所制作的勘验笔录优于其他部门主持勘验所制作的勘验笔录；出庭作证的证人证言的证明效力优于未出庭作证的证人证言；数个种类不同内容一致的证据的证明力效力优于一个孤立的证据等。

(二)最佳证据规则在电子数据真实性审查判断中的运用

我国民事诉讼法虽然没有最佳证据规则的直接规定，但对于最佳证据规则的实质内容已借鉴许久。《最高人民法院关于民事诉讼证据若干规定》第 23 条规定人民法院收集视听资料、电子数据，应当要求被调查人员提供原始载体。提供原始载体确有困难的，可以提供复印件。① 在刑事司法领域中，《最高人民法院关于适用〈中华人民共和国刑事诉讼法〉的解释》第 71 条规定据以定案的书证应当是原件。取得原件确有困难的，可以使用副本、复制件。② 《关于办理死刑案件审查判断证据若干问题的规定》第 8 条规定据以定案的书证应当是原件。只有在

---

① 《最高人民法院关于民事诉讼证据的若干规定(法释[2019]19 号)》第 23 条规定人民法院收集视听资料、电子数据，应当要求被调查人提供原始载体。提供原始载体确有困难的，可以提供复制件。提供复制件的，人民法院应当在调查笔录中说明其来源和制作经过。

② 《最高人民法院关于适用〈中华人民共和国刑事诉讼法〉的解释(法释[2012]21 号)》第 71 条规定："据以定案的书证应当是原件。取得原件确有困难的，可以使用副本、复制件。书证有更改或者更改迹象不能作出合理解释，或者书证的副本、复制件不能反映原件及其内容的，不得作为定案的根据。书证的副本、复制件，经与原件核对无误、经鉴定为真实或者以其他方式确认为真实的，可以作为定案的根据。"

取得原件确有困难时，才可以使用副本或者复制件。①

可见，在各国普遍实行原件规则或最佳证据规则的今天，我国法律及程序规范也规定了向法庭举证时原则上要提交原件。只有基于某些特定的原因不能提交原件的，才可以提交复制件。同时法律规定了在提交复制件时还需要满足额外的要求，即当事人以复制件代替原件提交的，必须提交若干证据来证明复制件的可靠性。

电子数据同传统证据相比，不同之处在于载体方式。电子数据是通过电磁技术生成、储存或传递的信息，通过计算机或其他电子设备输出的信息数据。在司法实践中，有法官存在"电子数据具有易创建、易修改特点""计算机存储的材料是可修改的，内容可以变更"等观点，在庭审中拒绝电子数据的证据认定。学理上，有观点认为，原始文件通过输入计算机等电子设备存储时，其计算机本身内部所储存的数据已经是经过复制的第二手文件，再次通过计算机输出后的文件材料可能因信息储存环境的不同和网络病毒、黑客侵入等不确定因素的干扰，与原始文件有所差异，电子数据的真实性认定和最佳证据规则之间存在冲突。②

笔者认为，一是电子数据确实存在着技术性的特征，但如果仅仅因为对电子数据真实性在认识上的偏颇和技术障碍就否定电子数据，在司法实务中甚而直接舍弃电子数据，可能会淹没大量案件证据，隐藏关键线索，不利于保护权益合法的当事人。在司法实践中，应将最佳证据规则用于电子数据真实性审查判断，庭审中不应拒绝电子数据复制件。二是电子数据内容的载体具有可分离性，电子数据的载体形式不限于纸张，录音、录像、照片等均可以成为其最佳证据的载体形

①　《关于办理死刑案件审查判断证据若干问题的规定》第8条规定："据以定案的物证应当是原物。只有在原物不便搬运、不易保存或者依法应当由有关部门保管、处理或者依法应当返还时，才可以拍摄或者制作足以反映原物外形或者内容的照片、录像或者复制品。物证的照片、录像或者复制品，经与原物核实无误或者经鉴定证明为真实的，或者以其他方式确能证明其真实的，可以作为定案的根据。原物的照片、录像或者复制品，不能反映原物的外形和特征的，不能作为定案的根据。""据以定案的书证应当是原件。只有在取得原件确有困难时，才可以使用副本或者复制件。书证的副本、复制件，经与原件核实无误或者经鉴定证明为真实的，或者以其他方式确能证明其真实的，可以作为定案的根据。书证有更改或者更改迹象不能作出合理解释的，书证的副本、复制件不能反映书证原件及其内容的，不能作为定案的根据。"

②　吴哲：《论民事诉讼电子证据的真实性》，载《河北科技大学学报（社会科学版）》2015年第3期。

式，在当事人以复件代替原件的方式提交电子数据内容时，必须提交若干证据来证明复制件上该电子数据内容的可靠性。三是解决好电子数据内容真实性的认定问题。例如，在一起货运代理纠纷中，原告自行打印了几份商业往来的电子邮件、MSN聊天记录，并将这些复制件提交给法庭，法庭如何来认定该电子数据的真实性呢？依据最佳证据规则，法庭不应拒绝该电子数据复制件，其次依电子数据真实性三要素即电子数据载体真实性、电子数据依附环境真实性、电子数据内容真实性展开真实性认定，具体表现为：是否有电子邮件、MSN聊天记录等电子数据的载体证明或者来源介质证明，是否提供有该电子数据生成的附属信息存在的证明信息，如果两者皆有且能一致性地得到证明，从而再来审查判断该电子数据内容的真实性，如果两者皆没有，则法庭不应认定该电子数据具真实性。

二、传闻证据规则及其司法应用

(一)传闻证据规则

传闻证据规则也称传闻证据排除规则，在英美证据法的领域中占有重要地位。"在英美证据法上，传闻证据规则的受重视程度仅次于陪审团，可以说是英美证据法的核心和灵魂，甚至在一定意义上完全可以认为，没有传闻证据规则，就没有英美证据法，其证据法学也就失去了富有魅力的特色。"[①]传闻证据规则是英美法系国家通过大量的成文法和判例确立的认证规则之一，用以确定证据的可采性标准，消除公众和当事人对于安全性和真实性的质疑。

传闻证据可以理解为以直接感知或直接体验待证事实的人的陈述为基本内容，由其他人或者采用非直接表达的方式加以叙述的供述证据。传闻证据提出的目的是为了证明其内容为真，传闻证据的形式可以是口头的或书面的陈述，在法庭上提出法庭外的人作出的意思表示，原作出意思者并没有出庭。由于传闻证据并无证人到庭作证，而是以书面记录等方式代替当庭陈述或由他人到庭转述，该陈述包括言词陈述、书面陈述，也包括被用来传达陈述人主张的行为，因此，除非有明确规定，一般而言传闻证据不得作为证据采纳。

[①]　[美]约翰·W·斯特龙主编，汤维建等译：《麦考密克论证据》，中国政法大学出版社2004年版，第9页。

在司法活动中，如果严格排除一切传闻，则可能会产生相当部分案件的真相根本无法查明，或者查明真相所需要的成本很高。英美法系国家的证据法理论中并非绝对排斥传闻证据，例如，《美国联邦证据规则》的第 801 条规定了传闻规则的一般排除原则；第 802 条规定了陈述人能否出庭作证无关紧要的 23 种情况，确定属于如实时感觉印象、激愤话语等状况的传闻证据可以采纳的例外；第 803 条则规定了陈述人不能出庭时的 6 种情形下的采纳例外；作为剩余例外规则的第 807 条规定了相比可获得的任何其他证据，更具有说服力和最佳满足原则在内的其他传闻证据的采纳规则。[①]

(二) 直接言词证据

我国是采用大陆法系的国家，没有确立传闻证据规则。如同其他大陆法系国家一样，我国证据领域的重要规则是直接言词原则，直接言词原则实际上是直接审理原则与言词原则两项的合称。直接审理原则包括三个方面：在场原则、直接采证原则、直接裁判原则。[②] 也就是说，法官、检察官、当事人、其他诉讼参与人在法庭开庭审判时需要同时出现在法庭场所，作为裁判主体的法官需要亲历审判，并根据能证明案件事实的证据直接采证。言词原则指的是被告人、被害人、证人、鉴定人以直接言词方式在法庭上陈述，审判人员可以直接了解各种证据的来源和内容，获得案件事实的第一手材料，同时也可使审判人员置身于案件的环境和氛围中，客观全面地判断证据。

虽然我国没有确立传闻证据规则，但是采用的直接言词原则却能达到与其相似的效果，其区别是在诉讼模式上传闻证据规则重在保障当事人对证据的直接审查，而直接言词原则在于保障司法人员对证据的直接审查。[③]

传闻证据规则的设立是为了保障被告的质证权和证据的真实可靠性。我国没有传闻证据制度，在涉及电子数据真实性是借鉴美国的传闻证据规则及其例外，还是另辟蹊径，建立我国独特的电子数据真实性审查判断规则，学界中有着不同

[①]　程曦：《直接言词原则和传闻证据规则》，载《人民法治》2020 年第 4 期。

[②]　黄烨、白春辉：《直接言词原则与传闻证据规则之比较研究》，载《云南大学学报法学版》2015 年第 3 期。

[③]　李慧：《两大法系证据能力制度的比较研究》，载《山西高等学校社会科学学报》2009年第 10 期。

的观点。事实上，在《关于办理刑事案件收集提取和审查判断电子数据若干问题的规定》出台之前，司法实务中对于打印出的电子化载体如纸质的微信截图、电子化记载的被害人陈述以及犯罪嫌疑人信息等是属于电子数据还是其他证据，存在着理论认识上的混乱。《关于办理刑事案件收集提取和审查判断电子数据若干问题的规定》出台之后，司法实务中认可的电子化形式记载的证人证言、受害者的陈述，以及供述犯罪事实和进行辩解的犯罪嫌疑人的供述、辩解则属于言词证据，纳入言词证据排除的对象。

(三)电子数据之传闻证据规则例外

传闻证据规则否定了传闻证据的可采性，如果严格地排除所有传闻证据或言词证据，显然对案情查明不利，对涉案电子数据真实性审查判断不利，有些事实就难以证明或不可能证明，审判就不能进行下去。例如，从某种角度上说，司法鉴定意见是鉴定人运用专门的知识，对诉讼中的专门性问题进行专业分析后得出专业性的结论性意见，可以看成鉴定人就某一个问题给出的个人意见陈述，鉴定意见本质上仍是言词证据。但是庭审中许多法官不具备专门技术知识，法庭也没有专门仪器设备，让其审查判断电子数据内容真实性是不可能的，鉴定意见是目前确认电子数据内容真实性的途径之一。

为解决司法实务中对电子数据真实性审查判断困境，我国相关法律规定为电子数据司法鉴定提供了法律依据。《中华人民共和国刑事诉讼法(2018年修正)》第146条规定指出，为了查明案情，需要解决案件中某些专门性问题的时候，应当指派、聘请有专门知识的人进行鉴定。[①]《关于办理刑事案件收集提取和审查判断电子数据若干问题的规定》第17条规定对电子数据涉及的专门性问题难以确定的，由司法鉴定机构出具鉴定意见，或者由公安部指定的机构出具报告。[②]《人民检察院刑事诉讼规则(2019年版)》第218条规定鉴定由人民检察院有鉴定

[①] 《中华人民共和国刑事诉讼法(2018年修正)》第146条规定："为了查明案情，需要解决案件中某些专门性问题的时候，应当指派、聘请有专门知识的人进行鉴定。"

[②] 《关于办理刑事案件收集提取和审查判断电子数据若干问题的规定(2016年版)》第17条规定："对电子数据涉及的专门性问题难以确定的，由司法鉴定机构出具鉴定意见，或者由公安部指定的机构出具报告。对于人民检察院直接受理的案件，也可以由最高人民检察院指定的机构出具报告。"

资格的人员进行。必要时，也可以聘请其他有鉴定资格的人员进行，但是应当征得鉴定人所在单位同意。①

司法鉴定意见是具有专门知识的人依据科学原理给出的结论性意见，其实质是一种科学证据，采用科学技术产生的科学证据具有"科学性"，但在司法实践中这些科学证据不一定具有证明力。因为科学技术有时有很大的不确定性，有些科学技术方法的有效性还有待验证，仅凭科学证据就决定电子数据的真实性，在司法实践中是很危险的。笔者认为，对于电子数据而言，其产生及存在是难以受到外界人为主观干涉的，这些在分析或鉴定过程中的电子数据即使来自传闻，亦应设置电子数据之传闻证据规则例外。在运用鉴定意见审查判断电子数据内容真实性时可参考《美国联邦证据法规则》②第702条的规定，需要审查鉴定人是否需要具备相关的知识、技术、经验、训练或教育；需要审查鉴定意见是否建立在足够真实可信的电子数据材料的分析基础上；需要审查鉴定或分析中采用的方法、分析的原理或知识是否科学；必要时，鉴定人需要出庭作证及接受法庭质询。

鉴定意见的审查不同于证人证言等的审查，应根据此类证据本身的特点进行归纳，应根据法庭科学的发展水平，确立此类科学证据的划分标准，并制定与之相适的证据规则与采信规则指南。对电子数据之传闻证据规则例外的情形进行概括、整理，以制定法的形式将它们固定下来，似乎更应是当前学界和实务界关注和讨论的重点。

三、电子数据真实性认定方法

(一)电子数据真实性法律规定及研究

在《中华人民共和国刑事诉讼法(2012年修正)》作出明确电子数据作为一种证据类型的规定之前，电子数据在司法实践中已经存在并运用多年。2010年最

---

①　《人民检察院刑事诉讼规则(2019年版)》第218条规定："人民检察院为了查明案情，解决案件中某些专门性的问题，可以进行鉴定。鉴定由人民检察院有鉴定资格的人员进行。必要时，也可以聘请其他有鉴定资格的人员进行，但是应当征得鉴定人所在单位同意。"

②　参见《美国联邦证据规则中文版》，载豆丁网，http://www.docin.com/p-565791555.html，最后访问时间：2020年10月20日。

高人民法院、最高人民检察院、公安部、国家安全部、司法部出台了《关于办理死刑案件审查判断证据若干问题的规定》，该程序规定的第 29 条规定了电子数据认定的基本内容和思路，其中列举的大部分内容是针对电子数据真实性的问题。① 2012 年最高人民法院发布的《最高人民法院关于适用〈中华人民共和国刑事诉讼法〉的解释》中第 94 条规定经审查无法确定真伪的，制作、取得的时间、地点、方式等有疑问的，不能提供必要证明或者作出合理解释的，不得作为证据使用。该条规定也是针对真实性无法得到保障的电子数据。② 2016 年最高人民法院、最高人民检察院、公安部出台的《关于办理刑事案件收集提取和审查判断电子数据若干问题的规定》共计 29 条，其中涉及电子数据真实性鉴真问题的有 18 条，占据该规定的近三分之二。③

整体而言，我国对电子数据真实性审查规则的法律规定依然比较宏观、抽象且缺乏系统性，对电子数据真实性审查顺序也缺乏规定，在电子数据真实性认证中如何运用和把握程序规则等缺乏可指引的操作指南。

学理上，随着立法上电子数据证据地位确定以及相关程序规定的不断出台，学界对电子数据真实性的研究也成为近年来的学术热点。有观点认为，电子数据真实性认定方法包括鉴证法、专家辅助法、对比法和综合分析法，从电子数据来源初步认定，辅之于先进鉴定技术和保障技术，审查电子数据生成、传输、保存和展示的全过程，并将此种方法应用于不同类型电子数据的真实性认定中。④ 有

---

① 参见《关于办理死刑案件审查判断证据若干问题的规定（2010 年版）》第 29 条规定："对于电子邮件、电子数据交换、网上聊天记录、网络博客、手机短信、电子签名、域名等电子证据，应当主要审查以下内容：（一）该电子证据存储磁盘、存储光盘等可移动存储介质是否与打印件一并提交；（二）是否载明该电子证据形成的时间、地点、对象、制作人、制作过程及设备情况等；（三）制作、储存、传递、获得、收集、出示等程序和环节是否合法，取证人、制作人、持有人、见证人等是否签名或者盖章；（四）内容是否真实，有无剪裁、拼凑、篡改、添加等伪造、变造情形；（五）该电子证据与案件事实有无关联性。"

② 《最高人民法院关于适用〈中华人民共和国刑事诉讼法〉的解释（法释［2012］21 号）》第 94 条规定："视听资料、电子数据具有下列情形之一的，不得作为定案的根据：（一）经审查无法确定真伪的；（二）制作、取得的时间、地点、方式等有疑问，不能提供必要证明或者作出合理解释的。"

③ 谢登科：《电子数据的鉴真问题》，载《国家检察官学院学报》2017 年第 5 期。

④ 倪晶：《民事诉讼中电子证据的真实性认定》，载《北京航空航天大学学报（社会科学版）》2016 年第 2 期。

观点认为，应借鉴国外相关的立法和实践经验，构建电子数据真实性认证规则体系，完善专家辅助人制度、鉴定制度、公证机关的介入、证据保全中心的建立等配套保障措施。① 有观点认为，电子数据真实性审查包括实质性审查和形式性审查，其中实质性审查注意的事项包括电子司法鉴定就真实性提出的意见、证据的补强以及证据完整性。②

有文献指出，在电子数据内容验真时，建议分为静态存储和动态演示来审查认定电子数据，在电子数据真实性认定中注重传统证据与电子数据的相互补强，引入专家证人制度等。③ 有文献提出电子数据真实性认定中应审核电子数据原始载体，区分与审核电子数据形式真实性与实质真实性，必要时启动司法鉴定及引入专家辅助人等。④

(二)几种代表性电子数据真实性认定方法

1. 自认

以刑事诉讼为例，若是控辩双方均认可的电子数据，法庭审理中一般应予以认定，除非出现足以推翻与原来双方自认事实相反的证据。由于电子数据来源已从计算机数据延伸到物联网、智能手机、可穿戴设备等多终端数据，电子数据数量也越来越多，要求辩方在有限的庭审时间内全面检视海量电子数据，则会导致举证质证的时间被压缩。另外，原始存储介质客观上不便移动，无法提交至法庭，可采用庭前证据交换方式，控辩双方依托侦查机关或检察机关的硬件设施，在专门的相对固定的场所于庭前进行证据交换，完成电子数据的自认。

---

① 吴哲：《论民事诉讼电子证据的真实性》，载《河北科技大学学报(社会科学版)》2015年第3期。

② 龙卫球、裴炜：《电子证据概念与审查认定规则的构建研究》，载《北京航空航天大学学报(社会科学版)》2016年第2期。

③ 蔡杰、娄超：《论涉众型网络犯罪中电子证据的审查与认定》，载《北京邮电大学学报(社会科学版)》2015年第6期。

④ 苏志甫：《知识产权诉讼中电子证据的审查与判断》，载《法律适用》2018年第3期。

2. 辨认

由于电子数据取证阶段包括电子数据的提取、固定、保存、传递、获得、出示等过程，在取证过程中有取证人、制作人、持有人、见证人在笔录上签名或者盖章，还有就某专门问题作出的司法鉴定意见书等。控辩方若对某项电子数据材料提出异议时，庭审中也可采用证据对质辨认。在法官的主持下，当事人及其代理人可以就电子数据问题相互发问，可以向制作人、持有人、见证人、鉴定人员或者电子数据提取的勘验人员发问，对电子数据再认和辨别。

3. 推定

自认和辨认可以较好地解决电子数据形式上真实性的审查判断，适用于解决电子数据载体真实性、电子数据依附环境真实性审查判断。电子数据内容真实性认定与电子数据载体真实性认定不一样，正如手机的真实性认定和手机上微信内容的认定是完全不同的问题。对于电子数据内容真实性的审查，法官可采用推定的方式，结合案件其他证据，审查电子数据内容信息之间能否相互印证，是否存在无法排除的矛盾和无法解释的疑问，如果证据之间存在着上述问题，则法庭不予认证。

4. 司法鉴定

电子数据司法鉴定是一种提取、保全、检验分析电子数据的专门措施，电子数据司法鉴定已成为司法程序中的主要环节。现行的一些司法解释及规范性文件规定指出，对于案件中某些专门问题交由鉴定人运用科学知识、技术、经验制作鉴定意见，若对电子数据内容真实性存疑时，可以借助司法鉴定。电子数据司法鉴定内容包括对电子数据内容同一性的认定、真伪及形成过程的鉴定、来源情况的认定、电子数据与案件事实的因果关系及确定事实的程度。

5. 第三方技术平台

2018 年 9 月 6 日，最高人民法院发布了《互联网法院审理案件若干问题的规定》，该部规定提出了电子数据全生命周期审查和六项审查要件，可以使用电子签名、可信时间戳、哈希值校验、区块链、电子取证存证平台认证等固证、存证技术手段。[1] 2018 年 7 月 18 日，广东省广州市南沙区人民法院出台了《互联网电子数据举证、认证规程（试行）》，该规程提出了解决真实性认定问题的具体路径。[2] 在笔者看来，这些规定和规程的出台无疑对破解当前审判实践中遇到的难题和困境具有积极的意义。但第三方平台认证资质尚不可知，电子数据的来源和操作过程均由一方单独操作，电子数据内容的客观性、公正性如何保障？固证、存证技术保障的效用性和可靠性的边缘在哪里？数据基础和数据共享机制建设如何？电子数据实时溯源验证和二次比对真实性验证的效果如何？如此等等，也是当前需要解决的问题。

第三节　司法实务中电子数据合法性证据规则运用

一、非法证据排除与电子数据合法性

（一）非法证据排除规则

非法证据排除规则发端于美国，其规则的发展主要是以判例的形式展开，是

---

[1] 《最高人民法院关于互联网法院审理案件若干问题的规定（法释〔2018〕16 号）》第 11 条规定："当事人对电子数据真实性提出异议的，互联网法院应当结合质证情况，审查判断电子数据生成、收集、存储、传输过程的真实性，并着重审查以下内容：

（一）电子数据生成、收集、存储、传输所依赖的计算机系统等硬件、软件环境是否安全、可靠；

（二）电子数据的生成主体和时间是否明确，表现内容是否清晰、客观、准确；

（三）电子数据的存储、保管介质是否明确，保管方式和手段是否妥当；

（四）电子数据提取和固定的主体、工具和方式是否可靠，提取过程是否可以重现；

（五）电子数据的内容是否存在增加、删除、修改及不完整等情形；

（六）电子数据是否可以通过特定形式得到验证。

当事人提交的电子数据，通过电子签名、可信时间戳、哈希值校验、区块链等证据收集、固定和防篡改的技术手段或者通过电子取证存证平台认证，能够证明其真实性的，互联网法院应当确认。"

[2] 《互联网电子数据举证、认证规程（试行）》第 5 条规定："电子证据的内容或者固定过程已经公证机关公证的，当事人应当向法庭提供公证书。电子证据的内容或固定过程未经公证机关公证的，法官应当指引其进行公证，并释明未经公证的电子证据可能会存在不能获得法院采纳的诉讼风险。"

以美国宪法第四修正案为基础建立起来的。证据排除规则的主要目的旨在实现个人权利的保护以及刑事司法的公正。① 《非法监听法》《储存信息法》《电子通讯隐私保护法》和《爱国者法》是非法证据排除规则的重要渊源。②

在我国，民事诉讼法体系是最早引入和建立非法证据排除规则的。1995 年最高人民法院发布的《最高人民法院关于未经对方当事人同意私自录音取得的资料能否作为证据使用问题的批复》文件中指出，证据的取得首先要合法，只有经过合法途径取得的证据才能作为定案的根据。未经对方当事人同意私自录制其谈话，系不合法行为，以这种手段取得的录音资料，不能作为证据使用。③ 2001 年的《最高人民法院关于民事诉讼证据的若干规定》第 68 条规定以侵害他人合法权益或者违反法律禁止性规定的方法取得的证据，不能作为认定案件事实的依据。④ 刑事诉讼领域的非法证据排除规则长期以来受到我国理论界和实务界的普遍重视，例如，《中华人民共和国刑事诉讼法（2012 年修正）》提出应当予以排除采用刑讯逼供等非法方法收集的犯罪嫌疑人、被告人供述，应当予以排除采用暴力、威胁等非法方法收集的证人证言、被害人陈述。⑤

在我国，将证据的真实性、合法性、相关性引入到司法解释中的，最早见于 2001 年的《最高人民法院关于民事诉讼证据的若干规定》第 50 条规定。⑥ 同时该规定第 68 条将"非法证据"限定为"以侵害他人合法权益"取得的证据或者"违反法律禁止性规定的方法"取得的证据两类。其后，2015 年最高人民法院发布的

---

①　黄鹂：《民事证据排除规则与非法取证》，载《行政与法》2017 年第 2 期。

②　莫天新：《从电子证据视角看我国证据规则的规范与完善》，载《研究生法学》2016 年第 2 期。

③　参见《最高人民法院关于未经对方当事人同意私自录音取得的资料能否作为证据使用问题的批复（法复[1995]2 号）》。

④　《最高人民法院关于民事诉讼证据的若干规定（法释[2001]33 号）》第 68 条规定："以侵害他人合法权益或者违反法律禁止性规定的方法取得的证据，不能作为认定案件事实的依据。"

⑤　《中华人民共和国刑事诉讼法（2012 年修正）》第 54 条规定："采用刑讯逼供等非法方法收集的犯罪嫌疑人、被告人供述和采用暴力、威胁等非法方法收集的证人证言、被害人陈述，应当予以排除。"

⑥　《最高人民法院关于民事诉讼证据的若干规定（法释[2001]33 号）》第 50 条规定："质证时，当事人应当围绕证据的真实性、关联性、合法性，针对证据证明力有无以及证明力大小，进行质疑、说明与辩驳。"

《最高人民法院关于适用〈中华人民共和国民事诉讼法〉的解释》再次在司法解释中延续了最高人民法院对"非法证据"的一贯立场，第 106 条规定中将"非法证据"限定为"以严重侵害他人合法权益"取得的证据，或"违反法律禁止性规定"取得的证据，或"严重违背公序良俗的方法形成或者获取的证据"。①　在刑事司法领域，《中华人民共和国刑事诉讼法（2012 年修正）》将"非法证据"限定为"采用刑讯逼供等非法方法"收集的犯罪嫌疑人、被告人供述、"采用暴力、威胁等非法方法"收集的证人证言、被害人陈述。②

从法律规定上看，"非法证据"不仅包括非法获取的证据，也包括非法形成的证据。"非法获取"是指证据材料已经存在，通过非法手段获得；而"非法形成"是指证据本不存在，在从无到有的形成过程中存在非法的情形，例如，采用暴力、威胁等非法手段形成的证人证言等证据。

(二) 非法证据排除规则在电子数据合法性审查判断中的应用

当取证手段违反法定程序或以"非法方法"收集证据，将导致证据在法律上失去其证据能力。根据相关法律条款的规定，对于非法言词证据通常采用的是绝对排除规则。

有学者认为，对于社交软件上的聊天记录、手机上对通话进行的录音等电子数据，由于此类证据内容的主观性较强，容易受到外界的不当干扰，若当事人处于办案机关的暴力、威胁等情况下，极有可能作出不符合案件真实情况的表述，并体现在聊天记录或通话录音中，由于电子数据所载内容为主观性质的言词证据，应当采用严格的非法证据排除规则。③

非法证据排除规则能否适用于电子数据合法性审查判断？在笔者看来，其首先需要解决的问题是电子数据属于言词证据还是实物证据。电子数据的性质基本与书证、物证相同，具有客观性、稳定性特点。诸如社交软件上的聊天记录、手机上对通话进行的录音等，是实实在在存在于不同的存储介质和媒介上的，不以

---

①　《最高人民法院关于适用〈中华人民共和国民事诉讼法〉的解释》第 106 条规定："对以严重侵害他人合法权益、违反法律禁止性规定或者严重违背公序良俗的方法形成或者获取的证据，不得作为认定案件事实的根据。"

②　参见《中华人民共和国刑事诉讼法（2012 年修正）》第 54 条规定。

③　周新：《刑事电子证据认证规范之研究》，载《法学评论》2017 年第 6 期。

人的主观意志为转移的事实内容存在。与实物证据特点类似，电子数据仅能反映案件事实的一个片断、一个侧面、一个环节、一个场景等，而不能像言词证据那样可以反映案件的全貌。

在司法实践中，对电子数据合法性审查判断更多的关注应该是在电子数据获取方式方面，即获取电子数据过程中是否采用了非法手段。具体来说，电子数据具有易失性、隐蔽性等特征，在收集提取电子数据时，可能涉及是否采用技术侦查措施，是否按照严格的适用范围和程序限制开展技术侦查措施。例如，在某涉及不当网络言论的案件侦查期间，对嫌疑人的通讯工具进行了监听、监控，这个过程中可能牵扯到对其他人员权利的侵犯，这种侵犯涉及公民基本的言论自由和隐私权等宪法性权利，滥用这种手段可能对司法机关办理案件的公正性以及国家形象造成严重损害。根据非法证据排除规则，对于违法采取强制性调查措施收集的电子数据，是不宜作为定案证据的。

二、瑕疵证据补正与电子数据合法性

(一)瑕疵证据与补正原则

瑕疵证据一般是指侦查机关在收集证据时，主观上缺乏恶意违反法律规定的意志，但在取证权限、程序等客观行为上出现瑕疵，对其进行取舍，影响了证据的真实性、程序的公正性。[①] 根据相关的法律条款规定，瑕疵证据是可以补正的，其方式一是补正，即对证据的瑕疵进行修补和纠正，二是合理解释或说明，即对证据的瑕疵情况或者补正情况进行解释、说明。

补正的方式包括在原来的瑕疵证据上进行必要的修补，以及重新制作。在瑕疵证据上进行修补指的是对瑕疵证据存在的遗漏内容，如缺少签字、记载错误、不规范等情况进行增加、删除或者修改，通过修补使证据的瑕疵得到修复。例如，电子数据现场提取笔录没有办案人签名，进行修补时需要附有对补正过程的说明。而重新制作指的是为了补正某一瑕疵证据，而重新按照法律程序规范地实施取证行为，重新取得证据的行为。例如，辨认笔录的记录过于简单，没有辨认

---

① 项谷、张震：《刑事证据资格的合法性研究——兼论我国刑事证据规则的完善》，载《政治与法律》2010 年第 3 期。

过程的记录，而具体的辨认过程直接影响辨认结果的客观性，因此进行重新制作。

合理解释或说明是指办案人员对证据存在的瑕疵以及对证据进行补正的情况作出合理解释或说明。合理解释或说明包括对补正过程的解释或说明，以及对无法补正或者没有必要重新制作的瑕疵证据进行解释或说明。解释必须要达到合理解释的程度，合理解释指的是通过对证据产生瑕疵的原因进行分析、阐释，排除其为非法取得或者不真实的可能，合理解释必须符合经验法则、合乎常情常理，必须理由充分。① 补正是一种较为规范的，也是比较严格的补救方式。相对于补正来说，合理解释或说明方便快捷。

（二）非法证据与瑕疵证据

哪些电子数据属于非法证据？哪些电子数据属于瑕疵证据？法律条款中列举的情形不多。瑕疵证据与非法证据界限在哪？瑕疵证据与非法证据如何区分？在电子数据的司法实践运用中确实是一个难题。

例如，在某案中，一名被害人报案称，她在微信摇一摇中认识了一名网名为"潇洒男孩"的网友，某日在和该网友见面时，被"潇洒男孩"实施抢劫、强奸。公安侦查机关在受理该案后，由"诱饵"（"诱饵"指的是懂网络语言的侦查员，或者是侦查机关指定的"网虫"）以网名为"漂亮女孩"登录，与"潇洒男孩"成为好友，在聊天中对"潇洒男孩"进行引诱，引诱"潇洒男孩"出来约会，当"潇洒男孩"出现在约会地点时，经被害人指认后，实施抓捕。

再如，某市公安机关禁毒支队民警姜某经常在网上寻找案件线索，在疑似有毒品人员常常光顾的 QQ 群，经过对其浏览留言记录分析，怀疑一网名为"摇一摇"的人有网上贩毒嫌疑，民警姜某遂以网名为"爽歪歪"加入"摇一摇"，和其成为网友，经过几次网上聊天后，"摇一摇"自称其现有一批上等的"摇头丸"欲出售，问"爽歪歪"是否可以帮助寻找买主并给予 20% 的"回扣"。民警姜某佯装答应帮助寻找买主，并将所有聊天记录都以电子数据的形式固定下来，经过禁毒支队研究，认为"摇一摇"有贩毒的重大嫌疑。在相关部门和单位的配合下，破译

---

① 参见《瑕疵证据及其补正规则的适用》，载华律网，https：//www.66law.cn/domainblog/87726.aspx，最后访问时间：2020 年 11 月 5 日。

了"摇一摇"网上登录账号，对其实施网络监视，发现其对许多网友都发布了买卖各种毒品的信息，同时远程打开"摇一摇"上网使用的电脑硬盘，固定所有犯罪的电子数据，禁毒支队研究决定由民警姜某开始实施网上诱惑侦查，在网聊时告诉"摇一摇"已经在某市找到买家，需要 1000 粒摇头丸，"摇一摇"当即同意交易，第二天乘飞机迅速赶到某市进行"交易"，正在"交易"时，当场被公安机关抓获，同时在现场缴获 1000 粒摇头丸。

在这两起案件中，公安侦查机关都采取了引诱他人实施"违法行为"，并形成了证据，第二起案件取证时采用了侵害他人"合法权益"的手段获得了电子数据。依据非法证据排除规则，此两起案件属于证据形成过程不合法、证据取得手段不合法，理应不能用作定案的根据。在司法实践中，此类电子数据因法律规定的证据不合法性理应排除于证据体系之外，但是如果坚持这一原则，则可能导致相当一部分这类案件无法定案，从而最终轻纵犯罪。

(三)瑕疵证据补正规则在电子数据合法性审查判断中的应用

《关于办理刑事案件收集提取和审查判断电子数据若干问题的规定》第 27 条规定指出，电子数据未以封存状态移送的，笔录或者清单上没有侦查人员、电子数据持有人(提供人)、见证人签名或者盖章的，对电子数据的名称、类别、格式等注明不清的，这类电子数据属于瑕疵证据。[1]

但是在司法实践中，公安侦查机关经常会碰到一些触及当事人隐私的案件。例如，在一些自媒体平台电子数据取证侦查的案件中，自媒体用户每日浏览、记录、存储、上传的信息容量庞大，并不像传统证据那样容易被甄别提取，其中与案件无关并具有私密性的电子数据不在少数，公安侦查机关对自媒体电子数据的调取不仅涉及是否具有获取登录自媒体平台的账户及密码的合法性判断，而且还面临侵犯当事人隐私权的风险。

非法证据是严重的程序违法，会造成实质性程序错误；瑕疵证据则不会侵害

---

① 《关于办理刑事案件收集提取和审查判断电子数据若干问题的规定》第 27 条规定："电子数据的收集、提取程序有下列瑕疵，经补正或者作出合理解释的，可以采用；不能补正或者作出合理解释的，不得作为定案的根据：(一)未以封存状态移送的；(二)笔录或者清单上没有侦查人员、电子数据持有人(提供人)、见证人签名或者盖章的；(三)对电子数据的名称、类别、格式等注明不清的；(四)有其他瑕疵的。"

当事人的基本权利，也不会导致证据失真。① 笔者认为，在司法实务中，区分非法证据和瑕疵证据可从实质标准与形式标准两个方面来展开。在案件侦查中，取得证据的方式导致了当事人重大、基本权益受损，比如采用刑讯逼供方式使当事人产生痛苦并侵害了当事人的基本人权，以这种方式取得的证据实质上是违背了当事人的真实意愿，对当事人造成了实质性侵害，这类证据则应予以排除。在案件侦查中，比如讯问或询问过程中带有轻微的诱惑或引诱，技术性失范或操作性不当等，不会导致当事人重大、基本权益受损，从形式上看，仅表现为轻微的程序性违法，对于这类构成形式损害的证据应当属于瑕疵证据，是可以在补救的基础上予以采纳的。

在司法实务中，由于电子数据技术特性的存在，提取和收集的电子数据可能是通过未授权软件获取的，或通过窃录方式或私自拦截取得的，或非法侵入计算机信息系统获得的，或私自破解加密的方式取得的，或以植入木马、病毒等手段获得的，或有时为了案件的侦破采用诱惑侦查手段而获得的。当前电子数据取证手段的适用条件、适用范围、适用审判程序等缺乏法律规制，对于电子数据的证据形成过程、证据取得手段等合法性问题，笔者认为，一是采取的电子数据取证手段应当取得上级司法机关的同意，未经批准擅自实施所谓的取证侦查行为，其行为一律视为非法，根据非法证据排除规则，所取得的电子数据材料不具有合法性，不能作为证据被采信。二是在取得授权之后的取证过程中，要通过笔录制作、拍照、录像、见证人在场等方式说明其取证手段。例如，有无制作笔录，有无注明电子数据提取的方法、过程和结果，有无有关人员的签名或者盖章，采取的取证手段有无注明该取证手段适用的条件、经过和结果，参加取证的技术人员有无签名或者盖章等。

---

① 李勇：《审判中心主义背景下出庭公诉和对策研究》，载《中国刑事法杂志》2016 年第5 期。

第六章　电子数据相关性法律法规

法律法规是法律和有关法律问题的决定，指的是我国现行有效的法律、行政法规、司法解释、地方法规、地方规章、部门规章及其他规范性文件。在我国，法学理论界和实务界几乎都承认相关性是证据所应具有的仅次于客观性的基本属性之一，强调相关性在保证准确认定案件事实方面所具有的重要意义。但是，我国法律中是没有明确界定证据相关性及其法律适用范围的。

本章在前面研究的基础上，进一步释读立法及司法中证据相关性及证据规则，系统地梳理归纳了散见于各司法解释和规范性文件中关于电子数据相关性的法律法规，剖析我国电子数据相关性法律规定，为进一步展开电子数据相关性理论研究提供基础。

第一节　立法及司法中证据相关性

一、证据规则与自由心证

(一)证据规则

证据规则是以法律形式规范司法证明行为的活动，是收集证据、采集证据、核实证据、运用证据时必须遵守的一系列准则。① 具体的证据规则可以为控辩双方和法官的证明活动确定一个框架，有利于协调控辩双方之间以及控辩双方与法官之间围绕证据展开信息交流。通过具体的证据规则，使控辩双方能够积极加入诉讼过程，就其所提出的意见承担举证责任，并由此限定证据审查的范围。

---

① 唐冰：《我国刑事诉讼证据规则探析》，载《四川警察学院学报》2011 年第 6 期。

在司法证明活动中，证据规则是关于取证、举证、补证、质证、认证的法律规范的总和，是对证据收集、举证、质证、认证全过程作出的具体规定。[①] 取证规则是指取证主体为了查明案件事实，按照法定程序和方法，发现、提取和固定证据的一种行为规范。尽管目前对取证规则没有统一的法律规定，但收集证据必须符合"提供证据的要求"，取证规则包括取证时限、形式要件、证据保全、现场勘验等具体的规定。举证规则是指在举证程序阶段中举证责任的分配或配置规则，以及承担举证失权的法律后果的具体规定。补正，从广义上讲也属于举证，是指案件已有证据尚不足以证明案件待证事实，当事人依法主动或应人民法院要求补充相关证据，从而证明案件待证事实的诉讼活动。[②] 补正规则包括补正目的规则和补正方式规则的具体规定。

质证是指当事人、诉讼代理人及第三人在法庭的主持下，对当事人及第三人提出的证据就其真实性、合法性、关联性以及证明力的有无、大小予以说明和质辩的活动或过程。质证规则包括证据交换与展示的方式方法、质证内容与方式、专家负责人出庭、证人作证、重新鉴定等具体的规定。认证是指审判组织在诉讼过程中，对向法庭出示并经过质证的与待证事实有关联的证据材料进行审查、认定以确认证据的可采性，证据力的大小与强弱的一种诉讼活动。认证规则包括认定证据的方法、认证的方式，以及对证据的关联性、合法性、真实性的认定主要遵循的规则，如非法证据排除规则、补强证据规则、最佳证据规则、自认证据规则、证据推定规则等。

基于当事人主义诉讼模式以及陪审团审判的需要，英美法系国家形成了内容丰富庞杂的证据规则体系。而大陆法系国家因采用职权主义诉讼模式，证据规则较为简略。立法上，我国没有制定统一的证据法，我国法律中并未明确规定"证据规则"的含义，有关证据的内容被分散规定于三大诉讼法中。在三大诉讼法中，

---

① 学界对"证据规则"的理解也不尽相同，主要存在四种观点：一是证据规则就是在诉讼中与证据有关的具有可操作性的程序性准则；二是证据规则等同于证据制度；三是证据规则是关于证据能力和证明力的规则；四是证据规则是限定于主要规范证据能力的规则。参见：宋英辉、汤维建：《证据法学研究述评》，中国人民公安大学出版社2006年版，第245页。宋桂兰：《论刑事证据规则在中国的确立》，载《西部法学评论》2010年第5期。

② 参见《浅析证据规则在行政处罚程序中的适用》，载华律网，https://www.66law.cn/topic2012/jtsgwgfjsbz/50436.shtml，最后访问时间：2020年11月26日。

关于证据制度的规定较为笼统粗疏，其中关于证据规则的规定也比较少见。

虽然我国法律上没有制定专门的证据规则，但近年来随着我国司法改革的深入开展，相关司法解释及部门规章也在充分吸收当前证据理论的研究成果，积极借鉴国外证据立法和司法经验，通过立法确立了一定数量的证据规则。在调整证据能力的规则方面，探索和借鉴了如传闻证据规则、非法证据排除规则、直接言词证据规则、最佳证据规则等，在调整证明力的规则方面探索和借鉴了关联性规则、补强证据规则等。

（二）自由心证

英美法系国家实行的是陪审团制度，陪审团的人员来源多是非法律职业的普通人，事实的认定都由这些非法律职业的人担任。如果不对当事人提交的证据材料加以限定，则会给这些缺乏经验的陪审团以不正当或不恰当的影响，所以为了避免不必要的时间消耗，影响陪审团产生错误导向或偏见，需要对当事人提交的证据材料制定若干的关联性证据排除规定。

大陆法系国家普遍实行"自由心证制度"。自由心证制度要求法官依据"良心"和"理性"，利用自己的法律知识和审判经验，合理判断证据的证明价值。中世纪后期，欧洲盛行法定证据制度，法官只能用法定的某种证据来认证事实，而不问其是否符合实际，不问法官内心是否确信。这种制度严重地束缚了法官，使其不能自如地进行合理裁判。法国资产阶级革命家、法学家迪波尔最早提出在立法中废除法定证据制度、建立自由心证原则。1791 年法国制宪会议通过了采取自由心证的草案。1808 年法国《刑事诉讼法典》又作了进一步规定。后来，欧洲各资产阶级国家的立法也相继规定自由心证原则，并发展为大陆法系国家判断证据的重要原则。[1]

在自由心证的理论框架下，法律不预先设定机械的规则来指示或约束法官，由法官针对具体案情根据经验法则、逻辑规则和自己的理性良心自由判断，由此形成内心确信，并据此认定案件事实。所谓"内心确信"，是指法官内心对于案件事实形成确信，即法官心证程度应当达到"不允许相反事实可能存在"（刑事诉

---

[1] 参见《自由心证》，360 百科，https：//baike. baidu. com/item/% E8% 87% AA% E7% 94%B1%E5%BF%83%E8%AF%81/5867364? fr = aladdin，最后访问时间：2020 年 11 月 30 日。

讼)或者"真实的可能性大于虚假的可能性"(民事诉讼、行政诉讼)的证明标准。

在自由心证原则之下,大陆法系的法官所能自由裁量的包括证据能力与证明力。大陆法系国家往往将由此产生的证据能力和证明力等一系列问题全部交由法官在具体诉讼中通过自由心证决定,诸如偏见、混淆等影响事实认定准确与否的因素,均由法官在个案中综合各种情况适时作出认定,通过法官的自由裁量权来决定证据的取舍,凭借经验和理性来评价证据的证明力。

对于自由心证制度,在我国的法律中没有法律条款对其有所规定,但存在着自由心证的痕迹。例如,《关于民事诉讼证据的若干规定》第64条规定,审判人员可以运用逻辑和日常生活经验,对证据进行判断①,就带有自由心证的痕迹。我国《民事诉讼法》《刑事诉讼法》及其司法解释中的大量条款都有"情节严重的""造成严重后果的"等酌定情节的词语,而案件的情节是否严重,严重程度如何是需要法官自由判断的。

二、证据相关性规则

(一)证据相关性含义

在大陆法系国家的立法者看来,证据相关性似乎更接近于一个自然属性的定位,相关性是任何证据理所当然应当具有的属性,那些与证明对象无关的事实则在根本上不能称之为证据。相关性一词的具体含义,似乎与该词在日常生活中被使用时的含义没有本质上的不同。

立法上,大陆法系国家传统立法对证据"相关性"这一概念并没有表现出多大的重视,大陆法系国家立法上也没有"相关性"的概念。也许在立法者眼中,证据的审查与判断都由职业的法官完成,法官可以独立地完成证据的采纳与采信,没有必要再单独发展一个决定证据能力的程序。由于证据的相关性与其对案件事实的证明力之间的关系非常密切,任何有关相关性的具体指导规则都有可能被认为会影响法官对证明力的自由判断。

---

① 《关于民事诉讼证据的若干规定(法释〔2001〕33号)》第64条规定:"审判人员应当依照法定程序,全面、客观地审核证据,依据法律的规定,遵循法官职业道德,运用逻辑推理和日常生活经验,对证据有无证明力和证明力大小独立进行判断,并公开判断的理由和结果。"

与大陆法系国家不同的是，英美法系国家的证据法中会对证据相关性直接下定义，关于相关性最早的立法是 1872 年《印度证据法》。《印度证据法》是在英国著名证据学家詹姆斯·斯蒂芬(James F. Stephen)爵士的领导下完成的，这部法典在英美法系国家有一定的影响力，至今在印度仍然有效，目前新加坡和马来西亚等国家仍然使用这部完整的法典。《印度证据法》第 3 条规定："如果某一事实通过立法中关于事实的相关性之条款规定的任一种方式，与另一事实存在某种联系，则可以说该事实对另一事实具有相关性。"立法中将相关性规则限定在法律规定范围之内的 7 种情形，分别为自认、不能被传唤为证人之人的陈述、特殊情况下所做的陈述、陈述中的待证明部分、具有相关性的法院作出的判决、具有相关性的第三人意见、具有相关性的品格。①

在《印度证据法》之后，英美法系国家逐步开始证据法典化运动，并一直持续到 20 世纪末。《美国联邦证据规则》是联邦最高法院制定规则的程序与国会的立法程序相结合的产物，是至今影响最大的证据规则立法。《美国联邦证据规则》自 1975 年制定后，历经数年的修正，已成为世界上影响力最大的一部统一证据法，该法典的内容既涉及证据的相关性问题、言词证据问题、传闻法则等证据能力问题，又关注举证负担、说服负担等证明负担问题，《美国联邦证据规则》第 401 条是关于证据相关性定义的一般表述。②

(二) 美国联邦证据规则

美国各州基本上都有自己的"证据法"，影响较大的如《加利福尼亚州证据法》《印第安纳州证据法》《华盛顿州证据法》等。虽然《美国联邦证据规则》只适用于联邦法院审理的民事和刑事案件，但是相当多的州证据法都是以《美国联邦证据规则》为蓝本。该部规定第 401 条至第 403 条是关于证据相关性规则的一般表述。③

1.《美国联邦证据规则》第 401 条

如今，美国《联邦证据规则》第 401 条的规定已经成为立法上对证据相关性的

---

① 童勇：《印度〈1872 年证据法〉评介》，载《证据学论坛》2001 年第 1 期。

② 参见《美国联邦证据规则译析》，载百度百科网，https://baike.baidu.com/item/美国联邦证据规则译析/805547? fr＝aladdin，最后访问时间：2020 年 12 月 15 日。

③ 参见《美国联邦证据规则中文版》，载豆丁网，http://www.docin.com/p-5657915 55.html，最后访问时间：2020 年 12 月 15 日。

经典定义，代表着英美法系国家立法者对这一问题的基本共识。《美国联邦证据规则》第 401 条对证据的相关性定义为："相关证据是指如果这个证据的存在或者缺失使得案件事实成立的趋势更加可能或者更加不可能。"①

从《美国联邦证据规则》第 401 条的规定来看，一项证据对于证明一个结果事实的存在或不存在只要有任何趋势，就具有相关性。这一规定体现了对于证据可采性的比较自由的标准，当对一项证据究竟是具有相关性还是不具有相关性发生疑问时，应当依据具有相关性来作出裁判。《美国联邦证据规则》第 401 条规定中的"任何趋势"，意味着一项证据只要能够影响法官对待证事实的肯定或否定的确认，无论这种影响是如何的微弱，都将满足该规则中关于相关性的要求，从而使其具有可采性。②

2.《美国联邦证据规则》第 402 条与第 403 条

《美国联邦证据规则》第 402 条对相关证据的一般可采性规定："所有具有相关性的证据均可采，但美国宪法、国会立法、本证据规则以及联邦最高法院根据立法授权确立的其他规则另有规定的除外。没有相关性的证据不能采纳。"《美国联邦证据规则》第 403 条对偏见、混淆和浪费时间的关联性证据排除规定："证据虽然具有相关性，但可能导致不公正的偏见、混淆争议或误导陪审团的危险大于该证据可能具有的价值时，或者考虑到过分拖延、浪费时间或无需出示重复证据时，也可以不采纳。"

《联邦证据规则》第 402 条从法律规范层面规定了证据相关但不可采的情形，除根据特别规则或法律予以排除的证据以外，所有相关性证据都应当被采纳，只有符合相关性检查的证据才能进一步讨论其是否属于应当排除的情形。《联邦证据规则》第 403 条规定了证据证明力需要与不利于事实发现的因素进行权衡，如果这些因素超出了证据对案件事实的证明力，那么此相关证据将被排除，也就是说如果不利于事实发现的因素超过了证明力，即便证据具有相关性，其仍然不能被采纳为案件事实的认定依据。

《美国联邦证据规则》第 401 条至第 403 条规定揭示了证据相关性由两部分组成，即证据有一定的证明力和证据有实质性。证据具有相关性并不等同于证据的

---

① 周蔚：《论证据的相关性》，载《中山大学法律评论》2012 年第 2 期。

② 易延友：《〈美国联邦证据规则〉中的关联性》，载《环球法律评论》2009 年第 6 期。

可采性，证据的可采性是建立在证据相关性的基础之上的，而非证明力之上，证据具有可采性则证据必然具有相关性，但相关性的证据并不必然具有可采性。只有证据经过两方面的规则检验才能具有可采性：一是证据的采纳规则；二是证据的排除规则。

三、我国证据相关性法律规定

(一)我国证据相关性法律规定的产生

近现代史上，有两种证据制度立法模式：一是法律预先明文规定证据的取舍和运用规则，不允许法官自由加以判断和取舍的制度，谓之"法定证据制度"；另一个是法律不预先规定证据的取舍和运用规则，允许法官在审理案件时依法自由判断证据制度，谓之"自由心证制度"。

中国属于大陆法系国家，如同现代大陆法系国家一样，我国普遍实施以自由心证为核心的证据制度，法官在审查判断案件证据时既可以运用自由心证的原则性精神即通过行使自由裁量权来决定证据的取舍，也可以依靠审判经验和理性来评判各个证据的证明力。对于证据材料而言，法官对其的认识也是一个主观对客观的认识过程，在这个认识的过程中，存在着自由心证的精神促使法官去判断证据的证据作用和证明力的大小。

一般情况下，专业法官比普通民众具有更多的法律知识和司法经验，不容易受到无关证据的干扰。但是不得不承认的一个事实是作为具体个人的法官在理性程度上同样会存在着某些方面的缺陷和一定的局限性，因此也存在着产生偏见、错误和被误导的可能性。任何与案件事实无关的神明意志或者纯粹属于裁判者的主观臆断或者猜测都不能作为认定案件事实的依据，即使是具有法定形式的证据。作为定案依据的证据材料必须和案件事实具有相关性应成为实务界的共识，通过对证据相关性的法律规定在一定程度上能对法官的行为进行必要的指导和约束。

2001 年的《最高人民法院关于民事诉讼证据的若干规定》第 50 条规定指出①，

---

① 《最高人民法院关于民事诉讼证据的若干规定(法释[2001]33 号)》第 50 条规定："质证时，当事人应当围绕证据的真实性、关联性、合法性，针对证据证明力有无以及证明力大小，进行质疑、说明与辩驳。"

在质证时，当事人应当围绕证据的真实性、关联性和合法性等展开，这也是最早将证据相关性以明文形式在法律条款中的规定。其后，2015 年最高人民法院颁布的《最高人民法院关于适用〈中华人民共和国民事诉讼法〉的解释》再次在司法解释中延续了最高人民法院对"证据相关性"的一贯立场，其中第 104 条规定指出，人民法院应当组织当事人围绕证据的真实性、合法性以及与待证事实的关联性进行质证。①

(二)我国证据相关性的有关法律规定

我国法律中没有明确给出证据相关性及其法律适用范围的定义，但立法上已经体现了证据相关性的若干分散性的法律规定。

以刑事诉讼领域为例，《中华人民共和国刑事诉讼法(2018 年修正)》第 120 条规定指出，犯罪嫌疑人对侦查人员的提问，应当如实回答。但是对与本案无关的问题，有拒绝回答的权利。② 本条从犯罪嫌疑人权利的角度确定了犯罪嫌疑人陈述的相关性，同时也要求侦查人员只能讯问与本案相关的问题。又如，第 141 条规定指出，在侦查活动中发现的可用以证明犯罪嫌疑人有罪或者无罪的各种财物、文件，应当查封、扣押；与案件无关的财物、文件，不得查封、扣押。③ 由此可见，侦查机关在取证过程中不得收集与案件事实无关的证据。与此同时，第 194 条④也规定了法官在庭审程序中应当引导当事人对具有相关性的证据进行调查，而不得在法庭上询问与案件事实无关的内容。

《最高人民法院关于适用(中华人民共和国刑事诉讼法)的解释》规定了对各类证据都应重点审查证据内容与待证事实之间的相关性。其中，第 203 条、第

---

① 《最高人民法院关于适用〈中华人民共和国民事诉讼法〉的解释》104 条规定："人民法院应当组织当事人围绕证据的真实性、合法性以及与待证事实的关联性进行质证，并针对证据有无证明力和证明力大小进行说明和辩论。能够反映案件真实情况、与待证事实相关联、来源和形式符合法律规定的证据，应当作为认定案件事实的根据。"

② 参见：《中华人民共和国刑事诉讼法(2018 年修正)》第 120 条规定。

③ 参见：《中华人民共和国刑事诉讼法(2018 年修正)》第 141 条规定。

④ 《中华人民共和国刑事诉讼法(2018 年修正)》194 条规定："证人作证，审判人员应当告知他要如实地提供证言和有意作伪证或者隐匿罪证要负的法律责任。公诉人、当事人和辩护人、诉讼代理人经审判长许可，可以对证人、鉴定人发问。审判长认为发问的内容与案件无关的时候，应当制止。"

214 条、第 235 条分别规定了在法庭调查、法庭辩论、被告人最后陈述阶段，控辩双方都不得提出与本案无关的证据，不得提问与本案无关的问题或者陈述与本案无关的内容，一旦发现，法庭应当制止。① 又如，该"解释"第 214 条规定指出，控辩双方的讯问、发问方式不当或者内容与本案无关的，对方可以提出异议，申请审判长制止，审判长应当判明情况予以支持或者驳回；对方未提出异议的，审判长也可以根据情况予以制止。② 该条规定就是要求控辩双方提出的证据必须具有相关性，法庭才会允许进行法庭调查，没有相关性的证据，法庭是不能采纳的。

总的来说，当前我国关于证据相关性的若干法律规定主要是从证据禁止理论出发制定的。一是证据取得之禁止，指有关证据收集、取得程序和方式上的禁止性规范；二是证据使用之禁止，指作为事实裁判者的法官对于特定的证据不得用作裁判的根据③，例如，我国立法和司法解释用语均使用的是"不得作为定案的根据"，实质上采取的是证据禁止的理论；三是我国立法上关于证据相关性的若干法律规定不是从证据准入资格角度进行制定的，而是从证据能力和证明力的角度加以规范，例如，《关于办理死刑案件审查判断证据若干问题的规定》中规定的"对证据的证明力，应当结合案件的具体情况，从各证据与待证事实的关联程度、各证据之间的联系等方面进行审查判断"，实质上对于证据相关性的审查判

---

① 《最高人民法院关于适用〈中华人民共和国刑事诉讼法〉的解释（2012 年版）》第 203 条规定："控辩双方申请证人出庭作证，出示证据，应当说明证据的名称、来源和拟证明的事实。法庭认为有必要的，应当准许；对方提出异议，认为有关证据与案件无关或者明显重复、不必要，法庭经审查异议成立的，可以不予准许。"

第 214 条规定："控辩双方的讯问、发问方式不当或者内容与本案无关的，对方可以提出异议，申请审判长制止，审判长应当判明情况予以支持或者驳回；对方未提出异议的，审判长也可以根据情况予以制止。"

第 235 条规定："审判长宣布法庭辩论终结后，合议庭应当保证被告人充分行使最后陈述的权利。被告人在最后陈述中多次重复自己的意见的，审判长可以制止。陈述内容蔑视法庭、公诉人，损害他人及社会公共利益，或者与本案无关的，应当制止。

在公开审理的案件中，被告人最后陈述的内容涉及国家秘密、个人隐私或者商业秘密的，应当制止。"

② 参见：《最高人民法院关于适用（中华人民共和国刑事诉讼法）的解释（2012 年版）》第 214 条规定。

③ 参见《德国证据禁止制度简述》，载中国法院网，http：//rmfyb. chinacourt. org/paper/html/2019-09/20/content_160266. htm？div=-1，最后访问时间：2021 年 1 月 3 日。

断皆是从证据能力和证明力的角度加以规范的。

第二节　电子数据相关性法律规定

一、我国立法和司法中的电子数据法律规定

(一)我国电子数据法律规定概况

我国的电子数据法律制度建设始于 20 世纪末期。随着电子数据案件的逐年增多，一些省级司法机关开始摸索制定电子数据运用的证据规则。例如，2001年北京市高级人民法院颁行的《关于办理各类案件有关证据问题的规定(试行)》①等，这些地方性规则为最高人民法院、最高人民检察院、公安部等出台相关司法解释、部门规章奠定了良好的基础。②

电子数据的司法解释和规范性文件主要有 8 个③，具体包括：2005 年公安部《计算机犯罪现场勘验与电子证据检查规则》，2005 年公安部《公安机关电子数据鉴定规则》，2009 年最高人民检察院《电子证据鉴定程序规则(试行)》《人民检察院电子证据勘验程序规则(试行)》，2012 年最高人民法院《关于适用刑事诉讼法若干问题的解释》，2014 年最高人民法院、最高人民检察院、公安部《关于办理网络犯罪案件适用刑事诉讼程序若干问题的意见》，2016 年《公安机关执法细则》，2016 年 9 月由最高人民法院、最高人民检察院、公安部联合颁发的《关于办理刑事案件收集提取和审查判断电子数据若干问题的规定》。

在刑事司法领域，刑事诉讼中关于电子数据的法律法规有 14 个④，包括：《中华人民共和国刑事诉讼法》《中华人民共和国监察法》《最高人民法院关于适用

---

① 参见 2001 年北京市高级人民法院颁行的《关于办理各类案件有关证据问题的规定(试行)》。

② 刘品新：《电子证据的关联性》，载《法学研究》2016 第 6 期。

③ 参见《关于电子数据的 8 个主要司法解释和规范性文件》，载 360 个人图书馆，http：//www.360doc.com/content/18/0705/15/48357518_768046654.shtml，最后访问时间：2021 年 3 月 8 日。

④ 参见《刑事诉讼中关于电子数据证据的法律法规汇总》，载搜狐网，https：//www.sohu.com/a/296045124_823925，最后访问时间：2021 年 3 月 8 日。

〈中华人民共和国刑事诉讼法〉的解释》《关于办理电信网络诈骗等刑事案件适用法律若干问题的意见》《关于办理网络犯罪案件适用刑事诉讼程序若干问题的意见》《关于办理刑事案件收集提取和审查判断电子数据若干问题的规定》《关于利用计算机窃取他人游戏币非法销售获利如何定性问题的研究意见》《办理走私刑事案件适用法律若干问题的意见》《人民法院办理刑事案件第一审普通程序法庭调查规程(试行)》《人民检察院刑事诉讼规则(试行)》《检察机关办理电信网络诈骗案件指引》《人民检察院办理死刑第二审案件和复核监督工作指引(试行)》《公安机关办理刑事案件程序规定》《公安机关办理刑事案件电子数据取证规则》。

为统一规范杭州、北京、广州 3 家互联网法院的诉讼活动，保护当事人及其他诉讼参与人合法权益，最高人民法院于 2018 年 9 月 6 日印发最高人民法院《关于互联网法院审理案件若干问题的规定(法释[2018]16 号)》。[①] 该规定共 23 条，内容包括电子化材料效力规则、电子证据真实性认定规则、在线视频庭审规则、电子送达规则以及在线签名、电子笔录、电子归档等规则及效力。

迄今为止，我国已经确立了包含电子数据的刑事民事取证制度、司法鉴定技术规范、电子数据规则等。这些出台的司法解释和部门规范性文件是我国电子数据法律规定的主要载体，也是我国电子数据司法实践应用的主要法律依据。

(二)我国电子数据法律规定的特点

1. 诉讼法中规定少，司法解释中规定多

与其他形式的证据不同，电子数据在程序法制定的最初阶段没有被考虑到会作为搜查取证程序的对象。最初电子数据问题出现时，在法律依据上大多参考通用的法律规范。由于电子数据在诉讼中的广泛应用，为适应现代信息技术的发展，根据诉讼新情况和实践需要，扩展了证据的外延。法定证据种类中，纳入了电子数据，这对规范司法实务部门有利，但在我国的三大诉讼法当中，难以找到有关电子数据取证和认证工作的规定。

我国涉及电子数据的相关犯罪案件尤其是刑事案件呈现出了陡然上升的态势，电子化的证据在产生、存储的形式上都变得更加复杂和多样化，其他证据类

---

① 胡仕浩、何帆、李承运：《〈关于互联网法院审理案件若干问题的规定〉的理解与适用》，载《人民司法》2018 年第 28 期。

型的法律规范无法有效适应对电子数据的相关需求。同时，域外对于相关问题的研究成果也引起了我国学者的重视，参考电子信息技术发达国家的相关规定，我国公、检、法机关近年来出台了系列电子数据的司法解释、部门规章等规范性文件，用以指导诉讼活动中的电子数据司法实践。

2. 技术性规范描述多，技术应用的重视少

法律规定中的技术性规范描述，提供的是新型的取证手段、步骤和技术，体现出来的是要求电子数据实务人员如何做，应当做什么，是对电子数据司法实务人员行为规范性的要求。例如，《关于办理刑事案件收集提取和审查判断电子数据若干问题的规定（2016 年）》第 8 条指出，对于原始载体的封存，强调的是对封口、封条的处理规定，对有无线通信功能的储存介质要求的是"信号屏蔽、信号阻断或者切断电源等措施"①。

随着技术的发展，已经出现了通过实现植入系统或者远程桌面连接，在电子设备关机的情况下远程对该电子设备进行遥控操作的技术，封口断电等措施本身的安全性也面临着挑战。另外，面对虚拟空间和无国境网络社会，大数据技术、云技术等新技术不断涌现，部分技术存在着无相关法律许可作为依托的现象。而针对这种现状，我国立法和相关部门规范则是缺少对技术应用的重视。

3. 法律规定本身的粗略模糊性多，操作细化规定的少

近些年来，电子数据法律规定正在朝着规范化和细致化不断进步，对新型的犯罪手段、技术的应对与研究也越来越及时和深入。但同时，我们也必须看到问题存在于操作的实现和操作的目的性层面。以 2018 年我国出台的《中华人民共和国国际刑事司法协助法》为例，该程序规范为跨境数据取证问题指明了基本原则和方向。但是这份法律文件仅是一个较为框架和原则性的进路，更加具体的问题，包括与他国进行司法协助的时候，冻结、调取等行为具体是指什么样的技术操作、其流程是怎样的等问题，没有被明确说明，容易导致在司法协助法下具体技术操作的可实现性较弱。②

---

① 参见：《关于办理刑事案件收集提取和审查判断电子数据若干问题的规定（2016 年）》第 8 条规定。

② 尹鹤晓：《电子数据侦查取证程序研究》，中国人民公安大学 2019 年博士学位论文。

又如，《关于办理刑事案件收集提取和审查判断电子数据若干问题的规定（2016年）》第9条指出，进行网络远程勘验，需要采取技术侦查措施的，应当依法经过严格的批准手续。① 这一条款实际过于含糊其辞，在实践中电子数据实务人员很容易擅自理解需要手续的技术措施所包括的内容与范围。由于上位法中关于电子数据法律规定留白之处较多，下位法中关于电子数据的法律规定虽然数量多，但存在着其规定本身的粗略模糊性多，操作细化规定的少。电子数据的收集提取并没有具体的依据可循，如何对电子数据进行审查判断并没有有力的规范支持，在面对不同环境中的具体电子数据时，电子数据实务人员常常无从下手。②

二、电子数据相关性法律规定

（一）我国电子数据相关性法律规定列表分析

在我国面向刑事、民事活动的电子数据法律规定中多以司法解释和部门规章为主，也包括一些行业指导性的规范。行业指导性的规范包括中华全国律师协会出台的《律师办理电子数据证据业务操作指引》中的电子数据取证规定，国家工商行政管理总局出台的《关于工商行政管理机关电子数据证据取证工作的指导意见》，司法部司法鉴定管理局颁布的《电子数据司法鉴定通用实施规范》等。

在我国，现行体例是将诸多的电子数据规范分散地规定于程序法、司法解释和规范性文件中。笔者梳理了近年来出台的电子数据的主要司法解释、部门规范性文件、行业指导性规范，并归纳提炼了其中与电子数据相关性有关的若干法律规定，如下表6-1所示。

---

① 参见：《关于办理刑事案件收集提取和审查判断电子数据若干问题的规定（2016年）》第9条规定。

② 陈利明、高瑛、任艳丽：《网络犯罪案件办理中的取证困境与对策——以"一元木马"系列网络诈骗案为例》，载《人民检察》2018年第6期。

表 6-1　近年来关于电子数据的主要司法解释、部门规范性文件、行业指导性规范

序号	司法解释和规范性文件名称	发布部门	涉及电子数据的条款	功能描述	与电子数据相关性有关的法律规定
1	《最高人民法院、最高人民检察院、海关总署关于办理走私刑事案件适用法律若干问题的意见》(法[2002]139号)	最高人民法院、最高人民检察院、海关总署	第2条	关于电子数据证据收集、保全问题的规定	能够证明走私犯罪案件真实情况的电子数据。
2	《计算机犯罪现场勘验与电子数据检查规则》(公信安[2005]161号)	公安部	共8章39条	计算机犯罪现场勘验与电子数据检查工作的规范	发现、固定、提取与犯罪相关的电子证据。
3	《公安机关电子数据鉴定规则》(公信安[2005]281号)	公安部	共10章55条	公安机关电子数据鉴定工作的规范	第31条第5款：检材和物品与案件鉴定机构对鉴定委托不予受理。
4	最高人民检察院《电子数据鉴定程序规则（试行）》(2009)	最高人民检察院	共5章26条	人民检察院电子数据鉴定工作程序的规范	无
5	《电子数据的固定采集与展示业务操作指引》(苏律协发[2009]14号)	江苏省律师协会	共5章92条	律师开展电子数据固定、采集并运用的方式方法的规定	第83条：电子证据作为一种新型的证据形式，要使其发挥证明法律事实，法律行为等案件事实的作用，须按照相关证据规则的要求进行证据展示。
6	《关于办理网络赌博犯罪案件适用法律若干问题的意见》(公通字[2010]40号)	最高人民法院、最高人民检察院、公安部	第5条	关于网络赌博犯罪活动电子数据的收集与保全问题的规定	能够证明赌博犯罪案件真实情况的电子数据。

续表

序号	司法解释和规范性文件名称	发布部门	涉及电子数据的条款	功能描述	与电子数据相关性有关的法律规定
7	《关于办理死刑案件审查判断证据若干问题的规定》（法发〔2010〕20号）	最高人民法院、最高人民检察院、公安部、国家安全部、司法部	第29条	电子数据的审查内容作出规定	第29条第5款：……应当主要审查以下内容：（五）该电子证据与案件事实有无关联性。对电子证据，应当结合案件其他证据，审查其真实性和关联性。也适用于结合案件的第32条规定：对证据的具体情况，从各证据与待证事实、各证据之间的联系等方面进行审查判断。证据之间具有内在的联系，共同指向同一待证事实，且能合理排除矛盾的，才能作为定案的根据。
8	《国家工商行政管理总局关于工商行政管理机关电子数据证据取证工作的指导意见》（工商市字〔2011〕248号）	国家工商行政管理总局	共10条	工商行政管理机关电子数据证据取证工作较为详细规定	第3条规定：电子证据取证应当严格遵守国家法律、法规、规章和有关规定，除与案件有关的电子证据外，不得随意复制、泄露案件当事人储存在计算机系统中的私人材料和商业秘密。
9	最高人民法院《关于审理证券行政处罚案件证据若干问题的座谈会纪要》（法〔2011〕225号）	最高人民法院	第2条	当事人向人民法院提供电子数据证据证明待证事实，电子数据证据应当符合4点要求的规定	第2大类关于电子数据证据的证据形式要求和审核认定的规定：对电子数据证据规定应较其他证据方法更为严格。根据行政诉讼法第三十一条第一款第（三）项的规定，最高人民法院《关于行政诉讼证据若干问题的规定》第十二条、第六十四条的规定，当事人可以向人民法院提供电子数据证据证明待证事实。
10	《最高人民法院关于适用〈中华人民共和国刑事诉讼法〉的解释》（法释〔2012〕21号）	最高人民法院	第4章第65条、第93条、第94条	对电子数据的审查判断作出专门规定	第93条第5款规定：（四）电子数据与案件事实有无关联；（五）与案件事实有关联的电子数据是否全面收集，应当着重审查。

序号	司法解释和规范性文件名称	发布部门	涉及电子数据的条款	功能描述	与电子数据相关性有关的法律规定
11	《律师办理电子数据证据业务操作指引》（2012 年）	中华全国律师协会	共 6 章 68 条	律师办理电子数据证据的取证、举证与质证的操作规范	第 51 条 律师审查电子数据证据关联性，应当结合待证事实进行审查，必要时可以通过技术手段加以辅助审查。律师审查电子数据证据的关联性，进行审查时，必要时可以通过技术手段加以辅助审查。
12	《公安机关办理刑事案件程序规定》（2012 年，公安部令第 127 号）	公安部	第 63 条	对电子数据收集、提交审查提出简要规定	也适用于电子数据的第 66 条规定：对证据的审查，应当结合案件的具体情况，从各证据与待证事实的关联程度、各证据之间的联系等方面进行审查判断。
13	《人民检察院刑事诉讼规则》（试行）（高检发释字［2012］2 号）	最高人民检察院	第9章第 5 节，第 228 条、第 6 节、第 11 章第 1 节	对电子数据搜查、调取及审查作出规定和要求	也适用于电子数据的第 62 条规定：证据的审查认定，应当结合案件情况，从证据的具体情况、证据之间的关联程度、各证据与案件事实的联系，是否依照法定程序收集等方面进行综合审查判断。第 6 节第 234 条规定：在侦查活动中发现的可以证明犯罪嫌疑人有罪、无罪或者犯罪情节轻重的各种财物和文件，应当查封或者扣押，与案件无关的，不得查封或者扣押。
14	《关于办理网络犯罪案件适用刑事诉讼程序若干问题的意见》（公通字［2014］10 号）	最高人民法院、最高人民检察院、公安部	第 13 条至第 18 条	电子数据取证和审查认定的一般原则、重点内容和具体程序作出规定	第 20 条规定：综合全案证据材料，对相关犯罪事实作出认定。
15	《公安机关执法细则》（2016 年第三版）	公安部	第 7 章第 1 节至第 6 节	限公安机关内部适用，规范计算机犯罪现场勘验与电子数据检查	第 7 章第 6 条规定：电子证据检查的目的是检查已扣押、封存、固定的电子证据，以发现相关的电子证据。也适用于电子数据的第 9 章第 1 条规定：在勘查、搜查中发现的可用以证明犯罪嫌疑人有罪或者无罪的各种物品和文件，应当扣押；与案件无关的物品、文件，不得扣押。

续表

序号	司法解释和规范性文件名称	发布部门	涉及电子数据的条款	功能描述	与电子数据相关性有关的法律规定
16	《关于办理刑事案件收集提取和审查判断电子数据若干问题的规定》(法发〔2016〕22号)	最高人民法院、最高人民检察院、公安部	共5章30条	对电子数据的收集与提取、移送与展示、审查与判断作出规定	第2条规定：侦查机关应当遵守法定程序，遵循有关技术标准，全面、客观、及时地收集、提取电子数据；人民法院应当围绕真实性、合法性、关联性审查判断电子数据。
17	《公安机关办理刑事案件电子数据取证规则》(2019年)	公安部	共5章61条	电子数据收集和提取、检查和侦查实验、检验与鉴定的程序规定	第4条规定：对于获取的材料与案件无关的，应当及时退还或者销毁。
18	《人民检察院办理网络犯罪案件规定(2021年)》	最高人民检察院	共7章65条	电子数据收集、提取、保全、固定等的审查规定	第十七条规定：认定网络犯罪的犯罪嫌疑人，应当结合全案证据，围绕网络犯罪嫌疑人与原始存储电子数据的关联性，电子数据与犯罪嫌疑人网络身份的关联一性审查。第十八条规定：认定犯罪嫌疑人的客观行为，应当结合全案证据，围绕其利用的程序工具、技术手段的功能及其实现方式，犯罪行为与和结果之间的关联性审查。第十九条规定：认定犯罪嫌疑人的主观方面，应当结合全案证据，认定犯罪嫌疑人的认知能力、专业水平、既往经历、人员关系、行为次数，认定犯罪嫌疑人利用网络实施犯罪的关联性。第二十条规定：认定犯罪行为的特性，认定网络空间、信息系统的损害程度等综合判断。第二十三条规定：对电子数据及其存储介质与案件当事人之间的关联性，注重审查以下内容：(一)电子数据及其存储介质与案件当事人之间的关联性；(二)电子数据与案件事实之间的关联性。

（二）电子数据相关性法律规定评析

1. 内容描述上过于笼统，且隐含于真实性中

《关于办理死刑案件审查判断证据若干问题的规定》《最高人民法院关于适用〈中华人民共和国刑事诉讼法〉的解释》《律师办理电子数据证据业务操作指引》《关于办理刑事案件收集提取和审查判断电子数据若干问题的规定》等中对电子数据相关性有明确的条款规定。① 例如，"对电子证据，应当结合案件其他证据，审查其真实性和关联性。""律师审查电子数据证据的关联性，应当结合待证事实进行审查，必要时可以通过技术手段加以辅助审查。""电子数据与案件事实有无关联；与案件事实有关联的电子数据是否全面收集。"在更多的司法解释和规范性文件中，对电子数据相关性则是给出了更为笼统的规定要求，如"可以作为证据使用的""能够证明……案件真实情况的""与犯罪/案件相关/有关联的""与拟证明的事实之间存在法律上的客观联系的"等。这些法律文件，在笔者看来，仅是一些较为框架和原则性的进路，更加具体的问题，包括如何结合待证事实进行电子数据的相关性审查，如何确定与案件事实相关的电子数据等行为具体是指什么样的技术操作，其流程是怎么样的等问题，却没有被明确说明。

另外，从我国电子数据的现有规范来看，其主要是围绕电子数据的真实性审查进行规范的，或者说是主要体现了保障真实性的倾向。出台的司法解释、部门规章等从取证过程、举证形式、内容本身、完整性审查等方面规定了较为详实的真实性审查规则，法律规定中指出的是否是原始介质，是否有文字说明和签名，是否附有笔录、清单，是否符合技术规范，是否完整，是否真实，是否全面收集等是针对电子数据真实性问题的。

司法解释中提出了收集、提取电子数据，应当制作笔录，记录案由、对象、内容，收集、提取电子数据的时间、地点、方法、过程，并附电子数据清单，注明类别、文件格式、完整性校验值等，由侦查人员、电子数据持有人（提供人）签名或者盖章；电子数据持有人（提供人）无法签名或者拒绝签名的，应当在笔

---

① 参见《关于办理死刑案件审查判断证据若干问题的规定（2010年）》第29条规定、《最高人民法院关于适用〈中华人民共和国刑事诉讼法〉的解释（2012年）》第93条规定、《律师办理电子数据证据业务操作指引（2012年）》第51条规定、《关于办理刑事案件收集提取和审查判断电子数据若干问题的规定（2016年）》第2条规定。

录中注明，由见证人签名或者盖章。有条件的，应当对相关活动进行录像。这些条款规定与电子数据真实性相关，但并非完全指向电子数据真实性，这些条款规定中似乎又隐含着电子数据相关性的痕迹。例如，通过对笔录证据、见证人签名、录像等也可以审查虚拟空间的身份、行为、介质、时间、地址，并将其与物理空间中的当事人或其他诉讼参与人关联起来。对于司法实务而言，这些笼统和粗略的条款规定为电子数据相关性审查判断留下了太多的想象和操作空间。

2. 缺乏对取证环节中电子数据相关性的考虑

电子数据取证是应用电子数据来认定案件事实的必要前提和先置程序，没有合乎法律和技术双重要求的电子数据取证工作，就无从谈及后续的举证、质证、认证。在某种程度上，对于电子数据而言，电子数据取证效果和水平直接影响案件的质量和电子数据的法庭采信。但是，在我国三大诉讼法当中，难以找到有关电子数据取证工作的规定。尽管当前我国有关电子数据法律法规的数量并不少，但其中对于证据认证、提取技术研究的多，对于取证环节中电子数据相关性问题研究的少。当前取证环节中的电子数据收集、提取阶段，其程序规范多是强调电子数据的真实性、客观性。例如，法律规定中提出的"确保电子数据的真实、完整"①"固定和封存电子证据的目的是保护电子证据的完整性、真实性和原始性"②"保证所收集、提取的电子数据的完整性、客观性"③等。如何保障提取和收集相关联的电子数据，如何遴选与案件相关的电子数据等法律规定不足。

《中华人民共和国刑事诉讼法(2018 年修正)》第 141 条规定："在侦查活动中发现的可用以证明犯罪嫌疑人有罪或者无罪的各种财物、文件，应当查封、扣押；与案件无关的财物、文件，不得查封、扣押。"④相关性是任何材料作为证据的必备要件之一，电子数据亦应具有相关性，否则就不能作为定案依据。与传统证据的搜查和扣押不同，电子数据的搜查和扣押范围是比较难以界定的，如果相应的司法解释和规范性文件没有限定侦查机关对电子数据的搜查和扣押范围，可能会给侦查人员带来因为搜查或者扣押范围过大而侵害被调查对象的财产权、隐

---

① 参见《公安机关办理刑事案件电子数据取证规则(2019)》第 2 条规定。

② 参见《公安机关执法细则(2016 年)》第 7 章第 3 条第 1 款规定。

③ 参见《关于办理网络犯罪案件适用刑事诉讼程序若干问题的意见(2014 年)》第 13 条规定。

④ 参见《中华人民共和国刑事诉讼法(2018 年修正)》第 141 条规定。

私权的风险。

在笔者看来，在取证环节中对电子数据相关性法律规定的不足容易造成在司法实践的庭审中对电子数据相关性含糊其词或简单化处理，也容易造成侦查机关在搜查和扣押电子数据时难以适从。电子数据的收集提取没有具体的电子数据相关性判断依据可循，没有有力的规范支持，则容易导致在面对不同环境中的具体电子数据时，侦查人员无从下手去遴选和判断与案件相关的电子数据。

三、电子数据相关性证据规则

(一)取证中电子数据相关性证据规则

电子数据相关性证据规则，是指在确认电子数据的范围，规范电子数据的收集、审查判断等证明行为中涉及电子数据相关性的法律准则。在我国，法律规定上涉及电子数据相关性证据规则有电子数据相关性的取证规则、电子数据相关性审查判断的证据规则。

取证环节是司法证明的起点，电子数据取证是否规范直接为电子数据相关性的具备与否奠定了基础。早在 1996 年我国最高人民检察院就开始注意并试图通过审查的方式规范电子数据的取证问题。《中华人民共和国刑事诉讼法(2012 年修正)》将电子数据纳入法定的证据种类后，司法解释、部门规章规范等规范性文件纷纷出台。最能体现出取证中电子数据相关性证据规则的程序规定是 2016 年最高人民法院、最高人民检察院、公安部联合发布的《关于办理刑事案件收集提取和审查判断电子数据若干问题的规定》和 2019 年公安部出台的《公安机关办理刑事案件电子数据取证规则》。

《关于办理刑事案件收集提取和审查判断电子数据若干问题的规定》全面规定了电子数据的收集与提取、移送与展示、审查与判断。该部规定第 8 条至第 15 条对电子数据收集和提取操作步骤和程序进行了较为细致的规范，第 2 条对证据相关性审查及证据效力予以了规定，第 4 条对初查中的电子数据相关性有所认定。①

---

① 参见《关于办理刑事案件收集提取和审查判断电子数据若干问题的规定(2016 年)》第 2 条规定、第 4 条规定，第 8 至 15 条规定。

2019 年公安部出台的《公安机关办理刑事案件电子数据取证规则》，明确提出了电子数据内容相关性上的要求，也提出了载体相关性的各项标准。[①] 具体来说，该规则的第 4 条规定，"对于获取的材料与案件无关的，应当及时退还或者销毁"，涉及电子数据内容相关性的，无相关性的电子数据应予以退回或排除；第 12 条规定，"扣押的原始存储介质，……写明原始存储介质名称、编号、数量、特征及其来源等"，该条规定涉及身份相关性、介质相关性；第 15 条规定，"扣押原始存储介质时，在有关笔录中注明以下情况：（一）原始存储介质及应用系统管理情况，网络拓扑与系统架构情况；（二）原始存储介质及应用系统管理的用户名、密码情况；（三）原始存储介质的数据备份情况，有无加密磁盘、容器，有无自毁功能，有无其它移动存储介质，是否进行过备份，备份数据的存储位置等情况"，这些涉及行为相关性；第 25 条规定，"网络在线提取时，应当采用录像、拍照、截获计算机屏幕内容等方式记录以下信息：（一）远程计算机信息系统的访问方式；（二）提取的日期和时间；（三）提取使用的工具和方法；（四）电子数据的网络地址、存储路径或者数据提取时的进入步骤等"，这些涉及时间相关性、地址相关性。

近年来，网络犯罪不断滋生蔓延，新型网络犯罪层出不穷，检察机关在办案理念、办案能力、办案机制上，还不能完全适应惩治网络犯罪的形势需要。特别是对于电子数据的审查运用，不少检察人员存在能力短板和本领恐慌，较多依赖于侦查机关的审查结论。[②] 2021 年 1 月，最高人民检察院发布《人民检察院办理网络犯罪案件规定》，该规定第二章设置了五个条款即第 12 条至第 16 条规范引导取证。[③] 其中，该规定的第 15 条根据办案实践，规定了 6 款具体的取证意见，主要可归结为三个方面：一是对于存储介质设备，注意引导能够扣押、封存原始存储介质的，要及时扣押、封存；扣押可联网的设备，注重引导及时采取信号屏蔽、信号阻断或者切断电源等方式。二是对于电子数据，注意引导侦查机关及时提取电子设备（如手机、电脑等）、账户密码（包括网络账户如邮箱、云盘等，应

[①]　参见《公安机关办理刑事案件电子数据取证规则（2019）》第 4 条规定、第 12 条规定、第 15 条规定、第 25 条规定。

[②]　参见《〈人民检察院办理网络犯罪案件规定〉的理解与适用》，载网易网，https：//www.163.com/dy/article/G61NMM900514CC4Q.html，最后访问时间：2021 年 3 月 11 日。

[③]　参见《人民检察院办理网络犯罪案件规定（2021 年）》第 12 条至第 16 条规定。

用软件账户如微信、支付宝等的账户密码），以及存储于其中的聊天记录、电子邮件、交易记录等数据，注意引导侦查机关及提取动态数据，包括内存、缓存、网络连接数据。三是对于书证、物证等客观证据，同步引导侦查机关提取，便于与电子数据相互印证。

例如，该规定第15条第1款指出，"能够扣押、封存原始存储介质的，及时扣押、封存"，因为在司法实务中，有的办案人员往往只提取相关电子数据而未扣押原始存储介质，一旦出现提取数据不全面，反过来再去扣押原始存储介质时，往往存储介质已找不到，或者存储在里面的数据已被删除更改，该项条款讲的是载体相关性。第15条第4款规定，"及时提取动态数据，如内存数据、缓存数据、网络连接数据等"，其中及时提取是因为这些数据会随着软件程序运行而变化，包括内存、缓存、网络连接等数据提取的目的是因为这些数据动态记录着系统运行状况和行为人的行动轨迹，这些涉及行为相关性。总体来说，最高人民检察院在2021年发布的《人民检察院办理网络犯罪案件规定》中关于引导取证规范可以看作是从检察机关角度对2019年公安部出台的《公安机关办理刑事案件电子数据取证规则》的回应。

（二）电子数据相关性审查判断证据规则

2010年最高人民法院、最高人民检察院、公安部、国家安全部和司法部联合出台的《关于办理死刑案件审查判断证据若干问题的规定》中，明确规定了各类法定证据的相关性审查要求，以专门条款形式规定了对物证、书证、鉴定意见、视听资料、电子数据应当着重审查证据与案件事实之间有无关联。同时该规定明文规定了法官评价证据证明力的原则和方法，规定了在证据证明力中，应结合具体案件的具体情况，结合各证据与待证事实的关联程度、各证据之间的联系等方面进行审查判断。① 其中，该规定的第29条对电子数据的审查内容做了详细的规定，涉及相关性的有两项：一项是审查"该电子证据与案件事实有无关联

---

① 《关于办理死刑案件审查判断证据若干问题的规定（2010年）》第32条规定："对证据的证明力，应当结合案件的具体情况，从各证据与待证事实的关联程度、各证据之间的联系等方面进行审查判断。证据之间具有内在的联系，共同指向同一待证事实，且能合理排除矛盾的，才能作为定案的根据。"

性"；另一项是"对电子证据，应当结合案件其他证据，审查其……关联性"。①

2012 年最高人民法院发布《关于适用〈中华人民共和国刑事诉讼法〉的解释》，对电子数据相关性规则进行了微调：一是审查"电子数据与案件事实有无关联"；二是审查"与案件事实有关联的电子数据是否全面收集"。② 2016 年最高人民法院、最高人民检察院、公安部联合发布《关于办理刑事案件收集提取和审查判断电子数据若干问题的规定》，继续沿袭了这种简约的风格，规定中提及人民检察院、人民法院在审查判断电子数据时应当围绕真实性、合法性、关联性展开。③ 2021 年最高人民检察院发布的《人民检察院办理网络犯罪案件规定》中规定相关性审查包括：电子数据与案件事实之间的关联性，电子数据及其存储介质与当事人之间的关联性。④ 相比较 2016 年最高人民法院、最高人民检察院、公安部联合发布的《关于办理刑事案件收集提取和审查判断电子数据若干问题的规定》，2021 年最高人民检察院发布的《人民检察院办理网络犯罪案件规定》强调了电子数据及载体相关性与当事人之间的关联性，前者可称之为"人机同一性关联性审查"，后者可称之为"身份同一性关联性审查"。

由于电子数据记录信息的丰富性，一份电子数据往往可以关联并证明多方面的案件事实。例如，以一份完整的微信聊天记录为例，通过审查微信账号的昵称、注册信息等，可能关联出行为人身份的信息；通过审查微信聊天的对话内容，可能关联反映出行为人主观方面和行为内容的信息；通过审查微信聊天的附属信息如生成时间等，可能关联出行为人作案时间的信息。同一微信聊天记录的电子数据可以有多元证明作用，涉及身份相关性、行为相关性和时间相关性。基于此，该部规定第 29 条规定指出："注重审查电子数据与案件事实之间的多元关

---

① 参见《关于办理死刑案件审查判断证据若干问题的规定(2010 年)》第 29 条规定。

② 《最高人民法院关于适用〈中华人民共和国刑事诉讼法〉的解释(2012 年)》第 93 条第 4 款、第 5 款规定："(四)电子数据与案件事实有无关联；(五)与案件事实有关联的电子数据是否全面收集。"

③ 《关于办理刑事案件收集提取和审查判断电子数据若干问题的规定(2016 年)》第 2 条规定："侦查机关应当遵守法定程序，遵循有关技术标准，全面、客观、及时地收集、提取电子数据；人民检察院、人民法院应当围绕真实性、合法性、关联性审查判断电子数据。"

④ 《人民检察院办理网络犯罪案件规定(2021 年)》第 33 条规定："对电子数据的关联性，注重审查以下内容：(一)电子数据与案件事实之间的关联性；(二)电子数据及其存储介质与案件当事人之间的关联性。"

联，加强综合分析，充分发挥电子数据的证明作用。"①

2021年前出台的法律规定中关于电子数据相关性审查判断的证据规则多是从证据能力和证明力的角度加以规范描述的，但哪些电子数据具有相关性，哪些电子数据不具有相关性，法律规定中并未提到，而是将审查判断电子数据相关性的责任完全交给法官。其次，关于电子数据相关性证据规则的描述比较简约，如何审查电子数据的可采性与证明力，如何有效地依靠相关性的电子数据来认定案件事实，证据规则中也缺少具体规定加以细化，有可能导致司法实践中对同一种情况出现截然不同的司法判断。

2021年后随着《人民检察院办理网络犯罪案件规定(2021年)》的出台，案件审查环节得以有细化的规范指引。例如，首先要认定电子设备是否为行为人所有、持有或使用(此之为载体相关性)；同时，行为主体在网络空间多通过网络注册身份来实施犯罪(此之为身份相关性)，只有对两种同一性进行全面审查，才能综合认定网络犯罪的主体。再如，在行为相关性审查方面，一是要审查网络犯罪作案工具，主要包括电子设备、软件、程序等。二是要审查反映行为人行为轨迹的电子数据，包括系统日志、域名、IP地址、WiFi信息、地理位置信息等。三是要审查反映行为内容的电子数据，包括操作记录、网络浏览记录、物流信息、交易结算记录、即时通信信息等。通过这些电子数据的组合分析，以此来综合认定犯罪行为。

再如，对于网络犯罪，如何审查行为人的主观意图是当前司法实务人员办案的难点，靠行为人的供述或涉案数额、造成的损失等简单推定出行为人主观意图的方式容易在法庭中受到质疑，需要组合相关联的电子数据去分析行为人的认知能力、专业水平、既往经历、人员关系、行为次数、获利情况等，并综合认定行为人的主观意图。一是需要审查聊天记录、发布内容、浏览记录等能够直接反映行为人主观故意的内容。二是需要审查犯罪工具是否具有违法性，包括行为人制作、使用或者向他人提供的软件程序是否主要用于违法犯罪活动。三是需要审查行为人是否明显违背网络空间正常行为规则和交易习惯。例如，行为人通过获取的个人收款二维码、银行卡账户搭建非法支付结算平台，提供给网络赌博、电信

---

① 参见《人民检察院办理网络犯罪案件规定(2021年)》第29条规定。

诈骗等犯罪集团，进行资金转移。办案人员可通过该账户短时间内频繁与陌生人账户交易，以及非正常流转大额资金等情况，来判断行为人对自身行为的违法性认识。

整体上来说，在笔者看来，当前网络犯罪的专业化程度越来越高，案件涉及的一些内容已经超越了办案人员的知识结构和能力范围，虽然近年来出台了一系列司法解释，但在具体的审查运用电子数据方面确实还缺少细化的规范指引。参照2016年最高人民法院、最高人民检察院、公安部联合发布的《关于办理刑事案件收集提取和审查判断电子数据若干问题的规定》的相关条款，2021年由最高人民检察院发布的《人民检察院办理网络犯罪案件规定》分别对电子数据"三性"审查作了具体规定。较以往的法律规定，这些关于电子数据"三性"的审查规定应该说是一个突破、创新，但这些规定主要是面向检察机关的规定，对于检察办案特别是案件审查环节给予了细化的规范指引。然而，作为电子数据相关性的另一个问题即通过电子数据推理出的犯罪行为是否符合我国现行实体刑法中相应的法律规定描述，尚未得到进一步规范。换言之，实体规则与程序规则衔接依然不畅。

第七章　电子数据相关性之学理研究

学理研究指的是专家学者通过出版教材专著、发表文章等形式，从法律理论乃至各家学说的角度对法律所作出的研究及解释。和立法与司法解释不同的是，学理研究结论或学理解释没有法律效力，不是法官审判案件的依据，但专家学者所作出的法律解释对我国立法、司法具有重要的参考价值。

在立法上将电子数据确认为法定术语前，中国证据法学界对电子数据内涵及外延各抒己见，在立法上将电子数据确认为法定术语后，学界围绕电子数据的认证规则和质证规则展开了有益的探讨。近年来，学者们在证据合理性、权利保障等方面的理论研究已深入哲学层面，提出包括"比例原则"等在内一系列框架性的执法建议，以试图保障收集电子数据和维护权利的平衡。

本章梳理证据法理论中证据相关性含义、特征，剖析证据相关性逻辑结构内容，考察本土电子数据相关性概念，从司法实践角度研究电子数据载体相关性的内容构成，为进一步展开的电子数据相关性研究提供理论分析。

第一节　证据相关性含义

一、英美法系国家证据学理论中证据相关性

相关性是现代普通法证据制度中的一个重要概念和基本原则。事实认定者必须借助相关的证据进行正确的推理，才能作出理性的裁决。判断证据具备相关性予以采纳，并禁止任何无相关性的证据进入裁判者的视野，是现代证据制度解决可采性问题的重要前提。在英美证据法理论研究中，关于相关性的研究主要围绕一些关键词如"实质性"与"相关性""逻辑相关性"与"法律相关性"等展开的。

（一）实质性和证明性

英国著名证据学家詹姆斯·斯蒂芬（James F. Stephen）爵士最早重视对证据相关性的研究，他认为，证据法的唯一内容是证据的相关性规则，并给出相关性的定义。所谓相关性是指："两项事实存在着紧密联系，按照事物发展的通常进程，由其中的一项事实或者将它与其他事实结合在一起，能证明另一事实在过去、现在或将来的存在或不存在，或者使另一事实在过去、现在或将来的存在或不存在更有可能。"①例如，假设证据 X 可以证明或反驳案件中的争议事实 Y，证据 X 相对于争议事实 Y 而言，就具有相关性。根据斯蒂芬的定义，决定相关性的关键因素是一个事实对另一个事实的作用，相关性仅限于事物间的因果关系方面。

乔恩·R. 华尔兹教授在其所著《刑事证据大全》（Introduction to Criminal Evidence）提出，如果所提出的证据对案件中的某个实质性争议问题具有证明性（有助于认定该争议问题），那该项证据就具有相关性。华尔兹教授同时也提出用于检验相关性模式，认为要回答一项证据是否具有相关性，必须依次回答以下三个问题：（1）所提的证据是用来证明什么的，即问题是什么？（2）这是本案中的实质性问题吗？（3）所提的证据对该问题具有证明性吗？它能帮助确认该问题吗？② 也就是说，判断证据是否具有相关性取决于解决两个关键问题，前一个问题的核心意义在于证据针对的待证事实是否具有实质性，待证事实是否对案件争议事实的认定有证明价值，后一个问题则是追问证据对于待证事实的证明力，即证据对于待证事实是否具有证明性。

相关性作为证据的一个本质属性，其类似的证据相关性定义得到了人们的共识和认同，相关性是证据与案件待证事实之间的某种逻辑上的联系，出于这种联系，证据对待证事实的存在与否能起到一定的证明作用。③ 证据相关性包括两部分：一是实质性；二是证明性，即相关性＝实质性+证明性。其中，实质性是指提供的证据与所要证明的事实即待证事实对于当前案件中争议的问题有所影响；证明性是指所提供的证据对于待证事实具有逻辑证明力，即证据倾向于证据或者

① 黄晓平、吴宏耀：《论英美证据法中的相关性》，载《证据科学》2008 年第 3 期。
② ［美］乔恩·R. 华尔兹著、何家弘等译：《刑事证据大全》，中国人民大学出版社 1993 年版，第 65 页。
③ 辜恩臻：《英美证据法中的相关性与可采性》，载《证据学论坛》2002 年第 2 期。

驳斥该案件事实。实质性描述的是所提供的证据与案件中争议问题之间的关系，证明性描述是该提供的证据与其所要证明的主张之间的关系。

(二)逻辑相关性和法律相关性

20 世纪 30 年代，美国证据法的一些主流人物如米切尔(Michael)和阿德勒(Adler)等从形式逻辑(归纳和演绎)角度给出相关性的定义，引出了法律相关性和逻辑相关性概念。逻辑相关性表示的是一种可能性的关系，如果一项证据的存在，使得案件中某一个有争议的要件性事实的存在更有可能或更不可能，该项证据在逻辑上具有相关性。逻辑相关性是一种单维的关系即仅存在相关或不相关，没有数量程度的差异。也就是说，无论该证据逻辑证明力的强弱，不论其对争议事实的真伪证明可能产生的差异程度如何，只要可以合理地证实某争议事实的真实与否的可能性。

逻辑相关性的检验标准无严格的限制，可依据一般人的常识和经验进行逻辑上的推论得出，如果可以合理说明提供的证据能倾向于证明或反驳某一个争议事实，则可认定该证据的相关性。逻辑上的相关性是证据证明某一项事实的功效，证据仅具有逻辑上的相关性并不能满足相关性的要求，仅当证据欲证明的主张是实体法所规定欲证明的事项，证据才具有真正意义上的相关性。某一项证据除了具有逻辑上的相关性以外，还必须具有更多的价值，也就是说，该项证据是否被采纳，不仅要考虑逻辑相关性，还需要满足若干检验标准。

例如，当提出证据性的事实 A 时，A 与某一要件事实 B 有关联，因而 A 具有逻辑相关性；但决定证据性事实 A 的可采性时，还需要考虑另外存在着法律的相关性检验标准，也就是所谓的证据的法律相关性。证据法权威学者威格莫尔(Wigmore)认为证据法律上的相关性有着比证据逻辑上的相关性更高的标准，它是建立在逻辑相关性之上的一种逐渐增加的附加价值(即威格摩尔所称的"正面价值")，法律上的关联性＝逻辑上的关联性＋正面价值。[①] 威格莫尔主张，即使某项证据符合逻辑相关性而有助于调查案件事实，但如果缺乏"更高价值"也应予以排除。

---

① 证据证明待证事实时，可能在逻辑上是相关的，但是在法律上不一定具有相关性，若要在法律上具有相关性，就意味着在逻辑上有一个更高的标准，它是以逻辑相关性为基础的一种递增的附加值，这种附加值就是"正面价值"。参见：杨宗辉、赵祖斌：《英美法系证据关联性内涵再审视——基于对法律上的关联性和逻辑上的关联性的分析》，载《湖北社会科学》2018 年第 1 期。

法律相关性一直是英美证据法学者探讨和争议的重点。有学者从"司法上的技术性概念"角度提出法律相关性的概念，认为相对于一般逻辑推理规则，法律相关性的检验设置应该是基于诉讼的，需要更具体的制度化限制。① 某些证据与案件事实逻辑上相关，但关联程度较为微弱，有一定的证明力，审判法官可能从基于司法成本、时间的限制等角度的考虑会拒绝和排除这些证据。威格莫尔提出的"更高价值"和法律相关性的检验标准，很大程度上是源于法官对这些证据可采性衡量的探讨和争议。

二、大陆法系国家证据学理论中证据相关性

（一）大陆法系国家证据学理论中证据相关性

大陆法系国家对相关性的探讨虽然不如英美法系国家深入和全面，但对相关性的基本涵义，也形成了比较成熟的理论。

以日本为例，在日本证据法学中相关性分为自然的相关性与法律的相关性。自然的相关性是指，对于要证明的事实具有必要的最低限度的证明力，这是证据具备证据能力的首要条件。证据是否能够满足这一条件取决于两方面的因素，即证据的可信赖性与相关性。所谓可信赖性就是证据本身是否值得信赖的性质，又称信凭性；而相关性则是由证据推论出来的事实在何种程度上能够帮助确定主要事实或要件事实的问题。②

日本证据理论中的相关性可以说就是用证据直接证明的间接事实与最终应该被推断出来的主要事实之间有无关联的问题。即使存在自然相关性，也可能使裁判官抱有不当的预断及偏见，从而有导致事实误认的高度危险情况。证据相关性具有固有属性与法律属性，从内容和形式上来看，证据自身必须与案件事实有关，从而具备自然的相关性，此种自然的关联性必须为法律所认可，否则将不能为司法程序所利用从而最终等同于不具备该属性的证据。另外，自然的相关性包含形式与内容的双重要求，即逻辑上要求具备相关性，内容上必须兼具客观性。

---

① 黄晓平、吴宏耀：《论英美证据法中的相关性》，载《证据科学》2008年第3期。

② ［日］田口守一著、刘迪等译、卞建林审校：《刑事诉讼法》，法律出版社2000年版，第237页。

日本证据学理论中相关性的含义较之英美法系国家证据学理论中相关性要更为丰富，后者提及的相关性仅仅是前者的一部分，即逻辑上的关联性。

又如，意大利《刑事诉讼法》第 190 条规定指出，在需要获取法律未规定的证据时，当该证据有助于确保对事实的核查并且不影响关系人的精神自由时，法官可以调取该证据。法官就调取证据的方式问题听取当事人意见后决定是否采纳该证据①，该项条款规定了证据必须有相关性。

大陆法系的多数国家对证据相关性都没有作出明确的规定，但大陆法系国家的证据法学理论中，证据必须具有与案件事实的相关性已是不言而喻的问题。学者们认为："证据的相关性，其实就是证据对其所要证明的事实具有的必要的最小限度的证明能力。"②相关性不是各项证据固有之属性，而是指一项证据同本案事实被证明问题之间的关系，也就是说，证据相关性所涉及的总是证据的内容或实体，而不是证据提出的形式或方式。

(二)我国证据学理论中证据相关性涵义

观点一：相关性是指可以作为证据的事实，与诉讼中应当予以证明的案件事实，必须存在某种联系，即能够反映一定的案件事实。③

观点二：诉讼证据相关性是指诉讼证据与案件的待证事实之间存在着某种客观的联系，因此具有对案件事实加以证明的实际能力。④⑤

观点三：相关性是指证据必须与案件事实具有实质性联系，从而对案件事实具有证明作用。⑥

观点四：证据的相关性是由案件事实决定的，案件事实的发生在客观世界留下了一定的痕迹，这些痕迹被人们所感知，就能成为证明案件事实的证据。

---

① 马秀娟：《论证据的关联性及其判断》，载《政法学刊》2008 年第 6 期。

② 参见《证据关联性问题之研究/奚玮》，载法律图书馆，http：//www.law-lib.com/lw/lw_view.asp? no=7728，最后访问时间：2021 年 4 月 7 日。

③ 陈一云著：《证据法学》，中国人民大学出版社 1991 年版，第 101 页。

④ 江伟著：《证据法学》，法律出版社 1999 年版，第 210 页。

⑤ 卞建林著：《证据法学》，中国政法大学出版社 2002 年版，第 53 页。

⑥ 陈光中、徐静村著：《刑事诉讼法学(修订二版)》，中国政法大学出版社 2002 年版，第 130 页。

观点五：证据与案件事实之间有本质的、内在的联系，这样证据才有关联性。[1]

观点六：相关性是证据的一种客观属性，即证据事实同案件事实之间的联系是客观联系而不是办案人员的主观想象和强加的联系，它是案件事实作用于客观外界以及有关人员的主观所产生的等。[2]

关于证据相关性的概念，中国的证据法理论有许多表述不尽相同，在学理解释上基本内涵一致。梳理学界中提出的证据相关性之概念定义，不难发现学界提出的这些概念定义契合着证据相关性，是实质性与证明性的结合之说，即一是哪些事实材料有可能作为认定待证事实的依据；二是哪些事实材料在多大程度上说明待证事实的真实可能性。

由于待证事实常常是处于争议状态的，如何决定待证事实的最终认定和相应的法律后果，如何判定证据相关性以及如何对其规范的问题，中国学界至今都没有一个清楚且正确的证据相关性理论，还存在着许多似是而非的说法。[3] 事实上，对证据相关性的研究在我国一直处于一种较为尴尬的地位。一方面，传统学者几乎都承认相关性是证据所应具有的仅次于客观性的基本属性之一，也强调相关性在保证准确认定案件事实方面所具有的重要意义；另一方面，我国目前对证据相关性判断的具体标准和方法，以及针对特定相关证据的处理原则等方面的理论研究成果寥寥无几。

第二节　证据相关性逻辑结构

一、两种证据相关性比较分析

（一）两种证据相关性的由来

尽管两大法系国家均强调证据必须具有相关性，但从传统的证据学理论来

---

① 陈光中著：《〈中华人民共和国刑事证据法〉专家拟制稿（条文、释义与论证）》，中国法制出版社 2004 年版，第 138 页。

② 陈卫东著：《刑事诉讼法学》，中国人民大学出版社 2004 年版，第 153 页。

③ 周洪波：《证明标准视野中的证据相关性——以刑事诉讼为中心的比较分析》，载《法律科学（西北政法学院学报）》2006 年第 2 期。

看，两者关注的重点并不一致。在英美法系国家，证据是否具有相关性这一问题本身并不具有独立性。它是被作为判断证据是否可采的一个先决问题而受到关注的，即证据具有相关性是其具备可采性的一个必要条件，换言之，只有具备相关性的证据才可能被采纳，没有相关性的证据一律不得采纳。因此，证据的相关性是决定其能否作为证据被提出并接受法庭调查的证据能力的问题。

而在大陆法系国家，证据的相关性与其证据能力无关，却与证据的价值或者说与证据的证明力相连。它是判断一项证据证明力有无以及证明力大小，进而确定其能否作为认定案件事实之依据而必须遵循的法则，这与英美法系国家存在明显不同。"证据之相关性，得分为证据能力相关性与证据价值相关性二种。前者属于调查范围，亦即调查前之相关性；后者属于判断范围，亦即调查后之相关性。"二者的区别在于，"证据评价之相关性，乃证据经现实调查后之作业，系检索其与现实间之可能的关系，为具体的关联，属于现实的可能；而证据能力之相关性，系调查与假定之要证事实间具有可能的关系之证据，为调查证据前之作业，系抽象的关联，亦即单纯的可能，可能的可能。"①两种相关性的产生是由两大法系国家在诉讼模式和具体制度上的差异所导致的。

在实行当事人主义的英美国家，为了规范当事人的举证活动，并避免由非专业人士组成的陪审团受到不合理的证据影响，在法庭调查开始之前，即要求法官对控辩双方证据的可采性加以审查，剔除那些不具有可采性的证据。在此过程中，必然要对证据的相关性加以判断。而在奉行职权主义的大陆法系国家和地区，证据的调查由法官主导，为了防止法院调查证据决定权之滥用，禁止事先就证据的证明力加以预测。在英美国家的证据学理论中，相关性在证据理论体系中发挥着基础性作用，确认证据是否具有关联性被认为是规范证据适用的前提，证据的关联性是关于案件实质性和证据证明性的结合体，能够证明案件事实的即具有相关性，任何与案件事实具有相关性的材料都具有证据的资格。

在大陆法系国家，法官在庭前基本无权审查证据的相关性。但由此带来的问题是，进入法庭调查的不仅限于具有相关性的证据，还包括不具有相关性的证据资料。而大陆法系国家采用自由心证制度，对于上述证据资料有无证明力及证明力大小，审判者需要本着良心与理性自由加以判断。

---

① 陈朴生著：《刑事证据法》，台湾三民书局 1979 年版，第 274 页。

(二) 两者证据相关性规则

1. 限制证据能力之相关性

在英美法系国家，作为判断证据是否可采的重要尺度，关联性一直备受关注。早在 19 世纪末，英国学者斯蒂芬即开始尝试以逻辑学为基础，将证据法的全部内容归于关联性规则之下。他指出，"除存在例外的情形外，法官所创造的所有的证据规则均可归纳到这样的原则中来，即是争议的事实或与争议事实有关的事实，而不是其他的事实，应当得到证明。"[①]

当代英美学者也明确指出，"相关性是确立证据规则的基本的统一的原则"。[②] 英国学者指出，"凡对于应行证明的问题在逻辑上没有证据力的，不允许进行法庭调查；凡一切可能具有证据意义的东西，如法律上没有不许采取的理由，就都应当进行法庭调查。"[③]相关性基本内容主要包括两个方面：其一，只要具备相关性的证据，原则上均可以被采纳，即具有可采性，法律另有规定的除外，这是积极的相关性规则；其二，没有相关性的证据一律不得采纳，即不具有可采性。这是消极的相关性规则。

证据相关性的正确适用，关键在于对相关性有无的判断，这在很大程度上是一个逻辑和经验的问题，法律一般不提供具体的检验标准。在英美国家，奉行的是当事人主义，诉讼的启动、进行和终结在很大程度均取决于当事人的意志与行为。由于缺乏相应的法律知识和经验，同时受到追求胜诉的心理之驱使，当事人常常不加选择地将各种所谓的证据提交法院，进行审查。对于法官而言，需要他们在判断证据是否具有相关性以及可采性时，获得法律的指导，从而使他们从繁琐、复杂的逻辑思维中解脱出来，确保审判的公正性与高效性。

对于当事人而言，需要证据相关性积极规则和消极规则的存在，便于他们能得以对法官就相关性的判断产生预见性，并据此有效安排提出证据调查的申请，

---

① 汤维建：《英美证据法学的历史、传统与证据规则》，载何家弘主编：《证据学论坛》(第 2 卷)，中国检察出版社 2001 年版，第 31 页。

② 卞建林译：《美国刑事诉讼规则与联邦证据法则》，中国政法大学出版社 1996 年版，第 17 页。

③ 汪海燕、张小玲：《论证据的关联性规则与关联性法则》，载《诉讼法论丛》2005 年第期。

更好地维护自身的合法权益。如果法官对证据相关性恣意、武断地作出判断，当事人也可寻求相应的法律援助。

2. 规范证明力之相关性

大陆法系国家对相关性在规范法官运用证据认定案件事实方面的功能投入了较大的关注。在大陆法系，对证据资格并不以相关性加以严格限制，因而必然会有一些无关联的证据进入法庭，如果经过法庭调查，认为不具有相关性，所谓的证据就会被排除。法律规定采用自由心证主义，由法官根据证据调查的结果，本着良心与理性对证据的取舍与证明力作出判断，经过法庭调查确认该证据具有相关性，则具有证明力，可以作为认定案件事实的根据。

司法实务中可能会出现某些法官以不具有相关性的证据作为认定事实的根据，其原因可能是法官借自由心证之名，行徇私枉法之实，抑或法官的专业素质不高，逻辑推理能力不强或经验不足等。为了预防法官自由擅断，需要对法官自由心证的形成加以合理限制，有必要以相关性法则对事实审理者判断证据证明力的行为加以限制，以防止其滥用权力。

规范证明力之相关性，在理论基础方面与规范证据能力之相关性不乏相似之处，如两者对于发现案件实体真实均具有促进作用，但又不完全相同。与限制证据能力之相关性在限制证据调查范围、提高诉讼效率方面所具有的重要作用相比，规范证明力之相关性具有规范法官自由心证，避免法官滥用职权、恣意、枉法裁判的功能。①

相关性规则对自由心证的限制主要表现在：相关性规则要求法官据以认定案件事实的证据必须满足相应的条件，而不是由法官任意确定的，这一条件即为证据必须与需要证明的案件事实存在一定的联系，能够据此认定案件事实。也就是说，证据的证明力的有无及其大小是由法官自由确定的，但必须以该证据具有相关性为前提。倘若法官认定事实的根据并不具有相关性，即便法官个人认为该"依据"是有证明力的或者有较大的证明力，此种心证同样是不被认可的。

大陆法系国家因采取职权主义诉讼模式，立法上对证据规则的规定较为简略，例如，我国立法在证明力考察方面除了《中华人民共和国刑事诉讼法（2012

---

① 汪海燕、张小玲：《论证据的关联性规则与关联性法则》，载《诉讼法论丛》2005 年第期。

年修正)》第48条关于证据概念的规定似有涉及外，几乎找不到其他相关规定。①学界普遍认同，对证明力意义上的相关性问题采取心证化，并不意味着法官可以主观擅断。学界对形成规范证明力之相关性的观点包括：一是法官在自由心证过程中对证据取舍和证明力判断时，不得违背经验常识和逻辑法则。二是大力推进审判公开，将法官心证形成过程、结果及其理由公之于众，接受当事人及社会公众的监督。三是推动建立高素质的司法队伍，强化法官的自我约束以实现自由裁量规范化的约束机制建设。

二、证据相关性的逻辑结构内容组成

通常认为，证据的相关性，又称关联性，指的是证据事实必须与待确认的案件事实或其他争议事实具有实质性的联系。这种联系必须能为人们所认识并能现实地加以利用。从一定意义上讲，任何证据与任何案件事实之间都具有一定的相关性，这种普遍联系的相关性显然对于证据所应具备的功能来说是没有实质价值的。

作为证据基本属性之一的相关性所包含的内容，不是说所有用"相关"或"关联"一词的问题都是证据相关性问题，如果将一般意义上的"相关"当成"证据的相关性"则会产生很多负面效应，使得相关性规则的理解和适用难度增大。分析相关性的含义，不难发现相关性的逻辑结构应包括三个部分：实质性、证明性和评价性。

(一)实质性

实质性也称为重要性，是指诉讼中所提出证据指向的事实争议属于案件实质性争议问题，即该争议的解决对于裁判具有重要影响。证明性是对证据同案件待证事实主张关系的描述，实质性则是对待证事实主张与案件争议事实之间关系的描述。在关联性判断过程中，实质性与证明性是一种递进关系，实质性先于证明性，只有实质性得以确立证明性的判断才具有诉讼意义。如果证据所证明的事实不属于案件实质性争议，那么即便该证据具有证明性，也无法解决案件争议，其

---

① 陈伶俐：《证据相关性的判断与规则构建》，载《法律适用》2017年第24期。

对于诉讼纠纷的解决没有实质意义。

从实质性角度来说，提出的证据必须针对的是案件的实质性问题。提出的证据是否涉及案件的实质性问题往往面临着是否被排除的境况。首先需要审查提出的证据针对的待证事实，该待证事实是否是案件争议的问题，而且该问题是否是案件的实质性问题，这里的实质性问题主要通过当事人的主张、检察机关的控诉以及行政机关作出具体行政行为的依据等体现出来。确定某种证据的关联性，就是要确定该证据是否关联到了案件的实质，对案件是否有实质意义。有的证据虽然能够证明某个问题，但却与争议的问题和案件事实没有任何关系，这类证据显然没有任何关联性。有的证据虽然能够证明某个问题，但却与争议的问题和案件事实没有任何关系，这类证据显然没有任何关联性。例如，在刑事案件中，如果检察院起诉的罪名是重大责任事故罪，而所举证据证明的是玩忽职守罪，这时法院就不应予以变更罪名而加以裁判，而应该以证据与案件争议事实没有实质联系，认定检察院所举证据与案件事实没有相关性。

证据具有实质性的条件是其所证明的是案件争议事实，案件争议事实的确定首先要依据实体法规定，主要包括：一是实体法所规定的犯罪要件事实，如刑事犯罪构成要件事实、处以刑罚的条件性事实等；二是犯罪事实之外的某些事实，如属于对被告人进行量刑的情节事实、阻却违法性事由的事实等。其次，案件争议事实的确定要参照程序法规定当事人对程序性问题的争议属于程序性争议，程序性争议的解决是实现程序正义的必备前提，因而属于对案件具有重要意义的实质性争议。

总而言之，证据如若具有实质性，必须能够对以下事实的一项或者多项予以证明：一是起诉条件事实；二是诉讼行为要件事实；三是可以对证据的证据能力和证明力进行证明的事实；四是其他诉讼法规定必须予以证明的事实。[①]

(二)证明性

证明性是指诉讼证据根据通常的逻辑与经验法则，可以对案件事实是否存在加以推理，与不存在该证据的情形相比，该证据的存在使得案件事实主张更有可

---

① 杨迎泽、赵培显：《证据关联性的逻辑结构及判断》，载《中国检察官》2017 年第 12期。

能被证实或者证否。证明性揭示了证据可以证明案件事实的内在原因，证据必须对案件事实的存在或者不存在具有证明作用，才能称得上是证据，因而证明性是证据的本质内涵。

从证明性角度来说，确认所提证据指向的是案件的实质性问题之后，证据还必须能够确立使得有该证据比没有该证据能够使得该问题可能更为真实或更为不真实。证明性问题存在的前提是有待证事实的存在，即有需要证明的事实。在分析了实质性问题之后，这里所谓的"待证事实"应指"案件的实质性问题"，证据的使用必须对证明实质性问题（案件事实及其他争议事实）有实质性的帮助或者说有实质性意义。但是证据对"实质性问题"的"证明性"有大有小，有强有弱，而司法证明活动要受多种因素的限制和制约，不可能无限期、无范围地进行下去，作为证据的采用标准，证明性必须达到一定的程度或水平，就可以说"证明成功"。

证据对案件事实的证明存在两种方式：直接方式证明和间接方式证明。所谓直接方式证明就是假定证据为真时，可以不经进一步的推论而确立案件事实，直接证据即是以此种方式证明案件事实；所谓间接方式证明是指证据不能以直接的方式单独对案件主要事实加以证明，其必须同其他证据结合，经过分析推理才可以说明案件主要事实，间接证据对案件事实的证明属于间接方式证明。直接证据可以直接地、单独地证明案件主要事实，同案件事实产生直接的联系，其证明性是不证自明的，因而直接证据通常不涉及证明性判断，间接证据所能够直接证明的案件事实并非主要争议事实，其同主要争议事实的证明关系具有内隐性，需要进一步地推理判断，所以证明性判断是确认间接证据关联性的必经步骤。[①]

（三）评价性

相关性反映的是证据与案件待证事实之间存在的联系，这种联系本身是客观的，通常不以人意志为转移。但由于证据与待证事实之间的关联程度，主要由法官"综合全案证据和全部案件事实才能加以确认，而不能模式化地、预断性地由

---

① 杨迎泽、赵培显：《证据关联性的逻辑结构及判断》，载《中国检察官》2017 年第 12 期。

法律或者司法解释事先加以规定"①。由此，在法官对相关性进行评定而形成"心证"的过程，不可避免地会注入自己的主观意志。

由于证据所能证明的常常不止一个事实结论，因此证据提出者会有机会选择提出的证据所要证明的结论。证据的效力是取决于推理证明待证结论所使用的不同证明材料，同一个证据的证明价值可因其所证事实结论不同而有强有弱，证明一个事实结论的各个不同的情况证据，其证明价值通常是各不相同的。

从评定性角度来说，证据的相关性并非依据法律的明文规定，主要由法官根据案件事实和提交的证据情况加以裁判。证据与待证事实联系情况和联系程度的大小决定证据对待证事实的证明力的大小，而这种联系情况和联系程度因案件的具体情况存有差异，法官必须综合全案证据和全部案件事实，从而判断证据和案件事实的关联程度。事实上，学理中关于证据相关性之评价性研究，其内容指向更多地是创设或发现逻辑严密的"轨道"以期"直通"相关性，使法官能够更有逻辑性地评定，从而改变法官对相关性的裁判完全依赖"感觉"、过于"随意"的状况。

第三节 我国电子数据相关性之学理研究

一、电子数据相关性概念的本土考察

(一)"实质性+证明性"说

我国学者吸收融合英美法证据法理论，借鉴了美国《联邦证据规则》证据相关性规定，认为实质性和证明性共同构成了电子数据相关性。证明性是指电子数据同案件事实的逻辑关联，实质性则指电子数据所证明的事实属于案件待证事实，同时主张相关性是不以人的意志为转移的客观存在。例如：

观点一：一个证据具有相关性需要同时满足两个条件：一个是该证据试图证明的事项属于能够影响诉讼结果的案件事实，理论上称之为"实质性"；另一个

---

① 陈卫东：《论刑事证据法的基本原则》，载《中外法学》2004 年第 4 期。

是该证据对于结果事实的证明能够产生一定影响，理论上称之为"证明力"。电子数据的证明力则应当重点围绕以证明案件事实的身份信息、系统环境信息、时间信息、载体信息与全案其他证据进行综合分析，排除证据之间存在的疑点和矛盾。[①]

观点二：电子数据的内容与该案件事实是否具有相关性，直接影响其能否作为本案的合法有效证据。如果证据是虚构的、伪造的，则认为该电子数据与案件事实无关联。电子数据证据与案件事实之间的联系应由证据提供者进行证明。案件事实与电子数据之间是直接联系还是间接联系，是必然联系还是偶然联系，是确定该电子数据的证明力的直接途径。[②]

观点三：只有与案件相关的事实或逻辑上相关的事实才能被认为是证据。在案件侦查中，侦查人员可能面对许多与案件有关联并保存于各种载体上的数据或信息，如数据电文、附属信息与系统环境等。在识别和分析这些数据或信息时，应分析该数据或信息与案件事实有无关联，关联程度如何，是否实质性关联，其中附属信息与系统环境往往要相互结合才与案件事实发生实质性关联，确定能够证明案件事实的数据电文证据、附属信息证据和系统环境证据，并排除相互之间的矛盾。[③]

观点四：证据必须具有合法性、客观性和相关性才能作为定案的依据，刑事电子数据亦不例外。刑事电子数据是否可采用的标准，主要是相关性、合法性和客观性。而电子数据相关性在很大程度上是一个事实问题，与传统证据相比并无本质的区别。[④] 电子数据相关性是不以人的意志为转移的客观存在。

（二）法定化抑或心证化之说

证据的相关性从一般意义上而言，是指证据与事实之间的关系。证据虽然是

---

①　王斑：《浅谈电子数据审查认定的方法——以两个案例为对象》，载《湖北师范大学学报（哲学社会科学版）》2018 年第 5 期。

②　戴莉娜：《借"快播涉黄"案浅析电子数据的审查判断问题——以证据的关联性、合法性为视角》，载《中华传奇》2019 年第 36 期。

③　刘海鸥：《刑事电子证据规则研究》，载《北京人民警察学院学报》2006 年第 3 期。

④　倪春明、莫崇斌、刘进：《论刑事电子证据的证据资格》，载《云南警官学院学报》载 2006 年第 3 期。

用于证明待证事实的，但是用来证明待证事实的证据，必须应限于与事实有关联的证据，如果与事实没有关联，自然不应用来证明事实，以免引起混淆。学界研究证据相关性通常要将其分为不同类别，而且国内外的学者对其有不同的理解。证据之相关性分别存在于证据能力与证据证明力，即法律相关性与证据能力有关，而事实相关性与证据证明力有关。证据的证据能力属于证据资格问题，是诉讼程序层面的制度，而证据的证明力或证据价值属于法官"心证"问题，是实质层面的制度。

电子数据相关性是属于证据资格性范畴还是属于证明力范畴，学界为之也展开了不同角度的探讨。例如：

观点一：从世界两大法系对待证据适格性（也称为证据资格或证据能力）的态度着眼，电子数据相关性指的是作为证据内容的事实与案件的待证事实之间存在着某种客观联系，其回答的是证据是"什么样"的问题，是判断证据资格的标准。① 该观点表明电子数据相关性是属于证据资格性范畴。

观点二：综观世界证据立法，证据的证明力基本上均取决于该证据是属于原始证据还是传来证据，是直接证据还是间接证据两大因素。②

观点三：我国学界有关电子数据证明力大小的观点主要有两种：一是认为电子数据仅能证明案件的次要事实，证明力较小，等同于间接证据；二是认为电子数据能证明案件的主要事实，证明力较大，等同于直接证据。③

观点四：从程序来看，证据的合法性、真实性和相关性并非同一个层次的问题，违法收集的证据往往真实性不足，虚假证据根本不可能具备相关性。从内容来看，电子数据相关性属于法官自由心证的范围，是法官对证据进行评价和判断后的结果，并非证据的自身属性。④ 证据属性是证据内涵的特征性表现和具体化构成，基于证据内涵进行界定和概括的证据能够进入法庭进行证据调查则具有证据能力，而证明力乃属法官自由心证之范畴，证据是否具有证明力则属于事实问

① 孙金海：《试论电子证据的适格性》，载《辽宁行政学院学报》2010年第3期。

② 耿直、郑薇薇：《电子证据的证据能力与证明力问题研究》，载《福建广播电视大学学报》2005年第4期。

③ 张虹：《电子证据的证明力刍议》，载《重庆邮电大学学报（社会科学版）》2006年第3期。

④ 占善刚、王超：《电子数据证据能力的审查判断》，载《人民检察》2018年第8期。

题，由法官裁量判断。

观点二至观点四表明电子数据相关性是属于证据力范畴，电子数据相关性依赖于法官的判断。

观点五：电子数据的相关性指的是某一电子数据从宏观上是否与案件事实存在关联的可能性，证据之相关性是判断证据材料是否具有证据能力的条件之一。但是由于法律与司法解释中并没有关于证据能力相关性的具体规则，使得证据能力相关性在证据的认定中难以发挥实质性规范作用。在一个司法审判程序中，审判者应不加区分证据的证据能力判断与证明力判断，即电子数据相关性的有无与相关性大小的判断应从整体性角度出发审查判断。①

观点六：电子数据相关性包括实体层面和程序层面，实体层面的相关性主要是指判断电子数据与犯罪构成要件之间的关联性，程序层面的电子数据相关性主要是从程序性事实出发，排除可能影响公正审判的事实。②

观点五和观点六表明电子数据相关性既属于证据资格性范畴也属于证明力范畴。电子数据相关性判断应将事实与法律相结合，从实体层面和程序层面两个角度入手进行合理判断。

二、电子数据载体相关性理论研究

(一)理论研究的背景

当前学理中关于电子数据相关性之实质性与证明性，电子数据相关性属于证据能力还是属于证明力的探讨和研究皆是借鉴证据法理论中的证据相关性理论而展开的。证据法学理论认为证据相关性由实质性和证明性组成，每项证据必须对证明案件事实有实质性意义则是实质性，证据与需要证明的案件事实或其他争议事实具有一定的联系则是证明性，这两个方面就决定了证据的相关性判断。作为证据类型的一种，电子数据相关性也需具有实质性和证明性，评判电子数据相关性也要考察电子数据所蕴含的信息或内容是否有价值。

---

① 周新：《刑事电子证据认证规范之研究》，载《法学评论》2017 年第 6 期。
② 臧哲：《刑事诉讼电子证据的关联性问题研究》，载《连云港职业技术学院学报》2019年第 2 期。

与传统证据相关性不同的是，电子数据的相关性除了要考虑电子数据与案件事实之间的关联外，还需要考虑现实世界与虚拟世界的联系。电子数据极其容易被篡改和伪造，尤其对于一些高科技类型的网络犯罪更是如此，那么电子证据与犯罪主体相分离该如何判断？比如某些犯罪嫌疑人会抗辩称自己的电脑被盗或者被借用，实际操作主体并非本人等，即"无法得知电脑对面坐的是人还是狗"的问题。若依据学界对电子数据相关性概念定义的阐释，尚不能完全解决司法实践中大量因电子数据相关性而产生的疑点争议，无法有效指引司法实践。

笔者认为，电子数据离不开由电子设备和信息技术营造的特殊环境，电子数据内容依附于一定的载体而存在。作为证据的电子数据，应是由信息和载体组成，或者说由内容和形式两部分组成。与传统证据的相关性不同，电子数据相关性既要考察信息或内容的相关性，也要考虑载体或者证明一定证据事实的证据形式的相关性。

另外，电子数据可能存在于网络、云盘、单机、光盘、U盘等电子信息空间，也称为电子数据的虚拟空间。这些空间都是人们不能亲临之处，电子数据的虚拟空间同案件事实通常所存在的物理空间无法形成一一对应的关系，必须经过某种转换才能建立相应的联系。虚拟空间中的电子数据所蕴含的信息同案件当事人等主体有无关联，需要搭建物理空间到虚拟空间对应关系，确定虚拟空间的案件事实。而搭建这种对应关系需要分析电子数据所在的信息载体，需要分析电子数据的信息载体同当事人或其他诉讼参与人之间的关联性。

由于电子数据始终存储在固定介质之中，电子数据的相关性应不仅局限于数据内容与待证案件事实之间的相关性，还应当包含电子数据与存储载体之间的相关性。电子数据的相关性具有双联性特征，双联性由内容相关性和载体相关性组成。内容相关性是电子数据的数据信息同案件事实之间的关联性，影响案件事实存在或不存在之认定，内容相关性等同于对传统证据提出的证据相关性要求，即由实质性和证明性组成。载体关联性是电子数据的信息载体同当事人或其他诉讼参与人之间的关联，前者属于一种经验上的相关性，依赖于法官运用逻辑推理和日常生活经验审查，后者属于一种法律上的相关性。[①]

---

① 刘品新：《电子证据的关联性》，载《法学研究》2016年第6期。

(二) 载体相关性的构成

电子数据虚拟空间性决定了其存在需依赖于各种设备载体, 作为证据的电子数据, 应是由内容和载体组成, 或者说是内容和形式组成, 电子数据载体相关性是电子数据相关性审查判断的核心。[①] 在判断电子数据相关性时, 内容相关性的认识规律同传统证据是一致的, 而载体相关性的认识规律则不同于传统证据, 载体相关性问题相对复杂, 司法人员的经验也更加缺乏。

在司法体系内, 法庭诉讼的目的在于认定和裁判争议事实, 并据此解决纠纷。在法庭审判中, 在有限的时间内作出案件事实真相的裁决, 证据的相关性判断也必须要考虑案件中的争议事实。因此, 对电子数据载体相关性理解和认知也必须要考虑在虚拟空间呈现案件中的争议事实。

对于任何电子数据形式而言, 无论以何种形式存在都会有一个具体的信息载体, 这个信息载体可能表现为案件中的手机、电脑、网络服务器、移动存储介质或者云存储等, 而任何案件都是由人、事、物、时、空构成。基于此, 这些信息载体所承载的虚拟空间也会出现人、事、物、时、空的任一项争议事实, 法庭也需要通过确认信息载体的相关性, 将电子数据信息载体呈现出当事人或其他诉讼参与人同虚拟空间的人、事、物、时、空联系起来。信息载体的相关性包括人的相关性即身份相关性、事的相关性即行为相关性、物的相关性即介质相关性、时的相关性即时间相关性、空的相关性即地址相关性。

1. 身份相关性

虚拟空间中以某个特定身份行事之人与当事人或其他诉讼参与人的身份相关的证明。虚拟空间中人的行事身份主要表现为各种电子账号, 包括电子邮箱、手机号、微信号、钉钉号、QQ 号、陌陌号、旺旺号、宽带账号、网络电话账号、微博号、Facebook 账号、网游账号、银行卡号、支付宝账号、云账号、域名以及其他网络用户名/号等, 需要有证据证明涉案的电子账号归当事人或其他诉讼参与人所有或所用, 而非案外人使用、冒用。

[①] 颜雅君:《关于刑事电子证据的采纳标准之讨论》, 载《福建警察学院学报》2019 年第 1 期。

2. 行为相关性

在当事人或其他诉讼参与人的身份问题并无争议的情形下，需要确认当事人或其他诉讼参与人是否实施了相关行为。例如，当事人或其他诉讼参与人是否收发了一封邮件、一条短信，是否制作或者修改了某个文档，是否下载了某个网页等，这些行为在庭审中将影响对当事人等主体法律责任的最终认定。

3. 介质相关性

承载电子数据的物质载体有时也称介质，介质相关性是指电子介质同当事人或其他诉讼参与人的关系确认。例如，有关的电子介质是否为当事人或其他诉讼参与人所有或所用；是否存在共有或共用的情况；如果存在，如何确立电子介质中的数据同当事人或其他诉讼参与人间的对应关系等。当前司法实践中，介质相关性审查判断通常借助一些特定化的信息如介质的序列号等，以及依靠笔录证据和情况说明等作为辅助证明。

4. 时间相关性

时间相关性是指机器时间同物理时间是否一致或者其对应关系如何的确定和证明，进而确定在涉案时间谁的行为产生了相应的电子数据。在司法实务中，诸如日志文件的形成时间、数码照片的拍摄时间、办公文档的修改时间、电子邮件的发送时间等，可能对案发时间的判定有着重要的作用。虚拟空间的时间通常就是机器时间，同物理空间的时间具有一定的对应关系，但又不完全一致，有些没有差别或差别不大，一旦出现了机器时间与物理时间不同的情况，就会引发时间相关性之争。例如，在庭审质证中，经常听到"电脑系统时间与北京时间不吻合"之说就是指的时间相关性。

5. 地址相关性

地址相关性是指虚拟空间地址信息同当事人或其他诉讼参与人之间的关系的确认。虚拟空间地址包括 IP 地址、MAC 地址、GPS 地址、手机基站定位以及文件存储位置等，司法实务中则需证明这些虚拟空间的地址是否归当事人或其他诉讼参与人所有或所用，是否存在着共有、共用或者被冒用的情况。例如，庭审质证中，经常听到"电脑的 MAC 地址、IP 地址可以进行任意修改，并不能根据相同地址信息判断某操作行为是在同一台电脑上操作的"之说就是指的地址相关性。

第八章　司法实务角度看电子数据相关性

技术迭代促使当前犯罪案件纷繁芜杂，犯罪结果多元化，电子数据已成为司法实务中一些犯罪案件定案的主要依据。学界中有些学者以司法案例网络数据库为数据来源，采用类案统计、个案研讨、专家访谈等方式从不同角度展开电子数据司法运用的研究，研究结果显示电子数据相关性是电子数据司法运用第一障碍。

当前立法中对电子数据相关性的规定比较模糊甚至缺失，司法解释对其态度模棱两可，在学理研究中存在着理论研究和实践应用"两张皮"、理论研究与实践应用脱节的问题。在司法实务中，就电子数据相关性审查判断而言，法官的自由裁量而致判决难以服众的现象时有发生，司法判例也存在较大分歧。

本章按不同网络代际的犯罪特征逐层考察电子数据相关性司法运用，梳理归纳学界对电子数据相关性司法运用的研究结论，在此基础上，系统归纳司法实务中面临的电子数据相关性难题，提出了层次化电子数据相关性分析方法，为后续电子数据相关性技术研究和理论研究提供分析依据。

第一节　网络犯罪演化及电子数据相关性应用

一、网络犯罪及其演化

(一)网络的代际变迁

技术更新一直在推动网络的发展，网络的发展先后经历了网络 1.0 时代、网络 2.0 时代、网络"空间化"时代三个阶段，每一次网络的更迭换代和升级都与当时的技术转型密不可分。① 网络 1.0 时代属于网络发展的早期，主要的互动模式在于"人机互动"，网络是信息提供者并单向性地提供信息。此阶段最典型是门户网站，门户网站由静态网页组成，并且不提供交互内容，用户只能简单地浏览纯文本网页，或观看存储在服务器的视频。

随着社交工具的爆发，网络发展到 2.0 时代，主要的互动模式成为了"人人互动"。在网络 2.0 时代，网络由单纯的"信息媒介"实现了向丰富多元的"生活平台"过渡。网络是平台，用户提供信息，其他用户通过网络获取信息，用户在服务商自己的平台上可以生成内容，用户与内容间可以通过博客、微博、微信等社交网络双向互动。

近几年，随着平台思维与平台模式的兴起，"网络空间"开始形成，"网络空间"与现实社会形成了"双层社会"的局面。网络 3.0 时代是以主动性、数字最大化、多维化为特征，以服务为内容的第三代互联网系统。主动性即强调网站对用户的主动提取并加以分析处理，然后给用户所需要的信息。通过数字最大化可以将商品或者服务以数据的方式进行统计，帮助决策者作出更准确的分析，解决不同业务场景上在时空方面的矛盾问题。多维化是指更丰富的多元化媒体技术或者播放形式，如在线视频、虚拟现实、网络直播、网络教育等。

（二）网络发展催生犯罪变异升级

随着网络的更新换代，相关的犯罪也在悄然发生着变异与升级。概念能够从侧面反映出社会发展中的某些变化，关于计算机或者网络的犯罪，不同时期曾有"计算机犯罪""网络犯罪""数字技术犯罪""电子犯罪"等多种称呼。例如，"计算机犯罪"与"网络犯罪"本是两个概念，指涉两类不同的犯罪类型。在网络发展的初期，"计算机犯罪"和"网络犯罪"的概念并存，但是二者侧重点有所不同。前者更多的是指将计算机作为犯罪对象，针对计算机信息系统实施犯罪行为，强调的是纯粹的技术犯罪。后者主要指向利用网络本身实施的传统犯罪，是传统犯罪借助网络这一工具与平台所实施的犯罪行为。

在网络 1.0 时代，更为关注和予以严厉制裁的是"计算机犯罪"而不是"网络

---

① 于志刚、吴尚聪：《我国网络犯罪发展及其立法、司法、理论应对的历史梳理》，载《政治与法律》2018 年第 1 期。

犯罪"。换言之，打击的重点是技术攻击和破坏计算机信息系统的犯罪。究其根源，在于网络发展初期，网络的发展程度还不足以使网民之间具有高度的互通与连接，进而还未产生以网络为"工具"的犯罪的土壤。

在网络2.0时代及以后，随着网络技术的快速升级，计算机与网络之间的地位悄然发生了改变，网络的地位日益突出，原本仅仅是作为计算机附属功能的网络，一跃成为了计算机最重要的功能之一，而计算机本身则成为网络的物质载体，仅仅是作为上网的工具而存在。在计算机与网络两者的关系中，网络成了目的本身，计算机则变为工具。这种转变也深刻影响到犯罪领域。"网络犯罪"的地位不断上升，"计算机犯罪"和"网络犯罪"的概念不再处于并存状态，"计算机犯罪"的概念几乎不再被提起，"网络犯罪"的概念则越发重要，利用网络实施的传统犯罪在数量上和社会影响上占有绝对优势。无论是对于法学界还是司法实务部门而言，"网络犯罪"已经成为一个更被广泛认可的术语，"计算机犯罪"与"网络犯罪"在概念上不再是一个并列的关系，而演变为一种"种属"关系，"计算机犯罪"完全成为"网络犯罪"的一个下位概念，成为"网络犯罪"中的一种类型。司法实务部门更为关注和予以严厉制裁的是"网络犯罪"，打击的重点不再是技术攻击和破坏计算机信息系统的犯罪，而是利用网络实施的传统犯罪。

二、计算机犯罪及电子数据相关性司法应用

(一)计算机犯罪及其电子数据

计算机犯罪所侵害的客体是计算机信息系统，并且在犯罪的过程中，计算机是不可或缺的工具，因此其犯罪的证据也主要表现为与计算机和计算机信息系统相关的各种电磁记录和计算机命令记录等形式，[①] 主要有以下几种：(1)磁盘记录，包括软盘记录和硬盘记录；(2)各种程序，包括"黑客"用于远程攻击的程序、病毒程序，被故意修改、破坏的程序，以及犯罪分子用于伪装身份的电子邮件等；(3)各种系统记录，包括日志文件、系统快照、注册表；(4)各种配置防火墙的主机上的安全日志记录，如对企图探测、收集信息数据流的记录，包括信

---

① 董健：《论计算机犯罪中电子证据的界定及取证规则》，载《科技与法律》2008年第6期。

源地址、信宿地址、使用协议、通信端口、处理结果等若干项；（5）对系统探测行为作记录的专用程序的历史记录。

司法实务中，运用电子数据可以用来明确案件的发案时间、发案地点，确定嫌疑人，辅助案件过程推理或判明案件的性质等。在案件侦查中，电子数据依附载体的样式和内容相对单一和具象化，常见的电子数据依附载体包括电脑、移动硬盘、U 盘、手机等。电子数据形式多是网页、QQ、手机短信等聊天记录，存储介质中存储的多是 PPT、Word、Excel 等电子文档。

（二）电子数据相关性司法应用

证据是认定案件的基础和关键，证据在整个诉讼过程中起着举足轻重的作用，要定罪，就要收集证据。计算机犯罪本身特点和涉及计算机的电子数据取证过程有别于传统证据，这对当时的司法实践提出了新的挑战。在立法上，1997年 3 月全国人大修订通过的《中华人民共和国刑法（1997 年修订）》首次规定了计算机犯罪，将计算机犯罪写进刑事实体法，新增加了 3 条有关计算机犯罪的条款。①

在司法解释和部门规章方面，1991 年 10 月 1 日我国首次颁布了《计算机软件保护条例》；1994 年 2 月 18 日发布实施了《计算机信息系统安全保护条例》；1998 年 5 月公安部为贯彻刑事诉讼法颁布了《公安机关办理刑事案件程序规定》，该部程序规定第 218 条指出，可以作为证据使用的录音、录像带、电子数据、存储介质，应当记明案由、对象、内容，录取、复制的时间、地点等。②

对于案件中的这些原始存储介质，办案机关可以较易地搜查、扣押、封存。在扣押和封存时，记录相关存储介质的品牌、型号、生产编号、相关序列号、颜色和其他可区分的外形标识、IMEI 号、ICCID 号记录等信息可以证明"这个介质"的独特性，能唯一地证明电子数据载体，从而建立与载体上电子数据内容的关联。

---

①　参见《中华人民共和国刑法（1997 年修订）》第 285 条规定、第 286 条规定、第 287 条规定。

②　注明：这里的电子数据与录像带、存储介质等并列，指的是电子数据可以作为载体设备功能的一种证据材料。参见《公安机关办理刑事案件程序规定（1998 年 5 月 14 日公安部令第 35 号发布）》第 218 条规定。

三、网络犯罪及电子数据相关性司法应用

(一)网络犯罪及其电子数据

由于受到计算机犯罪概念的影响，理论界有学者认为，网络犯罪就是行为主体以计算机或计算机网络为犯罪工具或攻击对象，故意实施的危害计算机网络安全的，触犯有关法律规范的行为。[①] 网络犯罪在行为方式上包括以计算机网络为犯罪工具和以计算机网络为攻击对象两种；在行为性质上包括网络一般违法行为和网络严重违法即犯罪行为两种。学界中也有学者将网络犯罪归纳为三种类型：一是通过网络以其为工具进行各种犯罪活动；二是攻击网络以其为标的进行的犯罪活动；三是使用网络以其为获利来源的犯罪活动。

由于学界对网络犯罪概念的界定和描述过于宽泛，不利于从刑法理论对网络犯罪的研究。在计算机网络上实施的犯罪种类包括非法侵入计算机信息系统罪和破坏计算机信息系统罪，表现形式有：袭击网站、在线传播计算机病毒。利用计算机网络实施的犯罪种类包括：利用计算机实施金融诈骗罪；利用计算机实施盗窃罪；利用计算机实施贪污、挪用公款罪；利用计算机窃取国家秘密罪；利用计算机实施其他犯罪如电子讹诈、网上走私、网上非法交易、电子色情服务、虚假广告、网上洗钱、网上诈骗电子盗窃、网上毁损商誉、在线侮辱毁谤、网上侵犯商业秘密、网上组织邪教组织、在线间谍、网上刺探、提供国家机密的犯罪。[②]

网络犯罪案件的电子数据来源包括：系统日志、IDS(入侵检测系统)、防火墙、FTP、反病毒软件日志、系统的审计记录、网络流量监控、电子邮箱、操作系统和数据库的临时文件或隐藏文件，以及连网设备(包括各类调制解调器、网卡、路由器、集线器、交换机、网线与接口)等。

(二)电子数据相关性司法应用

2000 年前后，我国涉及电子数据的相关刑事案件呈现陡然上升趋势，电子

---

① 参见《网络犯罪》，载百度百科，https：//baike. baidu. com/item/网络犯罪/10142346？fr=aladdin，最后访问时间：2021 年 4 月 12 日。

② 参见《网络犯罪》，载百度百科，https：//baike. baidu. com/item/网络犯罪/10142346？fr=aladdin，最后访问时间：2021 年 4 月 12 日。

化的证据在产生、存储形式上变得更加复杂和多样化，我国公、检、法机关出台了系列电子数据的司法解释及规则、规范性文件。2005 年公安部颁发了《计算机犯罪现场勘验与电子证据检查规则》；2006 年公安部、最高人民检察院先后制定和下发《公安机关鉴定机构登记管理办法》《公安机关鉴定人登记管理办法》《人民检察院鉴定机构登记管理办法》《人民检察院鉴定人登记管理办法》和《人民检察院鉴定规则(试行)》；2009 年最高人民检察院出台了《人民检察院电子证据鉴定程序规则(试行)》和《人民检察院电子证据勘验程序规则(试行)》；2010 年最高人民法院、最高人民检察院、公安部、国家安全部、司法部联合发布了《关于办理死刑案件审查判断证据若干问题的规定》和《关于办理刑事案件排除非法证据若干问题的规定》；2012 年 11 月最高人民法院出台了《人民检察院刑事诉讼规则(试行)》；2014 年，最高人民检察院、最高人民法院和公安部联合发布了《关于办理网络犯罪案件适用刑事诉讼程序若干问题的意见》(以下简称《网络犯罪案件意见》)；2016 年 7 月公安部出台了新版的《公安机关执法细则》等。

虽然出台的司法解释和规则、规范性文件中没有专门的电子数据相关性规则，但是在如最高人民法院、最高人民检察院、公安部、国家安全部、司法部于 2010 年颁行的《关于办理死刑案件审查判断证据若干问题的规定》中，多处提出"据以定案的间接证据之间相互印证""与其他证明犯罪事实发生的证据互相印证""有其他证据印证的，可以采信"等印证证明运用规则。在司法实践中，司法实务人员可以运用印证证明方法进行单个证据的证明力判断和全案证据的综合判断。网络犯罪的主要犯罪行为发生在互联网中，主要的证据也以电子数据的形式保存在互联网络中，因此经过充分的电子数据的证据收集和分析，相互印证的电子数据体系基本上能够反映网络犯罪的主要事实。以网络诈骗案件为例，行为人发送诈骗邮件、行为人与被害人的聊天内容、被害人向行为人进行网络支付等主要行为均发生在互联网络中，通过收集和分析诈骗邮件、聊天内容、网络支付记录等电子数据，就能够还原和证实网络诈骗的主要犯罪事实。①

---

① 王祺国、王晓霞、周迪：《网络犯罪中的印证证明》，载《人民检察》2018 年第 3 期。

四、新型网络犯罪与电子数据相关性司法应用挑战

(一)新型网络犯罪与电子数据

新型犯罪是近几年出现的新名词,是对当前发生的有别于传统犯罪的各种犯罪的统称,至于其具体内涵和特征,专家学者们有各自不同的理解。关于计算机或者网络的犯罪,不同时期曾有"计算机犯罪""网络犯罪""数字技术犯罪""电子犯罪"等多种称呼,但均离不开通信网络这一载体,故现有通俗的"网络犯罪"指的是与计算机和通信网络相关的犯罪。由于互联网发展先后经历了以计算机信息系统为核心、以信息网络为核心和以网络数据为核心的时代,网络犯罪也经历了以互联网为"犯罪对象""犯罪工具""犯罪空间"三个阶段,当前网络犯罪正处在第三阶段。[①] 伴随着《刑法修正案(九)》增设网络犯罪,刑法第285条第1款至第287条之二规定7种网络犯罪,[②] 理论界和实务界倾向于将现阶段的网络犯罪称为新型网络犯罪。

区别于第一、二阶段的网络犯罪,现阶段的新型网络犯罪对于技术有着高度依赖性,分工日益细化,上中下游日益明显。随着技术发展不断高频升级,利用"多聊""跑分"等平台提供资金结算,利用域名劫持或流量劫持推广非法链接的流量黑产,通过"撞库"或"爬虫"非法获取数据牟利,AI换脸、短视频直播、网络黑公关、人工智能、虚拟货币等各种技术手段应用层出不穷。

新型网络犯罪以虚拟网络空间为场所,以中立性技术为依靠,以谋取不正当利益为动机,以非犯罪技术或行为为表象,以实施违法犯罪行为为实质的社会分工组织形式。[③] 相比较计算机犯罪和网络犯罪,新型网络犯罪电子数据的证据来源更丰富和多源,数据量大、种类繁多、关系复杂。例如,在投资交易型的网络诈骗案中,电子数据来源包括投资者、运营中心、投资交易平台经营者、技术服

---

① 周芬:《新型网络犯罪技术行为的司法认定》,载《中国检察官》2021年第3期。

② 参见:《中华人民共和国刑法(2015年修正)》第285条规定、第286条规定、第287条规定。注明:2015年8月29日第十二届全国人民代表大会常务委员会第十六次会议通过《刑法修正案(九)》。

③ 刘宪权:《网络黑灰产上游犯罪的刑法规制》,载《国家检察官学院学报》2021年第1期。

务提供商。来源于投资者的电子数据包括投资者的电脑或移动存储介质中存储的交易平台培训 PPT、Word 文档宣传资料、投资者交易记录的截图照片等电子数据，手机中存储的投资者交易记录、交易账号、网银入金记录、与操盘师/分析师喊单建仓的聊天记录、与平台客服人员关于入金、出金方面的聊天记录等。来源于运营中心的电子数据包括涉案运营中心相关人员的手机和电脑主机或移动存储介质等终端设备存储的下属会员姓名及联系电话等名单信息、会员在平台上的交易信息、投资者的出金及返佣金额信息、平台给予运营中心的代理返点表等信息。①

(二)电子数据相关性司法应用挑战

当前犯罪案件纷繁芜杂，既包括"披上了网络外衣"的各式传统犯罪形态的案件，也包括因社会深度网络化所衍生的全新犯罪形态的案件，无论是哪种犯罪案件，或多或少地与电子数据有所关联，学界和实务部门普遍认为，电子数据是信息时代的"证据之王"。电子数据在犯罪案件中的重要性和价值可以类型化为以下几种情形：其一，将电子数据用作案件定案的补充；其二，案件的定案需要若干份电子数据；其三，案件定案以电子数据为主的涉网案件，这类案件的整个犯罪过程都在网络等虚拟的电子空间中完成。

第一种情形只是将电子数据作为补强口供等言词证据或者物证、书证等实物证据之用，与传统证据对案件定案相比并无太多的特殊性。第二种情形的案件事实认证过程中，法官需要考量组合分析若干份电子数据，通过印证构建证据体系，证明证据体系中单个证据的证明力，实现证明案件事实的证明标准。当前，出台的司法解释、规范性文件基本能解决这两类电子数据相关性司法应用问题。

技术助推新型网络犯罪跨行业、跨区域、非接触式发展，技术迭代促使这类犯罪结果多元化，案件的定案以电子数据为主。当前，无论是在立法层面还是在司法解释等层面，在规制新型网络犯罪电子数据相关性方面均面临重重障碍。在立法上，例如，传统共犯认定标准难以直接适用于网络犯罪技术行为的法律规制。相比于传统犯罪共犯的一对一模式，新型网络犯罪呈现出更多"一对多、多

---

① 王宁、龚德中：《投资交易型网络诈骗案件的电子证据分析》，载《警察技术》2020 年第 1 期。

对多"的帮助模式，以虚拟网络空间为场所的电子数据对犯罪的证明模式是什么等问题上缺乏立法上规制。再如，新型网络犯罪构成要件与电子数据的关联、电子数据关联现有罪名的选择等缺乏法律规制。现有的司法解释、规范性文件也难以满足新型网络犯罪电子数据相关性的应用需求。例如，当前程序规定中搜查扣押的对象主要是存储介质有形物体，对远程勘验、云端电子数据等程序规范几乎处于空白状态。

第二节　学界对司法实务中电子数据相关性应用研究

一、案件数据统计分析及研究结论

(一)电子数据司法运用的统计分析

2012 年《刑事诉讼法》《民事诉讼法》修订后，"电子数据"以法定证据的身份"入法"，正式登上我国司法舞台。修订后的法律自 2013 年 1 月 1 日起生效。为了掌握现阶段我国电子数据的运用状况，刘品新教授研究团队通过网上搜索和线下调研的方式收集涉及电子数据的判决书，予以统计分析。①

统计分析发现，上述案例涉及电子邮件、网页、即时通讯记录、单机文件(视频、图片、文本)、光盘文件、移动电话/短信、操作/浏览痕迹、传真文件、软件及其他计 10 类电子数据形态，涵盖最高人民法院以及全国 31 个省级区域(西藏自治区除外)的三级地方法院，案由包括民事领域的合同纠纷、知识产权与竞争纠纷、劳动争议、人事争议等 10 类，刑事领域的诈骗罪、非法经营罪、盗窃罪、走私贩卖运输制造毒品罪、组织领导传销活动罪、走私普通货物物品罪、开设赌场罪、侵犯著作权罪、传播淫秽物品罪等 14 类。在 181 份民事判决书中，原被告任一方对电子数据真实性、合法性、相关性和证明力提出质疑的频率，分别为 65.7%、29.8%、40.3%、24.3%；在 327 份刑事判决书中，控辩任一方对电子数据真实性、合法性、相关性和证明力提出质疑的频率，分别为 6.4%、0.9%、2.8%、2.8%。从认证结果来看，民事诉讼中法官对电子数据未

---

① 刘品新：《电子证据的关联性》，载《法学研究》2016 年第 6 期。

予采信的案例数为 42 例，刑事诉讼中法官对电子数据未予采信的案例数为 7 例。民事诉讼中因电子数据相关性受质疑而未予采信的有 27 例，因真实性受质疑而未予采信的仅有 29 例；刑事诉讼中因电子数据相关性受质疑而未予采信的有 3 例，因真实性受质疑而未予采信的仅有 1 例。

统计结果表明，法官的认证结果对相关性质疑的支持大于对真实性质疑的支持，在法庭上质疑电子数据相关性的效果好于质疑真实性的效果。

刘品新教授研究团队进一步对近一百位法律专家进行了面对面调研。调研对象大多是一线的法官、检察官、警官、律师和行政执法人员，成员中绝大多数有着处理电子数据案件的实务经验，有的兼具法律背景和技术背景，有的还积极推动了电子数据规章或行业规范的出台，调研方法包括集体座谈和个别访谈等。

调研结果显示，专家普遍认可当前我国处于电子数据运用的低水平阶段，赞同电子数据相关性是比真实性更能影响法庭采证的要素这一观点。相关性问题主要是经验层面的内容，而真实性问题主要属于科学层面；相关性问题在裁判文书中必须作出认定，真实性问题则可以通过举证责任规则来处置；相关性不能通过证据保全等程序予以保障，而真实性可以进行事先固定。相关性是电子数据司法运用中最为重要的一个问题。

(二)刑事诉讼电子数据相关性在司法认证中的统计分析

数据来源于无讼司法案例网络数据库，检索关键词为"电子数据＋相关性"，检索案件类型为"刑事"，检索范围为"全文"。检索结果为案例与裁判文书共 2347 篇，涵盖年份为 2009—2019 年。该研究人员去掉其中并未考察电子数据本身相关性，而只是提及"电子数据"以及其他某证据的"相关性"这类关键词的，以及重复上传的案例大约共 486 件，实际上真正与有关的涉及"电子数据相关性"认证问题的案例为 1861 例。[①]

在 1861 个案例中，2009 年的有 1 例，2010 年的有 3 例，2011 年的有 2 例，2012 年的有 3 例，2013 年的有 23 例，2014 年的有 111 例，2015 年的有 172 例，2016 年的有 303 例，2017 年的有 478 例，2018 年的有 677 例，2019 年的有 88

---

① 臧哲：《刑事诉讼电子证据的关联性问题研究》，载《连云港职业技术学院学报》2019 年第 2 期。

例。2013 年的数据较 2012 年增幅为 666.67%，2014 年的数据较 2013 年的数据增幅为 382.60%，2015 年较 2014 年的增幅为 54.95%，2016 年较 2015 年的增幅为 76.16%，2017 年较 2016 年的增幅为 57.75%，2018 年较 2017 年的增幅为 41.63%。

电子数据相关性问题涉及取证、认证、质证等多个层面，该研究人员从电子数据证据的相关性认证角度出发，在上述 1861 例案件中进一步检索，输入限制性更强的关键词"认证"检索，从而得到相关案件共 186 例。其中，对电子数据相关性予以认可并采信的有 161 例，占全部申请相关性调查的案件数的 86.56%；而与之相反，因为电子数据证据相关性存疑而不予采信的案件数 25 例，占比 13.44%。

从以上数据可以看出，在刑事诉讼电子数据相关性司法运用方面，从 2015 年开始到 2018 年案件在数量上呈现递增趋势，在增速上基本保持在 50% 左右，2016 年较 2015 年的增幅突然增加至 76.16%。

在检索到的相关案件的审判过程中，大多数案件对电子数据相关性认证问题给出了予以采信的解决方式，仅有较少数案件对其相关性问题保留怀疑并最终不予支持。

二、典型的个案探讨与裁判评析

(一)非法经营罪的变更

在某案件中，程某某、丁某某先期与他人合作设立 A 生物公司，其后又合作设立 B 电子公司。成立 A 生物公司和 B 电子公司后，程某某、丁某某等人通过网上宣传、在全国各地召开论坛、招商会及举办培训班等方式，虚假宣传两公司具有雄厚政治背景、资金实力及先进生产设备、生产技术，大肆推广所谓的"消费创造财富"理念和"卖一循环赠送四(或卖一循环赠送五)"营销模式，以高于进价五至十倍的售价推销保健品和化妆品。在推销过程中以购买不同数量产品为条件，将消费者分为"VIP 消费者"(即一次性购买 1500 元产品且在公司网站上注册的会员)、"物流代理"(即一次性购买或为公司销售 20 份以上、每份 1500 元的产品的会员)和"区域代理"(即直接销售或聘用业务员销售 500 份以上、每份

1500 元的产品且经公司批准的会员）的不同等级会员，同时宣称会员凡购买一份以上、每份 1500 元的保健品，便可享受"买一循环赠四"的待遇，即在获得所买产品之外，每次购买可再获公司赠送 4 次总价 4 倍的同样产品，获赠产品可由公司以每份 500 元的价格拍卖并将款项轮流返还给会员，而"物流代理"和"区域代理"还可另获一定数量的"物流代理费"和"管理津贴"。后来由于各地会员因没有收到 A 生物公司和 B 电子公司承诺的产品或返利而到两公司办公地点聚集索赔，程某某、丁某某、刘某先后被公安机关抓获归案。

公诉机关检察院以诈骗罪对该案程某某等进行指控，一审法院判决三名被告人构成非法经营罪，案件上诉至二审，二审法院改判该案程某某等被告人构成组织、领导传销活动罪。①

非法经营罪和组织、领导传销活动罪都存在着虚构事实、隐瞒真相的欺骗手段，有着骗取数额较大财物等犯罪事实。但该案以非法经营罪入罪，以组织、领导传销活动罪出罪，其原因在于该案中的电子数据能关联分析出会员之间的上下级层级结构，这更适用实体法中组织、领导传销活动罪名的要件构成。

（二）蒋国婷等诈骗案

蒋国婷等诈骗案一审刑事判决书曾入选《全国法院百篇优秀裁判文书：附裁判要旨和推荐意见（2018 年）》一书。② 该案中，被告人张某某、林某某等 33 人，伙同他人于 2015 年 6 月至 2016 年 4 月间，先后在印度尼西亚共和国、肯尼亚共和国境内参加诈骗犯罪组织，利用电信网络技术手段对中国大陆居民进行语音群呼，冒充快递公司客服人员、公安局及检察院工作人员等身份，虚构被害人因个人信息泄露而涉嫌犯罪等虚假事实，以需要接受审查、资产保全等为名，先后骗取苑某、蔺某、白某等 75 人钱款共计人民币 2300 余万元。该案的综合性证据包

---

① 参见《从一起实务案例看诈骗罪、非法经营罪、组织领导传销活动罪的区别及对处罚的影响》，载搜狐网，https://www.sohu.com/a/260006313_742027，最后访问时间：2021 年 4 月 15 日。

② 注明：《蒋国婷等诈骗案一审刑事判决书》原为《吴菊灵、张立峰等诈骗一审刑事判决书》，审判法院：北京市第二中级人民法院，案号：（2017）京 02 刑初 55 号。最高人民法院在 2018 年开展优秀裁判文书评选工作，收录全国优秀裁判文书共计 100 篇，审判长邱波著文《蒋国婷等诈骗案一审刑事判决书》被收录于由最高人民法院审判管理办公室所编撰的《全国法院百篇优秀裁判文书：附裁判要旨和推荐意见（2018 年）》一书中。

括：物证照片、中国驻肯尼亚大使馆出具的情况说明、肯尼亚警方出具的调查报告、北京市公安局海淀分局出具的由肯尼亚警方起获并移交我国公安机关关于涉案物品的扣押笔录、扣押决定书、扣押清单等证明，这些涉案物品包括 14 台笔记本电脑、17 台语音网关及 8 部手机；国家信息中心电子数据司法鉴定中心出具的[2017]国信电鉴字第 11 号司法鉴定意见书证明，等等。①

在该案中，案件的争议点有两个：一个是肯尼亚警方出具的《调查报告》和我国驻肯尼亚大使馆出具的《情况说明》均未提及具体抓获时间点，而检方在委托我国司法鉴定中心进行电子数据的无污损鉴定的鉴定意见仅仅能够确定到 2016 年 4 月 8 日晚 12 点(北京时间)，这与实际的抓获时间并不相符。另一个是诈骗犯罪集团与被害人之间是否存在着关联性。② 因为该案中采用的关键证据大多是电子数据，因此，电子数据相关性认定是该案的关键。该案涉及的电子数据源主要有三种：一是犯罪集团通过网络电话与被害人进行通话诈骗的电话通话记录；二是犯罪集团的特定聊天软件 Skype 中发现提及被害人的个人信息，如姓名、身份证、电话等；三是银行转账汇款记录，即被害人向犯罪集团转账的记录。这三种证据虽然具有较强的证明力，但其单独出现并不能准确确定被害人与犯罪嫌疑人之间的关联性，还需要进一步印证。

法院采用印证证明的方式来认定电子数据，一是相关电子数据能够相互印证，包括聊天记录、消费记录、转账记录、被害人陈述的诈骗集团电话、账号等。二是诈骗事件与被骗时间的接近，能够相互印证，包括聊天时间、通话时间、转账时间等。三是被害人陈述与犯罪嫌疑人供述中的诈骗经过及方式能够相互印证。通过证据之间的相互印证，法院认定诈骗犯罪集团与被害人之间存在相关性，即认定犯罪嫌疑人的犯罪事实。

"以印证为最基本要求的证明模式中，证明的关键在于获得相互支持的其他证据"③，印证主要是通过两个以上不同来源的证据内容相互证实或者指向同一证明方向来实现的。该案中，犯罪行为主要发生在互联网络空间中，案件的证据

---

① 参见《吴菊灵、张立峰等诈骗一审刑事判决书》，载合肥刑事辩护律师网，http://www.hf12348.com/xszs_5891.html，最后访问日期：2021 年 4 月 28 日。

② 臧哲：《刑事诉讼电子证据的关联性问题研究》，载《连云港职业技术学院学报》2019 年第 2 期。

③ 陈瑞华：《论证据相互印证规则》，载《法商研究》2012 年第 1 期。

以电子数据为主，司法实务人员通过电子数据自身的内部信息相互关联，通过聊天时间、通话时间、转账时间的相关性来证明诈骗事件与被骗时间；通过电子数据自身与其他传统证据如被害人陈述等相互交叉，运用印证证明方法来共同指向犯罪事实。

总的来说，采用电子数据自身组合分析并相互印证、电子数据与其他类型证据相互印证，是当前司法实务中处理电子数据相关性问题的主要做法。虽然早已在《刑法修正案(九)》增设了网络犯罪，《刑法》第 285 条第 1 款至 287 条之二规定了 7 种网络犯罪，从立法层面规制了网络犯罪的技术行为，但从司法的实践来看，对这些犯罪构成要件与边界仍存在认识不一，罪名选择困难的情况时有发生。

第三节　层次化的电子数据相关性分析

一、司法实务中电子数据相关性问题

(一)司法实务中电子数据相关性应用的困境

当前立法中对电子数据相关性的规定比较模糊甚至缺失，司法解释对其态度模棱两可。在案件审判中，法院基本遵循现有证据立法规定，努力保证电子数据的相关性，从而尽可能保证电子数据的可信性。但是出于立法的疏漏和技术的欠缺，认证过程依然存在很多疑点。[①] 对于电子数据相关性的审查判断，法官的自由裁量而致判决难以服众的现象时有发生，司法判例也存在较大分歧。

学理中关于电子数据相关理论的研究缺乏对司法实务的深入了解，未能深入分析电子数据在司法实践运用过程中面临的各种问题。其原因，一方面是学者不能有效地获得案例资源和研究素材供给，不能及时掌握第一手资料，未能第一时间了解实践动态，从而无法为深入开展实证研究创造条件。另一方面，学者们未能有效地向实务部门贡献关于电子数据相关性的前沿理论，没有引导实务人员及

----

① 臧哲：《刑事诉讼电子证据的关联性问题研究》，载《连云港职业技术学院学报》2019年第 2 期。

时将最新研究成果运用于司法实践，从而无法促进学理理论与司法实践深度融合。当前，基础理论研究缺乏，存在着理论研究和实践应用"两张皮"的问题，存在着理论研究与实践应用脱节的问题。①②

(二)司法实务中存在的电子数据相关性问题

在现代证据制度下，多数法官依然还远离电子技术或信息技术，法官在判断虚拟空间电子数据与物理空间证据相关性、电子数据与犯罪构成要件之间的相关性，判定电子数据证明该犯罪行为的发生时间、地点、方式、手段、条件、结果、危害程度等客观要素方面，没有硬性的规则可遵循，只能基于个人的经验。从当前的司法实践上看，对电子证据相关性如何进行认定，往往也是法庭争论的焦点之一，亦成为法官认定电子数据的棘手之处。

司法实务中，电子数据要历经电子数据的收集分析、电子数据的审查判断、电子数据认证及采纳与否。在这整个生命周期内，电子数据相关性问题涉及电子数据取证、认证、质证等多个层面，例如，在电子数据取证阶段涉及电子数据源的固定、证据提取、分析推理、报告的生成中的每个方面。在取证阶段，电子数据及其依附的载体容易被篡改，破坏和伪造，且不易被发觉，在很大程度上电子数据分析是手工操作、经验性的证据分析等，无疑导致在司法实践中经常会有一些电子数据相关性的问题被质疑。

司法实务中，电子数据相关性问题还包括但不限于：电子数据源是否存储在于相应的多个关联的电子设备中；是犯罪嫌疑人在操作这些机器/电子设备；犯罪嫌疑人实施了与案件有关的行为时，电子数据与犯罪嫌疑人之间是否存在某种联系的关联性；虚拟空间的人与物理空间中的人是否相关一致；从海量电子数据中选取出的电子数据与犯罪案件是否相关；所选择的电子数据是否能用于证明某项事实或处于某项状态的关联；相应的电子数据内容是否揭示了该犯罪行为；相应的刑法等实体法对其犯罪行为是如何描述的；等等。

---

① 丁宣尹、袁继红：《技术法律博弈之间：电子取证的实然困境与制度设计——基于浙江省的抽样调查分析》，载《江西警察学院学报》2018 年第 4 期。
② 尹晓鹤：《电子数据取证侦查程序研究》，中国人民公安大学 2019 年博士学位论文。

二、层次化探究电子数据相关性

(一)电子数据相关性层次模型

将目标层次展开,将目标逻辑分类向下展开为若干目标,再把各个目标分别向下展开成分目标或准则,依此类推,直到可进行定性分析为止,然后在比原问题简单得多的层次上逐步分析,有助于明确的电子数据相关性内容体系的建立。而统一、稳定和明确的电子数据相关性内容体系,可以减少法庭在审查判断电子数据相关性时导致的决策失误或行政失效。

我们考察现实中的司法实践,不难发现,法院在审判时对犯罪嫌疑人进行有罪或无罪认定,依赖于所收集、处理的电子数据是否有秩序地衔接组合出犯罪嫌疑人作案的主要环节,是否能够完整地证明其犯罪过程。换言之,这个犯罪的证明过程也可以看作一个从证据源的固定、提取、存储传递、分析、报告提交到最后至法庭上呈堂供证的电子数据证明过程。依据目前对电子数据的处理实践,我们可以从技术角度将电子数据相关性问题抽象为一个层次模型来考虑。

在这个层次模型中,一个理想化案件的判定可以表述为,一个物理空间中的嫌疑人与虚拟空间的人是同一个人,犯罪嫌疑人操作过机器/电子设备,电子数据源是来源于这些电子设备,这些电子设备存储有相应的电子数据内容,这些电子数据内容能揭示出犯罪行为,而这些犯罪行为符合实体法中罪名规定的要件构成,如图8-1所示。

图8-1 电子数据相关性层级模型

依据这个层次模型,进一步梳理司法实践中案件所面临的电子数据相关性司法难题,司法实践中存在的电子数据相关性问题可以用图8-2表示。

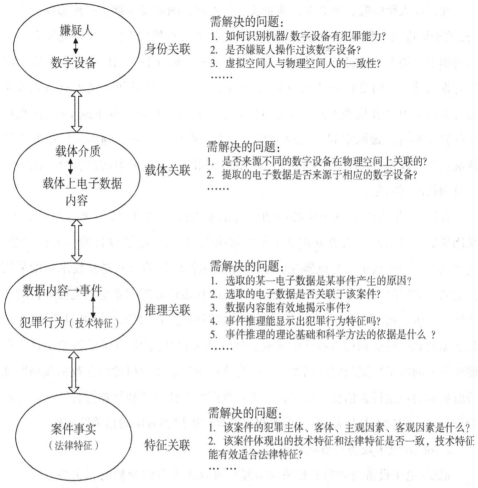

图 8-2 司法实践中存在的电子数据相关性问题

(二)层次化的电子数据相关性分析①

1. 人与机器/电子设备相关性问题

人与机器/电子设备相关性研究也称为身份的相关性研究，主要用于解决虚拟空间与物理空间中的人是否相关的确认，以及在案件发生中，机器/电子设备的操作是由物理空间中犯罪嫌疑人操作的确认。

———————————

① 王宁、刘志军、黄玉萍：《层次化探究电子数据相关性》，载《科技视界》2019 年第 7 期。

在最高人民法院、最高人民检察院、公安部、国家安全部、司法部联合发文的《关于推进以审判为中心的刑事诉讼制度改革的意见》中不再采用嫌疑人口供的前提下，加上计算机领域的 SODDI 辩护(Some Other Dude Did It，在法庭上将罪行推给其他人的辩护方式)，如在法庭上出现的"我计算机系统不具备完成犯罪行为的能力""我机器上的一些恶意代码未经我的同意就自动下载了内容(色情案件)"等辩称。虚拟空间与物理空间中的人是否相关一致，物理空间中的犯罪嫌疑人是否操作机器/电子设备实施了犯罪等问题，已成为当前法官等司法实务人员面临的新问题。

在《关于推进以审判为中心的刑事诉讼制度改革的意见》等规定的要求下，采用嫌疑人口供或自认等方式是不足以解决人与机器/电子设备的相关性问题。笔者认为，当前认定人与机器/电子设备的相关性较好的方式是从技术角度采用推论的方式解决：首先，展开系统运行环境的功能性分析和系统功能性分析的属性评价分析，确认机器/电子设备是否具备犯罪的能力；其次，展开机器/电子设备数据的属性特征和行为特征的研究，属性特征包括机器/电子设备如硬盘等存储介质上的电子数据的时间属性等，行为特征包括系统运行的内存数据现场取证等所揭示的数据行为信息；最后，基于对数据的属性特征和数据行为特征信息的分析研究，构建人与机器/电子设备相关的推论依据和对应的相关性分析。

2. 机器/电子设备与数据的相关性问题

机器/电子设备与数据的相关性研究也可以称为载体介质的相关性分析，主要用于解决机器/电子设备的关联确认，以及电子数据内容及其依附的机器/电子设备之间相关性的确认。

电子数据与传统证据不一样，它是多样化、多源化地分散在虚拟犯罪现场的各个角落，存储在不同的机器/电子设备上的。在当前主要基于依经验、直觉评估并确定电子数据源的前提下，可能会因为操作者的经验和直觉的偏差而使评估结果失准，从而导致电子数据载体(也称机器/电子设备)及其载体上的电子数据的不相关，在推理犯罪过程中载体收集的缺失等。

犯罪类型的不同带来犯罪行为的表现不同会导致不同类型电子数据的产生，不同的操作系统和应用程序等也会把相应的电子数据存储在不同的地方，因此，机器/电子设备与数据的相关性要研究机器/电子设备其自身在物理上的关联性，要研究载体及载体之上电子数据的关联。前者用于描述犯罪构成中各个设备是否构成犯罪的实施过程，各个电子设备所扮演的角色，以及犯罪的实施过程(信息流)是如何通过这些设备进行的；后者用于说明机器/电子设备上是否存在着对应的数据，有数据源还是没有数据源，数据源是否删除等情况，用于认定机器/电子设备相应的表现方式与证据源之间特征的对应关系，即通过某一犯罪案件特征能判断出机器/电子设备上一定的证据源，机器/电子设备上的证据源体现出的特征能体现出一定的机器/电子设备上相应的表现方式。

3. 数据与犯罪行为相关性问题

电子数据内容能否有效揭示犯罪行为，目前在司法实践中是采用侧面推定、依托司法鉴定意见书等形式来认定。数据内容与犯罪行为相关性这一阶段涉及电子数据推理分析，侧面推定也好，司法鉴定书也好，其目前的推理分析主要是手工、经验性的电子数据推理分析，这些也容易导致法官采纳电子数据时有质疑。这些质疑包括但不限于：电子数据是否与案件的事实相关；数据与行为关联的分析理论和技术依据是什么；等等。

数据与犯罪行为的相关性研究，在笔者看来，至少包括两个方面的研究：一是该犯罪行为是否符合相应法律规定的描述，也就是法律特征和技术特征的对应关系分析；二是犯罪的行为特征集和电子数据内容集的对应研究，所提取和收集的电子数据，经过分析后，其内容是否能够有效地揭示特定的犯罪行为，案件中推理路线的选择是否具有相应的科学理论和科学方法依据。

第九章 电子数据相关性推理模型

　　梳理国内文献，不难发现，从法律角度研究电子数据的文献是远远多于从技术角度研究电子数据的文献。但是，电子数据是技术发展到一定水平的产物，研究电子数据相关性问题离不开电子数据相关性的技术性分析，在笔者看来，解决司法实践中电子数据相关性面临的问题应在法律规制前提下，结合技术解决方案来加以研究。

　　另外，传统案件因其发生在物理空间，办案人员可以将相关证据材料提交给审判人员，关于证据的资格性和证据材料的证明力交由法庭去审查判断案件事实、案件过程，认定犯罪事实的罪状。发生在虚拟空间或者以虚拟空间为主的犯罪案件，对虚拟空间犯罪行为的分析、虚拟空间与物理空间犯罪行为一致性的分析等皆由办案人员完成，基于此，电子数据相关性体系构建应从整个诉讼阶段去考虑。

　　相比民事司法领域，电子数据在刑事司法领域获得了广泛应用，本章以刑事司法领域电子数据运用为例，分析电子数据相关性推理模型提出的技术和法律依据，剖析诉讼阶段中电子数据相关性，在此基础上，提出了电子数据形式化推理框架，并给出实证研究。

第一节　推理模型提出的依据

一、案件信息处理提供技术依据

(一)信息处理角度看刑事司法领域下案件侦查

　　《中华人民共和国刑事诉讼法(2018 年修正)》第 108 条第 1 款规定：侦查是

指公安机关、人民检察院在办理案件过程中，依照法律进行的专门调查工作和有关的强制性措施。[1] 刑事侦查是公安机关、人民检察院对已经立案的案件，依照法定程序，收集证据，证实犯罪、查获犯罪人及在侦查中对犯罪嫌疑人采取必要的强制措施的诉讼活动。从信息的角度看，刑事案件侦查表示的是从接处警提供的相关刑事案件的线索信息开始，至案件的破销结案结束的整个信息处理流程。

在这个信息处理过程中，只有案件侦查终结时才可以看到完整的移送案卷外，其他任何时候看到的数据文件都是琐碎的、不完整的、不"规范"的。在刑事案件中，一个人意味着什么？一个人意味着一截毛发、一滴血迹、一枚指纹、一个模糊的画像等，只要案件没有侦查终结，案件侦查信息就永远无法提供一个人的完整信息。同样一辆车意味着什么？一辆车就是一片漆片、一块残破的风挡玻璃、一个模糊的车牌号码、一个倒车镜等，只要案件没有侦查终结，案件侦查信息就永远无法提供那是一辆什么车。因此，从信息处理的角度看，证据信息的来源是多源的、零散的、缺损的、有些甚至是伪装的。

从信息处理的角度看，刑事案件侦查需要将零散的、缺损的、被伪装的案事件信息采集、整理、分类、关联、排除、验证、还原、固定。[2] 以抢劫案为例，当案件发生时，现场呈现的是一些没有任何章法的信息数据，常见的是被抢劫的事主损毁的提包等物品，受伤的部位、遗落的物品等。当侦查员和勘查人员进入现场后，按照现场勘查的操作规范，将所见和所得进行忠实记录，提取相关的痕迹物证，将其分门别类进行描述，形成基于主题的数据分类，将纷杂的数据形成有序的分类数据。其后，侦查人员根据现场勘查获取的信息，从蛛丝马迹中发现所有物证痕迹之间的逻辑关系，并逐一验证，形成虽然彼此分立，但互相关联的若干个信息集合。

从信息处理的角度看，刑事案件侦查需要严格遵循着案件业务规则前提下展开案件的信息推理。在刑事案件侦查过程中，需要遵循的案件业务规则很多，例如，很多情况下不允许为查询、查证一个简单的线索，而调阅所有跟所查证对象无关的信息，虽然其他信息和所侦查的案件密切相关，但业务规则规定的原则是

---

[1]　参见：《中华人民共和国刑事诉讼法（2018 年修正）》第 108 条规定。
[2]　王电著：《公安信息化概论》，清华大学出版社 2011 年版，第 216~217 页。

"有限调阅、有限查证"①。何谓案件的信息推理，从信息处理的角度看，案件的信息推理指的是以"五要素"②信息为基础，从案到人、从人到案、从人到人和从案到案的侦查模式，强调的是找到案件与嫌疑人之间的因果关系，尤其是有现场的案件，通过对案发现场的勘查寻找相关的犯罪嫌疑人，或是从被害人入手，搜寻与被害人相关联的人或事，推知案件产生的原因、嫌疑人的作案动机等，即通过逆向思维进行的回溯推理。

(二)刑事司法领域下的电子数据信息处理

在刑事司法领域，几乎各类刑事案件都涉及电子数据，在证明案件事实，还原案件真相的过程中，电子数据发挥着重要的作用，电子数据成了刑事诉讼中不可或缺的证据。许多刑事诉讼案件中，电子数据已经成为控方的重要证据支撑③。

例如，电梯的摄像头记录早上的出行时间和状态信息；道路的摄像头记录开车上班的车速和位置；上班期间，浏览的网页记录着搜索记录和访问过的网站，电话记录着联网对象和通话时长；下班回家，购物信息折射出职业身份、购物喜好等性格特征。这些不同来源的电子数据中记录了犯罪的"蛛丝马迹"，可以用于嫌疑人及其关系、行为、物、时间、空间和主观意图数据的刑事侦查分析，给刑事侦查提供有效的案件线索和证据来源。根据公安部物证鉴定中心统计，在刑事案件的侦破过程中，电子数据检验结果的85%均为有效信息。④ 当前电子数据已经成为刑侦部门破案新的增长点和突破口。

---

① 王电著：《公安信息化概论》，清华大学出版社2011年版，第218页。

② "五要素"理论，即人员、地点、机构、物品、案件。将案件要素拆分"警务管理"和"行为"两要素；将"物品"要素扩展为"物品、物证、痕迹"要素；将"机构"要素扩展为"组织与机构"要素。参见：王电著：《公安信息化概论》，清华大学出版社2011年版，第5页。有观点认为是"七何要素"，即何人、基于何种动机和目的、何时、何地、用何种手段、实施了何种犯罪行为、产生了何种危害后果。参见：王敏远、祁建建：《电子数据的收集固定和运用的程序规范问题研究》，载《法律适用》2014年第3期。

③ 由于电子数据的载体危机，以及民事诉讼中的书证化，使得民事案件中电子数据得到采信和使用处于不发达的状况，电子数据在民事司法领域依旧处于较为尴尬的地位。参见刘哲伟：《民事电子证据：从发条独立到实质独立》，载《证据科学》2015年第6期。

④ 王震、张伟：《关于刑侦部门电子物证检验工作的探索》，载《黑龙江科技信息》2016年第25期。

就刑事司法领域下的电子数据而言，案发初始，办案人员接触到的是报案人提供的数字信息，报案人提供的数字信息是杂乱不连续的，有些数字信息甚至是缺损的、是被伪装的。在司法实务中，办案人员经常面临的是侦查初期涉案线索较少，线索来源即"浮冰"可能是一个 App、一个电脑客户端应用程序、一个账号、一个二维码、一个网站平台的链接网址，或者是残存不全的聊天记录、支付账号、QQ 视频直播等信息。办案人员需要在这一"浮冰"周围展开搜索，调取并锁定海量涉案信息资源、还原冰体脉络，并通过"水面下"大量证据材料的汇聚、固定，电子数据源由初始的不足将变得丰富和多源，将会出现数据量大、种类繁多、关系复杂的电子数据。

电子数据源在哪里，从何处提取收集电子数据，应该提取收集哪些电子数据，提取收集的电子数据能证明什么等，则是办案人员需要进一步考虑的问题。从信息处理的角度看，案件初始阶段，电子数据是零散的、多源的，异构的，电子数据形式是多样的、杂乱的，网页、博客、聊天信息、手机短信、通信记录、文档、图片等多种形式的电子数据会并存在案件初期，随着案件侦查的深入，很多被伪装和隐匿的信息会被揭示出来，办案人员将被伪装的、被隐匿的、被模糊的信息作出标记，尽最大可能在案件之间建立逻辑关系，在案件的所有相关属性之间建立必然的常态关系。其后，办案人员需要对若干个电子数据所折射出的线索进行逻辑排列，发现各条线索之间的客观联系，去揭示犯罪行为的发生时间、地点、方法、手段、犯罪结果或危害性等事件。

二、公检法刑事证据规则提供法律依据

(一)公检法职能及工作

根据《中华人民共和国刑事诉讼法(2018 年修正)》规定，公安机关负责对刑事案件的侦查、拘留、执行逮捕、预审。检察、批准逮捕、检察机关直接受理的案件的侦查、提起公诉，由人民检察院负责。审判由人民法院负责①。作为公诉

① 《中华人民共和国刑事诉讼法(2018 年修正)》第 3 条规定："对刑事案件的侦查、拘留、执行逮捕、预审，由公安机关负责。检察、批准逮捕、检察机关直接受理的案件的侦查、提起公诉，由人民检察院负责。审判由人民法院负责。除法律特别规定的以外，其他任何机关、团体和个人都无权行使这些权力。"

案件①，大体要经过立案、侦查（逮捕）、移送审查起诉、提起公诉和判决几个阶段，也即案件的侦查阶段、审查起诉阶段和审判阶段。案件的侦查阶段是指案件由公安机关侦查或由检察机关自行侦查的阶段，包括案件的立案、侦查（逮捕）、移送审查起诉环节。

审查起诉或提起公诉是侦查和审判之间承前启后的一个重要诉讼阶段。公安机关侦查终结的或人民检察院自行侦查终结的，认为需要提起公诉或作不起诉处理的案件应当一律送交人民检察院内设的审查起诉部门审查决定。人民检察院通过对案件的全面审查，认为犯罪事实清楚，证据确实、充分，已涉嫌构成犯罪，依法应当追究被告人刑事责任的，才向人民法院提起公诉。审查起诉或提起公诉的作用是为人民法院顺利审判打下可靠的基础，既要能准确、及时地打击和惩罚犯罪，又要可防止把无罪的人和依法不应追究刑事责任的人交付审判。

人民法院在接到人民检察院移送的《起诉决定书》及案卷材料、证据后，对提起公诉的案件进行审查后，对于起诉书中有明确的指控犯罪事实的，应当决定开庭审判。依据《中华人民共和国刑事诉讼法（2018 年修正）》的规定②，在开庭前，人民法院要向被告人送达起诉书副本、召集有关人员如公诉人、当事人和辩护人、诉讼代理人开会，听取各方对回避、出庭证人名单、非法证据排除等与审判相关问题的意见。

开庭的时候，审判长查明当事人是否到庭，宣布案由；宣布合议庭的组成人员等；传被告人到庭，查明被告人基本信息，告知相关诉讼权利和认罪认罚的法律规定，询问是否申请回避，宣读法庭规则等。③ 接着进入法庭调查阶段，即在人民法院主持下，控辩双方通过各自举证、发表意见来揭露案件真实情况，具体程序有：公诉人宣读起诉书；被告人、被害人陈述；讯问、发问被告人；核实证据等。其后，进入法庭辩论阶段，诉方与辩护方就被告人的行为是否构成犯罪、犯罪的性质、罪责轻重、证据是否确实充分，以及如何适用刑罚等问题，进行互

---

① 公诉是由专门的国家机关即人民检察院代表国家提出控诉，案件由公安机关侦查或由检察机关自行侦查，由检察机关向人民法院提出控诉。自诉是由被害人或其法定代理人直接向人民法院提起控诉，自诉人负责证据的举证责任，案件不经过公安机关侦查，也不经过人民检察院审查起诉。如无特别说明外，本章所指的刑事诉讼中的案件皆指公诉案件。

② 参见：《中华人民共和国刑事诉讼法（2018 年修正）》第 186 条规定、第 187 条规定。

③ 参见：《中华人民共和国刑事诉讼法（2018 年修正）》第 190 条规定。

相辩论。在法庭辩论阶段之后，被告人最后陈述。合议庭根据法庭审理查明的事实、证据和有关的法律规定，确定对案件如何处理并作出处理决定，合议庭评议结束后，即可当庭宣判被告人有罪还是无罪。[①]

（二）公检法刑事证据规则的若干规定

任何司法裁量都必须严格"以事实为根据"，而这种"以事实为根据"则是证据，证据是案件事实认定的基础和关键。要定罪则要收集证据，证据在整个刑事诉讼过程中起着举足轻重的作用。

《最高人民法院关于适用〈中华人民共和国刑事诉讼法〉的解释》第四章第一节"一般规定"主要涉及证据裁判原则、程序法定原则、法庭质证原则、证明对象、行政机关收集的证据材料的使用、见证人范围等内容，全面规定了证据法的基本原则和共性规范。[②]

《最高人民法院关于适用〈中华人民共和国刑事诉讼法〉的解释》第四章第十节"证据的综合审查与运用"主要规定了证据的综合认证、间接证据定案规则、口供补强规则、技侦证据的审查与运用、特殊言词证据采信规则、法定量刑证据的审查与认定、被告人年龄的审查判断等内容。《最高人民法院关于适用〈中华人民共和国刑事诉讼法〉的解释》第139条指出，对证据的证明力，应当根据具体情况，从证据与案件事实的关联程度、证据之间的联系等方面进行审查判断。

根据《最高人民法院关于适用〈中华人民共和国刑事诉讼法〉的解释》规定，没有直接证据，只有间接证据时，如果间接证据同时符合证据已经查证属实、证据之间相互印证并且不存在无法排除的矛盾和无法解释的疑问、能为全案证据形成完整的证据链、结论具有唯一性且根据证据认定案件事实足以排除合理怀疑、运用证据进行的推理符合逻辑和经验等条件，可以认定被告人有罪。[③]

一些重要的刑事案件线索、证据越来越多地出现在电子产品中，电子数据作为可能记录犯罪过程、揭露犯罪事实的证据形式，其对于案件侦破的价值和重要

[①]　参见：《中华人民共和国刑事诉讼法（2018年修正）》第191条规定至第203条规定。

[②]　参见：《最高人民法院关于适用〈中华人民共和国刑事诉讼法〉的解释（法释〔2021〕1号）》第69条规定至第81条规定。

[③]　参见《最高人民法院关于适用〈中华人民共和国刑事诉讼法〉的解释（法释〔2021〕1号）》第139条规定、第140条规定。

性不言而喻。在传统的刑事案件如持刀抢劫案中，案件发生在物理现场，收集的作案刀具是可以作为直接证据来认定案件事实的。与传统刑事案件不同，涉及电子数据的刑事案件其电子数据是海量的，不是所有的电子数据都能成为证据，不是所有的电子数据能成为直接证据来认定案件事实。

例如，在一些刑事案件中收集到的防火墙日志是直接证据，比如防火墙被打开过这一事件。但该事件可能是系统自动打开的，也可能是人为打开的，要推理该事件则需要组合多个不同的单一电子数据来推理分析，这些电子数据往往是间接证据。

《刑事诉讼法》赋予了电子数据的法律地位，刑事证据规则如证据的综合认证、间接证据定案规则等为电子数据相关性的推理分析提供了法律依据。因此，在一些案件中办案人员可以将众多的电子数据组合，通过电子数据之间的相关性去推导犯罪事实中一些片段，组合这些犯罪事实片段并重构犯罪现场，揭示出何人，基于何种动机和目的，何时、何地，用何种手段，实施了何种犯罪行为，产生了何种危害后果。

第二节 不同阶段电子数据相关性推理

一、侦查阶段电子数据相关性分析

(一)侦查阶段中的电子数据

根据法律规定，公检法三机关都有权向有关单位和个人收集、调取证据，有关单位和个人应当如实提供证据。侦查人员、检察人员、审判人员必须依照法定程序，收集能够证实犯罪嫌疑人、被告人有罪或者无罪、犯罪情节轻重的各种证据。根据我国现有的司法体制，案件侦查和证据取证工作主要还是由侦查机关承担。

侦查阶段的证据收集必须要严格依照法定程序进行，取证主体要由两名以上侦查人员进行，取证方式要符合技术标准，证据提取过程要进行拍照、录像等。就侦查阶段电子数据收集而言，既有关于犯罪实施交易记录、账目信息的文档、视频音频等静态数据的收集，也有存储在网站和基站中的电子邮件、即时通信记录等动态数据信息的收集，这些电子数据可能存储在计算机、移动电话、移动硬盘、U 盘等媒介或者网络服务器中，电子数据源是多样化的。

一般而言，随着侦查过程的深入，常常能够从涉案物品中提取出一些能够直接证明案件事实的电子数据。例如，在网络贩毒案件侦查的过程中，从犯罪嫌疑人的电脑中发现的有关于贩毒数量、贩毒时间和地点的相关备忘录，或是在犯罪嫌疑人手机中恢复的诸如"货款已收到，货已发送"等相关短信。这些都是能够直接证明网络贩毒犯罪事实的有关电子数据。

从司法实务角度看，与传统刑事案件不同，涉及电子数据的刑事案件表现为不一样的特征。例如，侦查阶段的初始阶段，电子数据占有的质与量不高。线索来源可能是一个 App、一个账号、一个二维码、一条手机短信或是微信等。侦查办案人员需要分析线索信息的客观性，并结合线索来源、举报人情况、举报动机、内容、涉案主体及案件类型规律、社会舆情等情况，尽量收集相关的数字信息，使线索隐含的信息价值得到最大释放。随着案件的侦查深入，物理犯罪现场和虚拟犯罪现场的大量证据将被收集。

另外，与传统刑事案件不同，涉及电子数据的刑事案件通常利用即时通讯功能进行犯罪信息传递，通过网络第三方支付平台支付犯罪赃款和违法所得，其通常涉及面广、犯罪事实笔数多、电子数据形式多样化，数据量巨大也较难以全面提取。侦办这类案件时，有时会由于侦查人员的疏忽大意或其他客观原因，因片段性分布提取造成电子数据的获取不连贯。尤其是在即时通讯工具聊天记录、手机通话记录之类的电子数据中，与犯罪事实无直接关联的内容往往占据绝大部分，大多数证据呈现片段性分布。面对这种情况，若将与犯罪事实直接相关的证据内容从电子数据整体中剪拼起来，容易使证据改变其本来的面目，有损于证据的客观性，若仅将其中直接涉及案件事实的电子数据内容提取、固定下来，常会面临证据逻辑不顺畅的问题，不利于庭审指控和法官内心确信的形成。

(二)侦查阶段电子数据相关性推理分析

刑事案件电子数据处理中，电子数据相关性涉及三个方面：一是从零散的、

207

缺损的、被伪装的案件电子数据中提取收集、标记定位出与案件事实相关的电子数据，换言之，从案件海量、异构、多源的电子数据中挑选出与案件相关的电子数据；二是对遴选出来的、与案件相关的电子数据，依据案件侦破的业务规则，推理并建立案件之间的逻辑关联关系，去证明虚拟空间中涉嫌犯罪的事件；三是勾勒和证明物理空间现实行为与虚拟空间犯罪行为之间的关联性。

不具备相关性的证据无法作为定案依据，排除无相关的证据进入诉讼阶段，是法律界和实务界的共识。例如，在抢劫案件中，待证犯罪事实是嫌疑人持刀作案，但证据指向中并没有表明嫌疑人有使用刀的行为，则可认定证据与待证犯罪事实之间没有相关性，则排除该证据进入诉讼阶段。

与传统证据不一样，电子数据是多样化、多源化地分散在虚拟犯罪现场的各个角落，存储在不同的载体介质中。在遴选出与案件相关的电子数据时，要考虑以下几个方面：载体介质及其依附在载体介质上的电子数据是否一致；载体介质与载体介质在物理空间上是否具有相关性并能得到证明；从该载体介质上提取的电子数据其依据是什么；该证据源即载体介质能与物理空间中某具体嫌疑人进行绑定并得到证明吗；虚拟空间中实施的犯罪是由该证据源中产生的吗；等等。

在司法实务中，如果办案人员没有给出基于 Locard 原理①的电子数据相互之间的证明，在现有评估电子证据源及选择与案件相关联的电子数据是依据办案人员的经验和直觉的情形下，无疑在庭审中，关于案件中的身份关联、载体介质自身之间关联、电子数据内容与载体介质关联等问题将成为案件争议之处。

在侦查阶段，另一个关于电子数据相关性问题的是案件推理，既包括虚拟空间犯罪行为的推理，也包括虚拟空间与物理空间中证据相互印证的推理。侦查工作中，办案人员不可能掌握到案件的全部材料，也不可能具备所有的经验，要想对整个案情或案件的某一方面作出确切的判断是不可能的，这时则需要案件的事件推理。在司法实践中，办案人员首先对现场勘查、调查访问所获得的部分案件材料，从不同的方面分门别类地进行逐一分析、考察，旨在从中发现它们在某一

---

① Locard 基本原理内容：凡是两个物体接触，必会产生物质转移现象。即，会带走一些东西，亦会留下一些东西。

方面是否具有相同的情况；其次，在分析、考察的基础上，如果发现被考察的这些对象中的每一对象在某一方面具有（或不具有）某种情况，并没有发现相反的事例，则可推出该类中的所有对象在某一方面都具有（或不具有）某种情况的一般性结论。①

例如，在一起入侵案件中，要确定是"谁干的"此事件，是内部人干的还是外部人干的。在案件的侦查中，办案人员则需要组合系列相关联的电子数据来进行推理，这些相关联的电子数据包括：嫌疑人是否熟悉受害单位的网络拓扑结构，是否熟悉出入路线，是否清楚后台数据库的位置，日志记录是否显示出该嫌疑人有过多次登陆访问次数，虚拟犯罪现场遗留的"电子痕迹"数量多还是少，入侵即发案的时间特征如何，作案的目标是否明确等。

对于传统的刑事侦查，办案人员总结出了一般性结论即经验，可以用来指导日后类似的案件侦查，这些一般性结论也接受了长期的司法实践检验。但是对于刑事电子数据侦查而言，其所选的与案件相关的电子数据是否符合案件类型的特征，其选用的电子数据是否充备和完整，用于推理时组合的电子数据其关联度是否高，其展开推理的依据或依赖的经验是什么，其推理路线及推理结论是否具有较高的可信度等，这些关于案件推理中的电子数据相关性问题将会考验着法官如何对案件事实作出合理正确的判断。

二、审查起诉阶段电子数据相关性分析

（一）审查起诉的涵义

根据法律规定，人民检察院可以立案侦查受理案件，人民检察院自侦案件范围主要是：贪污贿赂犯罪案件；渎职犯罪案件；国家机关工作人员利用职权实施的侵犯公民人身权利、民主权利犯罪案件。国家机关工作人员利用职权实施的其他重大犯罪案件，需要由人民检察院直接受理的时候，经省级以上人民检察院决

---

① 周继祥：《不完全归纳推理及其在侦查工作中的运用》，载《山东警察学院学报》2012年第4期。

定，可以由人民检察院立案侦查。①②③④

但我国法律同时也规定，检察院的主要职能是监督。我国现行的法律是将人民检察院定位为国家法定的法律监督机关，公诉职能是检察机关本源的职能，公诉权是检察机关所独有的职能，也是检察机关区别其他司法实务部门最明显的特征。

实现人民检察院公诉职能的一项最基本的准备工作或者说人民检察院对侦查活动实行法律监督的一项重要手段就是审查起诉活动。审查起诉，是指人民检察院在提起公诉阶段，为了确定经侦查终结的刑事案件是否应当提起公诉，而对侦查机关确认的犯罪事实和证据、犯罪性质和罪名进行审查核实，并作出处理决定的一项诉讼活动。

在审查起诉中，人民检察院对侦查阶段查明的犯罪事实和搜集的证据进行全面复查，既是对侦查工作的检查和验收，又是侦查工作的深入和发展。审查起诉中的主要内容是：对移送审查的案件进行全面审查并依法作出提起公诉或者不起诉的决定；对侦查机关的侦查活动进行监督，纠正违法情况；复查被害人、犯罪嫌疑人的申诉；对侦查机关认为不起诉的决定有错误而要求复议、提请复核的进行复议、复核。

对侦查机关侦查终结移送起诉的案件，检察院首先监督侦查机关的程序、做法是否合法，审查公安机关的证据材料，看是否有诱供、刑讯逼供的情况。审查

---

① 《人民检察院刑事诉讼规则(2019 年版)》第 2 条规定："人民检察院在刑事诉讼中的任务，是立案侦查直接受理的案件、审查逮捕、审查起诉和提起公诉、对刑事诉讼实行法律监督，保证准确、及时查明犯罪事实……"

② 《中华人民共和国刑事诉讼法(2018 年修正)》第 19 条规定："人民检察院在对诉讼活动实行法律监督中发现的司法工作人员利用职权实施的非法拘禁、刑讯逼供、非法搜查等侵犯公民权利、损害司法公正的犯罪，可以由人民检察院立案侦查。"

③ 《人民检察院刑事诉讼规则(2019 年版)》第 13 条规定："人民检察院在对诉讼活动实行法律监督中发现的司法工作人员利用职权实施的非法拘禁、刑讯逼供、非法搜查等侵犯公民权利、损害司法公正的犯罪，可以由人民检察院立案侦查。"

④ 《关于人民检察院立案侦查司法工作人员相关职务犯罪案件若干问题的规定(高检发研字[2018]28 号)》一、案件管辖范围规定："人民检察院在对诉讼活动实行法律监督中，发现司法工作人员涉嫌利用职权实施的下列侵犯公民权利、损害司法公正的犯罪案件，可以立案侦查：1. 非法拘禁罪；2. 非法搜查罪(刑法第二百四十五条)(非司法工作人员除外)；3. 刑讯逼供罪(刑法第二百四十七条)；4. 暴力取证罪(刑法第二百四十七条)……"

完证据材料后，检察院认为犯罪嫌疑人的犯罪事实已经查清，证据确实、充分，依法应当追究其刑事责任的，应当作出起诉决定，按照审判管辖的规定，制作起诉书向法院提起公诉，并将案卷材料、证据移送法院。然后开庭，判决，审查法庭判决判的是否合适，如果不合适，可以提起抗诉。犯罪嫌疑人没有犯罪事实，或者有《刑事诉讼法》第 16 条规定的情形之一的，人民检察院应当作出不起诉决定。对于犯罪情节轻微，依照刑法规定不需要判处刑罚或者免除刑罚的，人民检察院可以作出不起诉决定。①

(二)审查起诉阶段电子数据真实性合法性审查

审查起诉阶段审查判断证据的重点是对证据"三性"的审查。从证据的"真实性"来审查，就是要审查判断证据所反映的事实与待证的案件事实是否存在着客观的内在联系，有什么样的联系，能证明案件中的什么问题，内容本身是否合理，有无矛盾，即证据的内容是否客观真实。从证据的"合法性"来审查，主要审查证据是如何形成的、是由谁提供或收集的，收集的方法是否正确，证据的形成与收集是否受到主客观因素的影响。

审查电子数据证据的真实性，包括但不限于以下几个方面的内容：电子数据的证据来源是否真实可靠，储存介质是否遭到破坏或污染，电子数据在提取、封存、鉴定过程中有无损坏的可能，取证使用的技术、设备、软件是否科学、安全，电子数据证据鉴定意见或公证书与电子数据证据鉴定、公证中使用的原理与论证部分是否矛盾等。

《人民检察院刑事诉讼规则》第 66 条至第 71 条规定②细化了非法证据排除制度的相关规定，明确了非法证据的范围，完善了重大案件侦查终结前讯问合法性核查制度等。就电子数据而言，司法实践中若没有滥用强制调查措施如监听、监控等取证行为时，界定为严重违法取证行为的情形不是很多，即使电子数据在取证手段、取证主体或者调查方式上存在一些程序上的瑕疵，多是对程序瑕疵加以必要补救或者给出合理解释的机会。

在电子数据合法性审查中，检察院围绕取证主体、电子数据收集提取过程的

---

① 参见《中华人民共和国刑事诉讼法(2018 年修正)》第 16 条规定。
② 参见《人民检察院刑事诉讼规则(2019 年版)》第 66 条规定至第 71 条规定。

取证程序是否遵守规定，电子来源及渠道要素分解验证单个电子数据的合法性，排除非法证据，补正、合理解释瑕疵电子数据，确保用于指控犯罪的每一份电子数据均具有证据能力。对于取证主体的审查，检察院会重点审查电子数据的收集、提取人是否为两名以上侦查人员。电子数据形成过程是否遵守法定的取证程序，检察院会审查电子数据提取时是否损坏、改变，有无进行完整性校验；对收集、提取、检查电子数据的相关活动有无录像；电子数据检查时有无对存储介质进行读写保护、有无制作数据备份等。对于电子数据的来源及渠道的审查，检察院会审查有无扣押、封存电子数据原始存储介质；有无见证人以及见证人是否符合条件；是否附有调取通知书、提取笔录、检查笔录等证明其电子数据来源的材料；电子数据提取笔录内容是否完整；有无侦查人员、电子数据持有人（提供人）签名或者盖章；电子数据检查笔录有无注明检查方法、过程和结果，是否有相关人员签名或者盖章等。

在司法实务的电子数据合法性审查中，检察院也可采用对比法、综合分析方法审查电子数据。对比法指的是对不同时间形成的电子数据纵向对比其证据内容，对不同种类证据横向对比其证明内容，以审查电子数据是否真实可靠，包括电子数据在内的各证据之间是否能够相互印证，电子数据与案件事实是否具有关联性，确保指控犯罪的电子数据具有证明力。综合分析方法是指检察院综合全案证据，既从控方角度分析有利于指控犯罪的证据，又从辩方的角度分析不利于指控犯罪的证据，权衡双方证据的质和量，对照证明标准判断能否认定案件事实。

根据以往的司法惯例，检察院对侦查机关在取证阶段收集提取的电子数据合法性有疑问的，检察院通常审查侦查机关提交的笔录、提取或分析电子数据过程中的录像和照片，并询问见证人、侦查人员等，要求侦查人员对取得的电子数据的合法性予以说明或证明。遇有某电子数据系属违法取得的情况，检察院会责令侦查机关进行必要的"调查核实"，而侦查机关通常会在短暂的"调查"之后，向检察院提交一份侦查机关加盖公章的"情况说明"，该材料一般以单位的名义说明侦查人员是否存在违法侦查行为。

（三）审查起诉阶段电子数据相关性推理分析

法庭在启动正式的庭审之前，检察院除了承担审查审判前对电子数据真实性、合法性审查的责任外，还要证明到"事实清楚，证据确实、充分"的程度，也即是要达到与法院定罪相同的证明标准。在庭审之前，检察院要查明犯罪事实、情节是否清楚，证据是否确实充分，犯罪性质和罪名的认定是否正确，有无遗漏罪行，是否有不应追究刑事责任的情况等。

从整个刑事诉讼过程中看，侦查终结是指公安机关或者人民检察院对刑事案件进行一系列的侦查活动以后，根据已经查明的事实、证据和有关的法律规定，足以作出犯罪嫌疑人是否犯罪、犯什么罪、犯罪情节轻重以及是否应当追究刑事责任的结论时，决定结束侦查并对案件作出处理决定的诉讼活动。根据我国法律法规的规定，公安机关把案件移交到检察院只能证明该案件侦查终结，并不能证明犯罪嫌疑人有罪。检察院在对侦查机关的侦查终结案件再次核查的基础上，根据案件具体情况，作出公诉、免诉或撤销案件的决定。若人民检察院作出公诉或提起公诉指控犯罪时，应当提出确实、充分的证据，并运用证据加以证明。①

就电子数据而言，审查起诉阶段电子数据相关性分析包括电子数据能否证明案件事实发生，与案件是否相关，电子数据能否证明该犯罪行为的发生时间、地点、方式、手段、条件、结果、危害程度等客观方面要素。另外，根据我国法律法规对检察院职能的规定，审查起诉阶段电子数据相关性分析还应考察电子数据是否可用于证明犯罪嫌疑人的量刑情节，电子数据能否证明犯罪主体、动机、目的等犯罪主观方面要素。

从审查过程上看，检察机关首先审查侦查机关从案件中遴选出的电子数据是否真实可靠、是否合法、是否与案件关联，然后，检察机关审查由侦查机关推理出的事件是否可信，在此基础上，检察官对案件事实再次证明和认定。从技术上看，检察官对案件事实的再次证明过程可以看成一个推理事件集合和案件犯罪事实属性特征集合之间的相互匹配的证明过程。检察官作出案件是否起诉还是补充侦查还是不起诉的决定，也可看作检察官对推理事件集合与案件犯罪属性特征集合之间的相互匹配度，以及推理的事件集合和案件犯罪事实的属性特征集合之间关联程度的评价结果。

---

① 《人民检察院刑事诉讼规则》第 61 条规定："公诉案件中被告人有罪的举证责任由人民检察院承担。人民检察院提起公诉指控犯罪时，应当提出确实、充分的证据，并运用证据加以证明。"

在法庭审判前，检察官的证明过程实质上是一个电子数据相关性推理，也是一个侦查假设。检察官在分析、揭示部分对象(推理事件)与某种属性(案件犯罪事实的属性特征)之间因果联系的基础上，推出该类事物的所有对象都具有(或不具有)某种属性的归纳推理。如何评价推理事件集合与案件犯罪事实的属性特征集合之间相匹配所采用的方法和科学依据，以及推理事件集合和案件犯罪事实的属性特征集合之间关联程度的可信性，可能会成为庭审中案件事实争议之处。

三、审判阶段电子数据相关性分析

(一)电子数据的审查与认定

依据我国刑事诉讼法的规定，刑事案件审判的程序包括两部分：进行审理和作出判决。检察院认为案件符合起诉条件，要把案件移交法院审判，法院在这个阶段的职责就是从事实、定性、证据来审查与认定检察院起诉指控的案件是否成立，并根据不同情况作出判决。经过法庭调查、控辩双方举证和质证后，法官认定证据合法性，并结合证据相关性、真实性判断证据是否作为定案的证据，然后依据人民检察院指控该案涉嫌的犯罪事实、罪名及适用的法律规定和量刑建议，法官审理确定被告人是否具有法定量刑情节及是否定罪量刑。

在法律规定方面，《最高人民法院关于适用〈中华人民共和国刑事诉讼法〉的解释》第93条规定了电子数据审查内容①，作出了不存在"原始电子数据"概念的

---

① 参见：《最高人民法院关于适用〈中华人民共和国刑事诉讼法〉的解释(法释〔2012〕21号)》第93条规定："对电子邮件、电子数据交换、网上聊天记录、博客、微博客、手机短信、电子签名、域名等电子数据，应当着重审查以下内容：

(一)是否随原始存储介质移送；在原始存储介质无法封存、不便移动或者依法应当由有关部门保管、处理、返还时，提取、复制电子数据是否由二人以上进行，是否足以保证电子数据的完整性，有无提取、复制过程及原始存储介质存放地点的文字说明和签名；

(二)收集程序、方式是否符合法律及有关技术规范；经勘验、检查、搜查等侦查活动收集的电子数据，是否附有笔录、清单，并经侦查人员、电子数据持有人、见证人签名；没有持有人签名的，是否注明原因；远程调取境外或者异地的电子数据的，是否注明相关情况；对电子数据的规格、类别、文件格式等注明是否清楚；

(三)电子数据内容是否真实，有无删除、修改、增加等情形；

(四)电子数据与案件事实有无关联；

(五)与案件事实有关联的电子数据是否全面收集。

对电子数据有疑问的，应当进行鉴定或者检验。"

规定；提出了对于远程调取方式获取的电子数据，应当注明相关情况，审判人员根据注明的情况予以审查判断电子数据提取过程的合法性，判断所提取电子数据的真实性和完整性；规定了在庭审过程中，询问相关人员等多种方式审查电子数据的内容和制作过程的真实性，必要时进行庭外调查，如果确实对电子数据有疑问的，可进行电子数据的鉴定和检验。①

《中华人民共和国刑事诉讼法(2012年修正)》首次规定了庭前会议制度②，2017年最高人民法院出台了《人民法院办理刑事案件庭前会议规程(试行)》，规定了庭前会议的功能、适用范围、基本规程、主要内容、效力以及与庭审的衔接方式等。③ 在涉众型经济犯罪案件中，例如非法吸收公众存款、集资诈骗、传销、非法销售未上市公司股票等犯罪案件，电子数据载体介质多，载体介质一般多达上百个。从这些载体介质中提取出的电子数据量大，案件数据量一般多是TG级别以上，电子数据与电子数据之间、电子数据与其他类型的证据之间其关系错综复杂，而且案件涉及多个罪名、多起事实、多名被告人。面对大量的电子数据，要求辩方在有限的庭审时间内全面检视，无疑是一项不可完成的任务，实行庭前会议制度，组织控辩双方展示相关的电子数据，归纳控辩双方争议焦点，会非常有利于该类案件后续庭审围绕争议的事实和证据集中辩论，能确保庭审更具针对性，达到提升庭审效率和保障被告人质证权行使的双重效果。

(二)审判阶段电子数据相关性推理分析

从证据的角度看审判阶段中法官对电子数据审判工作，其过程可以看作法官在核查电子数据合法性、相关性、真实性后，对检察院所做的犯罪事件片段推定—犯罪事实认定—定罪量刑推理过程的再次核查，如果核查无误后，结合控辩双方质证意见、案件具体情况如其他影响量刑的情节等④，依据实体法及相关的

---

① 喻海松：《刑事证据规则司法适用解读》，载《人民司法》2013年第3期。

② 参见《中华人民共和国刑事诉讼法(2012年修正)》第182条规定。

③ 参见《人民法院办理刑事案件庭前会议规程(试行)理解与适用》，载中国法院网，https：//www.chinacourt.org/article/detail/2018/01/id/3195223.shtml，最后访问时间：2021年5月7日。

④ 《人民法院办理刑事案件第一审普通程序法庭调查规程(试行)(2017年版)》第45条规定指出，经过控辩双方的举证、质证之后，法庭结合控辩双方质证意见，从证据与待证事实的关联程度、证据之间的印证联系、证据自身的真实性程度等方面，综合判断证据能否作为定案的根据。

司法解释给出法定量刑情节,最后根据经验和理性确定被告人是否犯有指控的罪行和应否处以刑罚以及处以何种刑罚。

审查判断阶段涉及电子数据相关性问题包括几个方面:一是定案证据中的电子数据相关性审查判断。根据法律规定,证据与待证事实没有关联,或者证据自身存在无法解释的疑问,或者证据与待证事实以及其他证据存在无法排除的矛盾的,不得作为定案的根据;① 二是对检察院提出的指控的罪名和量刑建议,法官审查判断其在推理事件与犯罪事实认定与定罪量刑此相关性推理过程的正确性;三是根据电子数据所揭示的犯罪行为与对其定罪量刑的相关性判断,法官给出审判意见。

审判阶段电子数据相关性问题实质上涉及两个方面的问题:一个是定案证据中的电子数据相关性审查判断;另一个是推理事件与犯罪事实认定与定罪量刑三者之间相关性推理的审查判断。对于前者,在司法实务中,可依据《最高人民法院关于适用〈中华人民共和国刑事诉讼法〉的解释》等法律规定,审查电子数据与案件的相关性,若电子数据量大、复杂,可采用庭前会议制度后遴选出与案件关联的电子数据。对于后者而言,审判阶段法官对电子数据所揭示的犯罪行为与对其定罪量刑的相关性判断,仍然是一个现实而尚未解决的问题。

2010 年最高人民法院、最高人民检察院、公安部、国家安全部、司法部联合发布了《关于规范量刑程序若干问题的意见(试行)》②,探索量刑规范化改革。《中华人民共和国刑事诉讼法(2018 年修正)》③中指出,对于认罪认罚案件,人民法院依法作出判决时,一般应当采纳人民检察院指控的罪名和量刑建议。为推进量刑规范化改革,进一步扩大量刑规范化范围,最高人民法院出台了《关于常见犯罪的量刑指导意见》④,明确了 23 种常见犯罪的规范量刑。

当前关于量刑建议工作的若干法律法规虽然已出台,但量刑建议中缺乏提供具体的犯罪细节与具体明确的犯罪嫌疑人、被告人的认罪认罚的相关性证明。最高人民法院颁布的《关于常见犯罪的量刑指导意见》只对 23 种常见犯罪的规范量

① 参见《人民法院办理刑事案件第一审普通程序法庭调查规程(试行)(2017 年版)》第 45 条规定。
② 参见《关于规范量刑程序若干问题的意见(试行)(法发[2010]35 号)》。
③ 参见《中华人民共和国刑事诉讼法(2018 年修正)》第 201 条规定。
④ 参见《关于常见犯罪的量刑指导意见试行(法发[2021]21 号)》。

刑进行了明确，其适用范围和覆盖面相对有限，对于一些新类型、不常见的案件尚未形成统一的量刑标准。① 如何构筑其量刑的方法，如何提炼出《刑法》及相应司法解释中对刑种、刑期、刑罚执行方式等的特征集合，如何将案件推理出的犯罪细节元素更好地匹配这些特征集合，是审判阶段中电子数据相关性需要研究的一个重点问题。

第三节　电子数据相关性形式化推理框架

一、电子数据形式化推理框架

(一)侦查阶段电子数据形式化推理框架

侦查阶段中，经过验证和核查，办案人员会从案件海量、异构、多源的电子数据源中挑选出可靠的、真实的电子数据，基于经验和常识性判断，办案人员识别和排除不相关的或相关性程度低的电子数据。

其后，办案人员对遴选出来的、与案件相关的电子数据，依据案件性质推理并建立案件之间的逻辑关联关系，证明虚拟空间中涉嫌犯罪的事件。

最后，办案人员勾勒和证明物理空间现实行为与虚拟空间犯罪行为之间的关联性。网络犯罪的主要犯罪行为发生在互联网中，主要的证据以电子数据的形式保存在互联网络中，办案人员为了实现单个证据证明力的判断和全案证据综合判断的目的，需要对虚拟空间证据和物理空间证据进行印证推理分析，确保虚拟空间证据与物理空间证据内容基本一致。图 9-1 给出了侦查阶段电子数据形式化推理框架。

(二)审查起诉阶段电子数据形式化推理框架

《人民检察院刑事诉讼规则》等规定要求，检察院在确实、充分的证据基础

---

① 参见《认罪认罚从宽中量刑建议存在的问题及对策》，载中国法院网，https://www.chinacourt.org/index.php/article/detail/2020/05/id/5236130.shtml，最后访问时间：2020年5月12日。

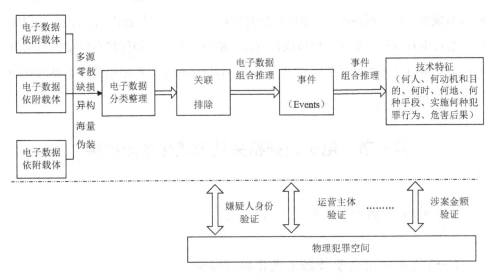

图 9-1　侦查阶段电子数据形式化推理框架

上，应运用证据加以证明犯罪事实。如何运用证据加以证明犯罪事实？从技术上看，这种证明犯罪事实的过程可以看作在检查电子数据的真实性、可靠性和相关性，核查电子数据与事件推理之间的科学性之后，审核和再次证明侦查终结报告中的犯罪事实与事件之间的相关性。

在案件的审查起诉阶段，承办该案审查起诉的检察院会根据侦查机关提供的起诉意见书及案件其他相关证据材料审查该案件，如果认为侦查机关遴选出与案件相关的电子数据不够充分，在案件事件与案件犯罪特征的相关性推理过程中，检察官认为其推理的可信性程度不高，在案件定性的揭示及案件其他犯罪事实的认定中，电子数据证明力不强，则会退回给公安机关补充侦查。

从技术角度看，审查起诉阶段实质是一个由电子数据→事件→事件的技术特征集合→案件事实的法律特征集合的推理过程，如图 9-2 所示。

(三) 审判阶段电子数据形式化推理框架

我国的证据认证未如英美法系一般分阶段判定证据的证据能力与证明力，但证据的认定也存有某些内在的实施过程与逻辑，法庭上需要先审查证据能力，再审查证明力的两阶层证据审查模式已成为学术界和实务界共同认可的

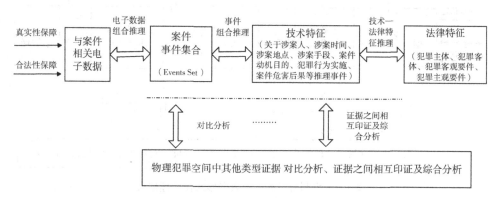

图 9-2　审查起诉阶段电子数据形式化推理框架

模式。

电子数据的证据能力，即某一电子数据是否具有作为定案根据的资格。在电子数据的相关性认证中，法官必须判断其是否指向与案件争议相关的法律性事实，法官要审核电子数据与待证事实的关联有无，需要判断某一电子数据是否属于本案调查范围，即所要判断之证据是否与待证事实之间具有相关性。显然，不具有相关性的电子数据并无调查之价值，对其展开调查将无端浪费司法资源。

在审判阶段，法官判断电子数据相关性有无后，还需考量电子数据相关性大小，考量电子数据对于案件事实的证明作用。法官需要审查该电子数据能否证明犯罪事实的发生；若犯罪行为确已发生，则审查该电子数据是否与犯罪行为的发生时间、地点、方法、手段、工具、条件、犯罪结果或危害性程度之间存在证明关系；若前两项皆已得证明，则应判断该电子数据是否可证明犯罪主体、犯罪行为、犯罪动机与目的等案件事实。在具体案件中，通常是参照实体法对于具体罪名构成要件的表述加以判断。

从技术上看，审判阶段电子数据相关性推理实质是一个复核审查起诉阶段电子数据相关性推理过程，在此基础上，提炼出刑法及相应司法解释中对刑种、刑期、刑罚执行方式等的特征集，将事件推理出的犯罪细节元素更好地匹配该特征集，如图 9-3 所示。

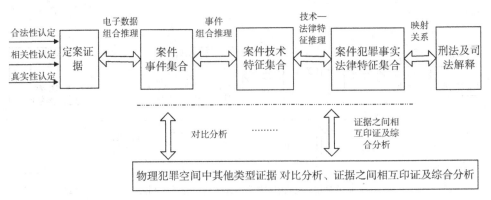

图 9-3　审判阶段的电子数据形式化推理框架

二、电子数据相关性逆向推理应用

(一) 案例研究

长期以来，不少侦查机关注重对定罪证据的收集，而相对忽视对量刑证据的收集，客观上也增加了检察机关提出确定刑建议的难度。一些基层检察机关技术人员短缺，检察官倾向于寻找传统证据，往往关注较为明显的电子数据，如未删除的通话记录、聊天记录、邮件等。[1][2] 在司法实务中，检察官大多不具备专业知识，对相关技术措施不具备实质审查判断能力，在某种程度上已经转化为对电子数据提取、固定等程序规则的审查。[3] 由于基层检察机关提出确定量刑建议的经验和能力较为不足，对此类案件的量刑的规律把握不够，对量刑的方法掌握不准，很多时候满足于将案件诉出去，法院能够作出有罪判决即可。

在当前司法实践中，有些类型的刑事案件其证据体系更多地向电子数据倾斜，犯罪行为都是在互联网网络中进行，证据如涉案人数统计分析、涉案金额统计分析、组织结构、赃款分配方式等都是以电子物证的形式存在于网络中，电子数据成为查证该类犯罪的关键证据。在审查起诉阶段中，检察官对这类案件犯罪

　① 孙萌萌：《浅析电子证据在基层检察机关的运用》，载《卷宗》2014 年第 11 期。

　② 赵敏：《公诉案件电子证据的合法性审查》，载《人民检察》2018 年第 10 期。

　③ 褚福民：《电子证据真实性的三个层面——以刑事诉讼为例的分析》，载《法学研究》2018 年第 4 期。

事实的认定是直接采纳侦查机关的电子数据相关性推理证明结果，还是依托传统证据去证明案件的犯罪事实等问题，往往成为检察官的困惑之处。

例如，在某起案件中，侦查机关是围绕网络诈骗案来开展案件初查和证据调查收集的，换言之，侦查机关对案件的侦查方向及可能适用的罪名是围绕诈骗罪而展开工作的。在侦查完毕后，侦查机关写出起诉意见书，连同案卷材料、证据等一并移送同级人民检察院。由于检察机关对该案件的定性等存在困惑，应该检察院邀请，笔者所在团队对该案能否定性为诈骗罪还是非法经营罪、电子数据的关联程度等提供技术咨询服务。

(二)逆向推理分析过程

1. 案件法律特征集提取

我国立法中尚未有针对网络诈骗犯罪的定罪量刑规定，目前司法机关普遍采取有关诈骗犯罪的《刑法》条文并结合《刑法》第 287 条对网络诈骗进行定罪及处罚。《刑法》第 266 条规定诈骗公私财物，数额较大的，处三年以下有期徒刑、拘役或者管制，并处或者单处罚金；数额巨大或者有其他严重情节的，处三年以上十年以下有期徒刑，并处罚金；数额特别巨大或者有其他特别严重情节的，处十年以上有期徒刑或者无期徒刑，并处罚金或者没收财产。

司法实践中对网络诈骗犯罪情节进行认定时通常借鉴《最高人民法院、最高人民检察院关于办理诈骗刑事案件具体应用法律若干问题的解释(法释〔2011〕7号)》。该司法解释中指出，诈骗公私财物价值三千元至一万元以上、三万元至十万元以上、五十万元以上的，应当分别认定为《刑法》第 266 条规定的"数额较大""数额巨大""数额特别巨大"，并通过列举情形的方式对"严重情节"予以认定。其后，最高人民法院、最高人民检察院、公安部发布的《关于办理电信网络诈骗等刑事案件适用法律若干问题的意见》则规定了全国统一量刑数额标准，诈骗数额三千元以上即可判刑。[①]

根据相关的法律规定，笔者所在团队提取网络诈骗类案件的法律特征，如表9-1所示。

---

① 参见《网络诈骗司法解释的相关法律知识》，载律图网，http://www.64365.com/zs/811578.aspx，最后访问时间：2021 年 5 月 12 日。

表 9-1 　　　　　　　　　　　　　　　**案件法律特征**

案件法律特征	描　　述
T1	网络诈骗的完成过程是否借助于互联网平台
T2	是否存在诈骗欺诈行为，是否存在利用网络采用虚拟事实或者隐瞒事实真相的行为
T3	是否存在骗取数额较大的公私财物，骗取财物的数额和严重程度如何

2. 案件事件集提取

笔者所在团队将侦查机关移送给检察机关的该案起诉意见书，案卷材料、技术侦查报告、电子数据等进行分析后，抽取出该案的事件集合，如表9-2所示。

表 9-2 　　　　　　　　　　　　　　　**该案的事件集合**

事件	描　　述
E_1	在案件初查阶段，侦查机关截图提取了该网站平台上含有高回报、有吸引力的投资的网页信息，如公司背景、投资回报率(ROI)、业务场景、产品购买、利润和分红等。
E_2	在受害者的智能手机中发现了犯罪嫌疑人的在线支付、关于投资指导的网络聊天信息。
E_3	服务器日志记录了受害者的数字设备和网站之间的链接信息。
E_4	分别在嫌疑人的电脑和受害者的智能手机上发现了炒股操作演示小视频。
E_5	通过查询找到改网站平台的域名、ICP信息。
E_6	可查看公司官网提供的公司简介、营业执照复印件。
E_7	在主要嫌疑人的智能手机中发现了工作指导、客户开发、投资运营等相关信息。
E_8	在嫌疑人电脑中发现了客户表、资金表、财务报表等。
E_9	受害人网银等出入金时间、金额记录，以及辅以部分聊天记录来判定出入金速度是2天。
E_{10}	第三方支付提供商和银行的交易记录、嫌疑人电脑下载的财务报表、服务器数据库中的资金交易表数据一致。

续表

事件	描　　述
E_{11}	在嫌疑人的电脑中存储的 Excel 表格的列名和字段值与数据库表格中的名称和值完全相同，都显示返佣返点差手续费高达 40%。
E_{12}	从犯罪嫌疑人的计算机、服务器数据库表、第三方支付提供商和银行中查找受害者的银行账户、交易金额、交易时间等。
E_{13}	在服务器数据库中提取了有关资金汇兑表、财务报表等涉案金额的统计数据。

3. 案件特征集和案件事件集关联度分析

根据上文提出的电子数据相关性推理框架图，笔者所在团队建立案件特征集和案件事件集的关联分析图，如图 9-4 所示。

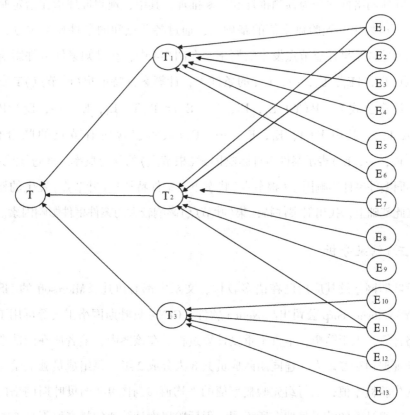

图 9-4　案件特征集和案件事件集关联分析图

4. 定量化评估

在日常生活中，人们往往进行常识推理，而这种推理通常是不准确的，为了提高推理的准确性，在常识推理的基础上，通常会引入概率理论。贝叶斯网络就是用条件概率表达各个信息要素之间的相关关系，能在有限的、不完整的、不确定的信息条件下进行学习和推理。

贝叶斯网络是一种表达变量之间关系及概率分布的有向无环图（GAG），在此网络中，节点代表随机变量，连接节点的有向边（由父节点指向子节点）代表节点间的逻辑关系，每个节点都对应一个条件概率表（CPT），表示该变量与其所有父节点之间的关系强度，没有父节点的为根节点，用先验概率表达。贝叶斯网络推理是指在给定贝叶斯网络模型的情况下，根据已知节点的概率分布，利用条件概率的计算方法，计算出所感兴趣的节点发生的概率。

贝叶斯网络推理分为预测推理和诊断推理，其中，预测推理指在给定基本事件（根节点）发生的先验概率值的基础上，通过各节点间的条件概率关系，可求出由原因导致结果任意节点发生的概率。在图 9-4 中，在已知案件事件影响因素（根节点）集合 $\{E_1, E_2, \cdots, E_n\}$ 的条件下，计算案件特征集（叶节点）T 发生的概率。计算公式为：$P(T \mid E_1, E_2, \cdots, E_n) = P(T, E_1, E_2, \cdots, E_n)/P(E_1, E_2, \cdots, E_n)$，其中 $P(T, E_1, E_2, \cdots, E_n)$ 表示包含所有节点的联合概率，$P(E_1, E_2, \cdots, E_n)$ 表示案件事件影响因素（根节点）的联合概率。通过预测推理，计算不同案件事件影响因素（根节点）状态下，案件特征集（叶节点）发生的概率大小。在此基础上，找出对案件特征集（叶节点）影响较大的案件事件影响因素。

（三）结果分析

贝叶斯网络及其应用已在诸多教材、文章中都有讲述，Microsoft 的 MSBNx、NORSYS software corp 公司出品 Netica 软件、GeNie 贝叶斯网络工具等可用于贝叶斯网络计算，限于篇幅，本章不重复计算过程。在该案中，笔者所在团队邀请部分电子证据司法鉴定人，连同团队成员共 8 人分成 2 组，每组成员独立给予对应节点的先验概率值，取每组先验概率值的平均值参与图 9-4 的贝叶斯网络的预测推理。分组计算的结果虽然有所不同，但后验概率计算值的最高值不足 60%，究其原因在于 $P(T_2 \mid E_1, E_2, E_7, \cdots, E_{11})$ 计算值低。换言之，案件事件序列集

$\{E_1，E_2，E_7 \cdots E_{11}\}$ 不足以支撑证明 T_2，表 9-1 中的 T_2 代表是否存在诈骗欺诈行为，是否存在利用网络采用虚拟事实或者隐瞒事实真相的行为。

根据上文提出的电子数据形式化推理框架，笔者所在团队进一步研究了该案用于证明欺诈行为的事件描述和相应的电子数据集，即电子数据集——事件集合的相关性分析。遗憾的是，该案缺失了对投资平台交易软件和网站源代码的电子数据分析。也就是说，由于交易软件功能分析和网站源代码分析的缺失，无法确定本案嫌疑人以何种方式存在欺诈行为，以及如何实施犯罪的。

笔者所在团队给出该案的技术咨询结论是，在案件定性的揭示及案件其他犯罪事实的认定中电子数据的证明力不强。一是应对该涉嫌网站的源代码分析，通过对网站源码中的系列 PHP 文件分析，形成系列的推理事件。二是应对交易软件电子数据进行分析，投资交易类型是什么，是外汇、期货、黄金还是白银等；在哪个平台上开展的交易，运营主体是哪个公司，是否正规；交易的软件有何特征，是采用自制开发软件，还是信管家或 MT4 等；三是应强化分析用于揭示或证明犯罪行为过程的案件资金运动过程，综合分析下单表、订单表、对账单、收单交易表、统一收单交易结算、收单交易撤销或退款表、扫码支付或刷卡支付等电子数据，勾勒出该案的资金路径，统计出涉案金额，获取该案的获利渠道。

第十章　电子数据相关性内容研究

对于电子数据的诉讼证明而言，仅有关于电子数据证据内容的知识是不够的，还应当知道这种内容是如何形成的，只有这样才能建立起对待历史过往事实的认知。电子数据相关性的知识架构应包括电子数据证据内容的知识和关于电子数据生成机制的知识。

相比较传统证据而言，电子数据证据材料具不直观性和更多的间接性，依据我国现行法律规定，从适应立法和司法实践的发展需要，电子数据相关性审查体系应纳入整个诉讼阶段来进行考虑。在整个诉讼阶段中，电子数据相关性首先是查证电子数据是否与待证事实有关联，进而证明电子数据与待证事实之间的关联程度，司法人员则需从形式上和实质上给予电子数据相关性证明。

电子数据外联性指的是电子数据与案件在证据形式上的关联性，包括身份相关性、时间相关性、空间相关性、介质相关性、组织相关性、行为相关性。电子数据内联性指的是电子数据与犯罪构成要素之间是否有关联，电子数据是否能够证明犯罪事实发生，电子数据是否揭示犯罪结果或危害程度等。内联性分析对证明物理空间的案件事实能产生实质性影响。

第一节　电子数据相关性知识与审查模式建构

一、证据内容知识与生成机制知识

(一)证据内容相关性

传统证据学理论认为，待证事实的回溯证明是依托思想和知识建立的逻辑或经验上的证据与待证事实之间的相关性证明，证据内容是证据相关性的核心。证据内容是指证据载体所具有的，对待证事实具有证明作用的某种特定物质特征和特殊的主观意义。例如，留在案发现场的指纹或足迹，就可能使其与具有这种指纹或足迹的某个特定的人实施了犯罪这一待证事实之间建立起证据相关性的证明。再如，某证人说"看见某人偷偷摸摸地拿走了里的一部手机"，这一证人证言所表达的内容与"某某人实施了盗窃犯罪行为"这一待证事实之间建立起相关性。

证据内容与待证事实之间的相关性表现为：证据内容是与人相关、与事相关或与物相关；是与人的主观动机相关或与人所采取的方法、手段相关；是与主要事实相关或与次要事实相关，是与事实发生的时间相关、与事实发生的空间相关或与事实发生的情况相关；是与物体相关或与人体相关；是与物的处所、状态、特征相关或与物的所属关系及其演变情况相关等。

从司法实践的角度看，证据内容与待证事实相关联形式也可分为直接相关性和间接相关性、必然相关性和偶然相关性、本质相关性和非本质相关性。[1] 直接联系是指作为证据的事实与待证事实之间的联系中不存在其他中间性质的事物，而间接联系则是指作为证据的事实与待证事实之间的联系是借助于"媒体"或其他中间性质的事物实现的。比如，甲事实同乙事实之间存在着直接的联系，乙事实同丙事实之间也存在直接的联系。在这种情况下，甲、丙两事实之间也是有联系的，这种联系就是间接联系。因为甲事实（证据内容）是通过乙事实这个"媒体"的作用同丙事实（待证事实）联系的。

必然联系是指作为证据的事实与待证事实之间必定存在的一种联系。比如，犯罪现场发现某人的指印，这枚指印（证据内容）同某人的手指（待证事实）之间就存在必然的联系，同某人到过现场的事实（待证事实）之间也存在必然的联系。偶然联系，则是指作为证据的事实之间只存在意外性质的联系，这种联系不是必有的，而是基于某种偶然的原因才具有的。比如，某甲酒醉后将自己的手机遗落路旁，被某乙捡到。某乙当晚盗窃某商店后又将该手机遗落现场。某甲的手机同本起盗窃案件（待证事实）之间的联系就是偶然的。

本质联系是指作为证据的事实与待证事实之间存在的内在的联系。在这种情

---

① 裴苍龄：《论证据的关联性》，载《政治与法律》1992 年第 4 期。

况下，作为证据的事实本身就是待证事实总体中的一个部分，即依据待证事实总体中的此一部分事实去查明彼一部分事实。比如，杀人案件中的尸体、凶器、血迹这样一些证据本身就是杀人案件(待证事实)中的一个部分。尸体、凶器、血迹等证据同杀人案件之间的联系就属于本质联系。非本质联系则是指作为证据的事实同待证事实之间的联系并不是内在的联系，而是一种形式的、外部的联系。

(二)电子数据生成机制知识

虚拟空间的电子数据跟物理空间的传统证据是不一样的。在虚拟空间中，每一个电子文件背后都有一批相应的文件，所有电子数据都是"三位一体"的。一是电子数据内容，即记载法律关系发生、变更与消灭的内容数据，如电子邮件内容、图片文件等；二是附属信息数据，即电子数据生成、存储、传递、修改、增删而形成的时间、制作者、格式、版本等信息，如电子邮件的制作人、发件人、收件人、传递路径、日志记录、文档本身的属性等；三是关联痕迹数据，即电子数据的存储位置信息、传递信息、使用信息及相关文件的信息，如缓存文件、源文件的存储记录及副本文件等，这三者密切联系，构成一个有机的整体，共同指向案件事实。[①]

司法人员在使用电子数据办案时绝不能仅仅使用电子数据内容，还要依据电子数据内容背后的附属信息数据、关联痕迹数据。例如，在一起邮件勒索案中，某女士接到一封匿名邮件，该邮件要求该女士在规定的时间内汇款 20 万元到某个账号，否则就将该女士的一些隐私信息公布在网上。在该案诉讼证明中，仅凭邮件内容来进行案件定案是不够的，还应当知道邮件内容是如何形成的，只有这样才能建立起对待过往的待证事实的认知。再如，在一起处理网络上发表不当言论案中，侦查机关通过查看网站信息(证据内容)，逆向追踪查看服务器日志记录，发现了发送网站的电脑 IP 地址，查知该 IP 地址属于某某的电脑。在该案中，如果仅凭借该网站内容就依照有关法规对该某某作出罚金的处罚，则容易引发原告不服提起上诉的可能，因为该网站信息(证据内容)可能是该某某发送，也可能其电脑上存着木马，是木马发送的等其他情形。

当前庭审中常出现的关于电子数据庭审抗辩情形，例如"黑客"行为抗辩、

---

① 刘品新：《电子证据的基础理论》，载《国家检察官学院学报》2017 年第 1 期。

"木马"病毒抗辩、"他人"行为抗辩、"溢波"等窃用行为抗辩等，也折射出了仅依赖证据内容就确定电子数据与待证事实具有相关性是不足以满足诉讼的需要。就电子数据而言，其生成的证据内容可能是因为其他行为事实的发生而形成，证据内容可能是由被告人的行为而形成，但并非所指控的犯罪行为而形成的；证据内容可能由被告人的行为而形成，也可能由其他的行为(犯罪行为、捏造证据的行为)而形成的。

如同传统证据一样，电子数据内容是指电子数据载体或介质上所具有的、对待证事实具有证明作用的某种特定物质特征和特殊的主观意义。显然。电子数据之所以有证明作用在于人们认识了其所具有的特殊内容，但是"电子数据"的特殊内容不能被人们认识时，它是不能发挥其应有的证明作用的。在笔者看来，电子数据相关性的知识架构应包括电子数据证据内容的知识和关于电子数据生成机制的知识，电子数据的生成机制是指电子数据内容的形成规律。对于电子数据的诉讼证明而言，仅有关于电子数据证据内容的知识是不够的，还应当知道这种内容是如何形成的，只有这样才能建立起对待历史过往事实的认知，可以说，电子数据生成机制的知识用于保障电子数据内容的客观性，电子数据生成机制(的认知)是电子数据证据内容(的认知)和待证事实(的认知)之间的桥梁。

二、经验事实判断与法律规范评价

(一)经验事实判断

在我国现行法体系下，相关性是证据材料成为诉讼证据的资格条件。[①] 以刑事司法领域为例，《中华人民共和国刑事诉讼法(2018年修正)》第50条指出，可以用于证明案件事实的材料，都是证据。[②] 一般认为，该条款规定是对刑事证据概念的表述。马工程重点教材《刑事诉讼法学》将该条作为证据概念的法律依据。[③]《刑事证据问题研究》一书认为该条完善了证据概念的表述。[④]

---

① 艾明：《我国刑事证据能力要件体系重构研究》，载《现代法学》2020年第3期。

② 参见：《中华人民共和国刑事诉讼法(2018年修正)》第50条规定。

③ 《刑事诉讼法学》编写组著：《刑事诉讼法学》(第二版)，高等教育出版社2018年版，第119页。

④ 陈卫东著：《刑事证据问题研究》，中国人民大学出版社2016年版，第7页。

可见，按照我国《刑事诉讼法》的规定，只有具备相关性(具有证明案件事实作用)的证据材料才能成为诉讼证据，不具备相关性的证据材料根本就不是具体案件中的诉讼证据。在诉讼证明过程中，相关性把守着第一道关卡，通过了这道关卡，证据材料才被视为具体案件中的诉讼证据。证据要成为最后的定案根据，还要接受第二道关卡——证据能力的审查，通过证据能力的审查，才能成为法庭调查程序的实质调查对象，经过法庭调查程序以后，再接受第三道关卡——法官对具备证据能力的诉讼证据的证明力进行评价，通过这个审查，此诉讼证据才可以终局性地成为判决中认定事实的定案根据。证据相关性及证据审查过程如图10-1所示。

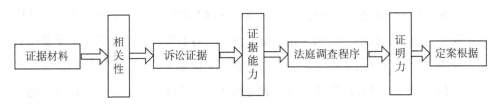

图 10-1 证据相关性及证据审查过程

按照《刑事诉讼法》第 50 条的规定，相关性是指证据材料具有证明案件事实作用的性质，它主要是从经验事实层面指引控辩审三方收集证据、评价证据，[1]其判断目的是将明显无相关性的证据材料预先筛选出诉讼程序之外。如果事实是"摆在面前"而发生的，那么，对哪些证据与事实之间有现实相关性的判断，就是一个"一看就知道"的简单事情。然而，待证事实基本上都是一种历史事实，在回溯性的证明活动中，只能靠思想和知识在证据与待证事实之间建立一种逻辑或经验上的相关性，用经验事实的验证方法获得对事物的认知。

(二)法律规范评价

证据要转化为定案根据，应当具备两项基本的资格要求：一是证据能力，二是证明力。[2] 在我国，一种先审查证据能力，再审查证明力的证据审查模式已成

---

① 艾明：《我国刑事证据能力要件体系重构研究》，载《现代法学》2020 年第 3 期。
② 陈瑞华著：《刑事证据法学(第三版)》，北京大学出版社 2018 年版，第 119 页。

为学术界和司法实务界共同认可的模式。例如，"马工程"重点教材《刑事诉讼法学》认为，在证据能力与证明力的关系问题上，应当先判断证据能力的问题，再审查证明力的有无和大小。[①] 在实务界，最高人民法院原副院长张军主编的《刑事证据规则的理解与适用》对证据的证据能力和证明力作了较为详细的介绍，该书认为，证据裁判原则的适用，首先需要解决证据资格的问题，即证据的证据能力问题[②]。先审查证据能力，再审查证明力的证据审查模式如图 10-2 所示。

图 10-2　证据审查模式

司法实务中，如果先审查证据证明力再审查证据资格必然将导致司法资源的无端耗费，还会造成《刑事诉讼法》一直期待以避免的法官预断之情形出现，所以先进行证据资格的审查然后再进行证据证明力的审查。虽然这一证据审查模式得到了学术界和实务界的共同认可，但对于这一模式的某些问题，学术界存在着不一致的认识。以刑事司法领域为例，最典型者如刑事证据的证据能力要件问题，究竟我国刑事证据的证据能力要件应当包含哪些内容，学者的见解似乎并不一致。[③]

证据能力是诉讼证据具备成为法庭调查程序实质调查对象的法律资格条件，

①　《刑事诉讼法学》编写组著：《刑事诉讼法学（第二版）》，高等教育出版社 2018 年版，第 121 页。

②　张军著：《刑事证据规则的理解与适用》，法律出版社 2010 年版，第 50 页。

③　证据的证据能力要件包括：关联性、合法性，参见万毅：《论无证据能力的证据》，载《现代法学》2014 年第 4 期。刑事证据能力的要件为：关联性、未因取证手段违法而被排除、未因无法保障真实性而被排除，参见纵博：《我国刑事证据能力之理论归纳及思考》，载《法学家》2015 年第 3 期。证据的证据能力要件包括：证据的取证主体、证据的表现形式、证据的取证手段、证据是否经过合法的法庭调查程序，参见陈瑞华著：《刑事证据法学（第三版）》，北京大学出版社 2018 年版，第 139 页。可以用于证明案件事实的材料就是对刑事证据内容的解释，暗含证据的相关性，参见董坤：《证据、定案的根据：论刑事证据的概念——对〈刑事诉讼法〉第 48 条的解释》，载《西南民族大学学报（人文社会科学版）》2015 年第 12 期。

强调的是从法律规范层面评价控辩双方收集的证据。如果将证据相关性作为证据能力要件，由于判断证据是否具备证据能力是一种法律规范评价，因此，证据相关性的判断属于法律规范层面考量范畴。

《人民法院办理刑事案件第一审普通程序法庭调查规程（试行）》规定了证据材料相关性的整体性审查判断操作，该规程第 45 条规定指出，经过控辩双方质证的证据，法庭应当结合控辩双方质证意见，从证据与待证事实的关联程度、证据之间的印证联系、证据自身的真实性程度等方面，综合判断证据能否作为定案的根据。① 根据以上规定，我国证据相关性判断的作用时点规定在控辩双方质证之后的，主要作用是为法官评价证据的证明力，形成认定事实的心证基础提供程序性保障，从认证程序上看，先判断证据相关性有无，然后判断证据的相关性大小，证据的证明力是由真实性和相关性构成的。

根据以上规定，证据相关性判断主体是审判人员，重点判断证据相关性的有无和强弱，判断的目的是将查证属实的具有较强证明力的证据作为定案根据。法律常常授予法官以权力或责任，使其在某种情况下可以行使自由裁量权。从这点上看，证据相关性的判断又属于经验事实考量范畴。

三、电子数据相关性审查模式建构

（一）电子数据相关性与传统证据相关性不同之处

根据我国《刑事诉讼法》对诉讼证据的概念规定，相关性仅指证据材料具有证明案件事实作用的性质，描述的是一种"自然（逻辑）关联性"，不具相关性的证据不能成为诉讼证据，证据相关性属于事实经验判断。我国众多学者认为证据相关性应作为刑事证据的证据能力要件，证据相关性属于法律规范评价。《人民法院办理刑事案件第一审普通程序法庭调查规程（试行）》的规定指出证据相关性的判断属于经验事实考量范畴。证据相关性在法律规定上是模糊的，学界对证据相关性是否包含于证据能力要件莫衷一是。当然，学界中对于证据相关性是否属

---

① 整体性审查判断操作指的是不加区分证据的证据能力判断与证明力判断，审判者需对证据这两个方面的判断在一个程序中加以完成，相关性有无与相关性大小亦通过此认定程序进行。参见《人民法院办理刑事案件第一审普通程序法庭调查规程（试行）》第 45 条规定。

于经验事实考量范畴还是属于法律规范评价的探讨，对于证据相关性判断是否应纳入法庭调查程序还是对证据相关性应剔除出证据能力要件的学术研究，其研究探讨的目的在于构建证据相关性的审查体系。合适的证据相关性审查体系，对于节约司法资源以及避免法官对案件的预断等不无裨益。

相比较于学界中探讨的证据相关性审查体系、司法实务中采用的证据审查模式，电子数据相关性审查模式有所不同，其原因在于电子数据技术特性所致。

1. 电子数据证据材料的不直观性

在以传统证据为主的犯罪案件中，侦查机关负责案件证据材料的收证，检察机关承担证明被告人有罪的举证责任，法官审查判断证据材料的资格性和证据材料的证明力，对案件事实、案件过程进行审查判断，对犯罪事实的罪状认定。例如，在认定嫌疑人持刀抢劫的犯罪事实中，侦查人员收集到了遗留在犯罪现场的刀具物证工具，从刀具刀柄上提取出了指纹信息，最后验证指纹信息是该嫌疑人的指纹信息，刀具上留有的血迹是受害者的。据此，侦查人员将相关的证据材料直接提交给检察机关。

在案件起诉和审判阶段，检察官和法官能直观地感受到该证据材料，凭经验和理性能有效地判断出该证据材料与待证犯罪事实之间有无相关性，以及其相关性的强弱。然而，对于在以电子数据为主的犯罪案件中，如果侦查人员直接将电子数据材料提交给检察机关，检察官和法官是很难直观地感受到这些证据材料，因为这些证据材料本质上是一堆按编码规则处理成的"0"和"1"，看不见，摸不着。同时，面对海量的电子数据，让审判人员对电子数据的证据资格性和证明力作出判断，只会增加法官对电子数据更大的难以适从性。

2. 电子数据证据材料的间接推理性

在以传统证据为主的犯罪案件中，其犯罪事实相对是已知的，侦查人员有办案经验，可经验性地围绕该犯罪事实，找寻相关性的证据材料去发现案件的真相。检察官或法官可以围绕该案件的犯罪事实，根据法律规定去审核侦查人员的取证行为是否合法，证据是否是非法方式获得的，检察官或法官也可根据经验、理性和良心，对证据是否关联于案件事实、证据证明力和案件事实作出判断。

对于虚拟空间发生的刑事案件，侦查人员在该类案件发案之初，对该类案件的犯罪行为、危害后果、作案手段等犯罪事实是不清楚的，也缺乏相应证据能支持侦查人员判断出案件的性质。侦查人员需要筛选出与案件相关的电子数据，组合有相关性的电子数据分析犯罪行为，揭示或证明出犯罪事实。这些由侦查人员挑选出的电子数据，不一定具有如传统证据学学者称之为的"逻辑相关性"，这些挑选出的电子数据可能与案件待证事实不具有直接相关性，仅是与案件待证事实在形式上具有关联，或者是间接证据组合分析而产生的关联性。例如，一条日志记录显示某个时刻网络访问端口被打开过，那么该端口的打开可能是系统自动打开的，也可能是嫌疑人恶意打开的，对打开该端口的行为需要组合其他的电子数据进行综合分析才能认定，那么该端口被打开后又干了什么，则需要组合另外的电子数据去进行分析其行为等。网络访问端口被打开是直接证据，用于组合分析网络访问端口被打开的电子数据是间接证据。

(二)电子数据相关性审查模式

1. 两个空间的犯罪行为侦查和犯罪认定

传统刑事案件如杀人案件，从被害人尸体的被伤害部位、伤口形状、大小、多少等能初步判断出案件是故意杀人还是过失杀人抑或是自杀，侦查机关在接到案件的报案或者受理案件时即可依据事实对案件作出相对准确的定性判断，即犯罪事实已知。犯罪事实构成的核心要件是犯罪行为，找寻犯罪事实的真相则需要证实犯罪行为，具体表现为待证犯罪事实中所表述的行为是否与证据指向的行为一致。[①] 就具体案件而言，侦查人员则是围绕"谁实施了该犯罪行为，是如何实施该犯罪行为的"，找寻相关性的证据并证明该犯罪事实。证据收证人员向证据查证人员移交证据后，后续工作是审判人员依据法律规定，从法律规范评价层面核查收集侦查人员收集的证据是否符合法定程序，是否存在着有可能严重影响司法公正的证据，证据是否作出补正或者作出合理解释，如果不能补正或者作出合理解释的证据，对该证据是否应当予以排除。接着，审判人员从经验事实判断层面判断证据相关性的有无，对证据材料与犯罪构成要件该当性、违法性、有责性的刑法上审核评价，判断查证属实的证据材料与案件事实之间的证明力强弱。

在涉及电子数据的犯罪案件中，侦查人员面临的是两个犯罪空间行为的侦查

[①]　范思力：《网络犯罪的证据关联性判断》，载《广西政法管理干部学院学报》2016年第4期。

和认定，一个是物理空间现实行为的确定，如犯罪器材的准备、犯罪团伙的邀约和组织、赃款的分配等，另一个是虚拟空间犯罪行为的确定。侦查人员在侦查阶段既要判断两个空间自身中其证据的指向与行为成立是否一致，也要判断两个空间之间其证据的指向与行为之间是否形成清晰的逻辑关系。当其中任何一点没有达到都会影响整个犯罪事实的认定。

一是，相关联的电子数据能否证明待证事实中的虚拟空间犯罪行为。虚拟空间的一切活动都是以某种数据形式赋予表现，如网络账号、聊天记录、程序代码等。对这些遗留下来的痕迹，侦查人员则需要从海量的数据中筛选出相关性的电子数据，进行整合、拼接，揭示出虚拟空间中犯罪行为的过程。

二是，相关联的证据能否证明待证事实中的物理空间的现实行为。无论虚拟空间如何变化，虚拟空间的犯罪特征都是有物理空间现实行为予以指向的。例如，在病毒传播案中，对应的物理空间现实行为包括：作案工具如病毒程序的来源和准备、犯罪团伙的组织、作案地点和作案资金来源及赃款分配；犯罪的危害后果包括危害的范围和地区、现实生活中受此病毒的被害人数量和造成的财产损失等。侦查阶段则需找寻相关联的证据去证明待证事实中的物理空间的现实行为。

三是，是否有相关联的证据能清晰地表明物理空间和虚拟空间之间的逻辑关系。只有物理空间现实行为和虚拟空间的犯罪行为两个行为一致，或者说两个空间中的证据能互相印证，则可清晰地界定完整犯罪事实。司法实务中，如何证明虚拟空间犯罪行为和物理空间现实行为的关系，可以从两者之间的辅助关系、因果关系、并列关系的角度展开。①

传统刑事案件中，侦查人员可以将相关的证据材料提交给查证人员，证据材料所揭示的犯罪行为和关联出的犯罪事实让审判人员去审查判断，关于证据材料的资格性和证据材料的证明力交由法庭判定。与传统刑事案件不同的是，在涉及电子数据的案件中，侦查人员需要对两个空间的犯罪行为侦查和犯罪认定，需要调查分析与假定之要证事实具有可能的关系之电子数据，需要判断电子数据是否

---

① 辅助关系指的是虚拟空间犯罪行为是为了物理空间现实行为提供的支持和帮助。因果关系指的是虚拟空间犯罪行为是物理空间现实行为产生的原因。并列关系指的是虚拟空间犯罪行和物理空间现实行为共同产生危害的犯罪。参见范思力：《网络犯罪的证据关联性判断》，载《广西政法管理干部学院学报》2016年第4期。

具有证明价值相关性的可能性。

2. 应纳入整个诉讼阶段考虑的电子数据相关性审查模式

学理上关于证据相关性与证据能力要件、证据相关性与经验事实判断和法律规范评价的探讨，其研究目的用于提升司法效率，改进证据审查模式，但其研究范围界定于审判阶段。在笔者看来，以我国现行法律规定为依据，从适应立法和司法实践的发展需要出发，电子数据相关性审查体系应纳入整个诉讼阶段来进行考虑。

从司法实务角度看，侦查人员承担着与案件事实相关的电子数据的选择判断、案件定案的职能。在肩负着两个空间的犯罪行为侦查和犯罪认定工作中，无疑侦查人员会对电子数据相关性有无和强弱进行判断，这种判断既具有经验事实判断，也带有法律规范评价。侦查人员将电子数据相关性的有无，将间接证据组合分析出的与案件事实关联的证据材料等工作，如同传统刑事案件一样交由审判人员去审查判断至少在目前的司法实务中是不现实的。一是电子数据相关性有无的判断是技术性的，但法官、检察官等通常不具备相应的专业技术知识；二是虚拟空间犯罪事件的重建过程，涉及技术性推理，若依据审判阶段的严格证明性原则，则需要在法庭上重构犯罪事件以及证据的展示，但限于电子数据的不直观性和间接性特征，犯罪事件在法庭上的重构和再现无疑会影响审判效率，浪费司法资源。

从技术角度看，案件整个过程可以看成侦查人员负责从海量电子数据中提取收集、标记定位出与案件事实相关的电子数据，推理并建立案件之间的逻辑关联关系，证明虚拟空间中涉嫌犯罪的事件，证明物理空间现实行为与虚拟空间犯罪行为之间的关联性，向检察机关提交侦查终结报告和起诉意见书。检察官负责从法律规范评价层面判断电子数据，并验证核查侦查人员在电子数据与事件推理之间的科学性，再次推理或证明案件犯罪事实与事件之间的相关性程度，向法院出具起诉书和量刑建立。法院负责从经验事实层面和法律规范评价层面判断电子数据，对检察院提出的指控的罪名和量刑建议，审查判断其在推理事件与犯罪事实认定与定罪量刑此相关性推理过程的正确性，并给出该犯罪事实的罪状认定和法庭裁决，如图 10-3 所示。

在这个"与案件关联的电子数据集—事件—案件特征（犯罪事实，待证事实

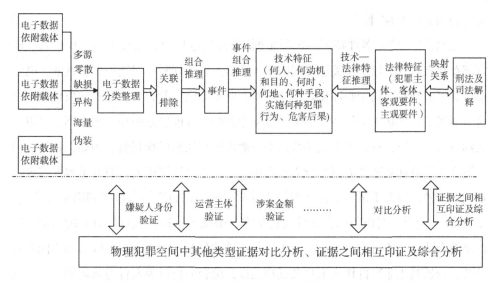

图 10-3 电子数据相关性推理框架

的推理)—定罪量刑"的案件推理过程中,侦查人员、检察官、法官都存在有对电子数据相关性的证据资格性和证明力的审查判断,只是在诉讼的不同阶段中,各司法主体对证明性的要求不一样,证明的标准不一样而已。侦查阶段实行较为自由的证明原则,审判阶段实行的是严格证明原则。

基于此,电子数据相关性审查体系应纳入整个诉讼阶段来考虑。在笔者看来,在这个纳入整个诉讼阶段的电子数据相关性审查模式中,一是对于与案件关联的电子数据集建立,换言之,遴选出的与案件事实相关的电子数据,应在电子数据相关性内容评价和技术规则上予以确定,并尽可能予以法定化,这样侦查人员在主观评定选用和组合分析电子数据过程中既需要考虑其技术方法性,也需要考虑其法定化,检察官和法官在审查起诉和审判阶段则可仅审查电子数据相关性技术方法应用的科学性和法律规则的遵循性,来判断电子数据相关性的有无。例如,在网络盗窃案件中,可以通过服务器中记载的 IP 地址、终端 MAC 地址等证明作案电子设备来关联出行为人的电脑,再结合言词证据、监控录像等证明案发时电脑系其本人使用。再如,在身份相关性分析中,可通过审查行为人网络账户、应用软件账户的注册信息(如手机号码、身份证号码等)及账户内记载的物流、支付结算、生物识别信息(人脸、声纹、指纹等)等,与行为人的网络行为轨迹等进行比对,再结合其他证据,判断虚拟空间的网络身份和物理空间中的现实身份的相互对应性。

二是在"事件—案件特征—定罪量刑"的推理过程中，侦查人员、检察官、法官都存在有对电子数据相关性强弱的审查判断，这个判断属于经验事实判断，既然是经验事实判断则属于心证化。但鉴于我国尚未形成完善的自由心证约束机制，在这方面建立若干基于案件特征的电子数据相关性内容推理方法和推理规则，可以有效约束司法人员，有利于对电子数据更好地证据收证和审查判断。例如，在病毒植入被害人手机勒索案件的犯罪行为推理中，一方面要运用相关联的电子数据综合推理判断被植入病毒手机的运行状态是否异常；另一方面要综合推理判断植入的"勒索病毒"是否具有对设备内存文件进行加密、限制手机持有人自由查看的功能，以此来综合认定犯罪行为。再如，对于一些案件的犯罪行为推理，可以根据不同案件特征，分析其犯罪案件作案工具及其功能性，综合分析行为人行为轨迹的电子数据如 WiFi 信息、地理位置信息等，分析反映行为内容的电子数据如操作记录、网络浏览记录、聊天记录等，综合认定行为实施的"全貌"。

第二节　电子数据外联性

一、电子数据外联性研究内容

(一)外在事实的证明

我国法律规定，刑事诉讼证明的标准是"事实清楚，证据确实充分"。所谓的事实清楚，是指与定罪量刑有关的事实和情节，都必须查清。所谓证据确实充分，是指对作为定案依据的证据的质和量的总的要求。具体是指要达到如下标准：一是据以定案的每个证据都必须查证属实；二是每个证据必须和待查证的犯罪事实之间存在客观联系，具有证明力；三是属于犯罪构成各要件的事实均有相应的证据加以证明；四是所有证据在总体上已足以对所要证明的犯罪事实得出确定无疑的结论，排除了其他一切可能性。[①]

---

① 参见《从客观性真实与法律真实谈刑事诉讼证明标准》，载中国法院网，https：//www.chinacourt.org/article/detail/2004/11/id/139403.shtml，最后访问时间：2021 年 5 月 20 日。

从刑诉证明标准的角度看，证据的证明首先是查证属实，查证是否存在着有与待证事实有证明性关系的证据，进而证明该项证据与待证事实之间的客观关系。由于案件犯罪事实是行为人在其主观意识控制下所从事的行为，要证明这种犯罪行为，司法人员则需从形式上和实质上给予证明。

因此，在研究电子数据相关性内容体系时，笔者认为，可以将这种案件犯罪事实的证明分为外在事实的证明和内在事实的证明。外在事实可以认为是构成犯罪行为所体现出的证据体系，以某种证据形式体现出的与案件犯罪事实相关联的证据，外在事实证明主要用于分析电子数据与案件是否相关的有无判断。外在事实证明是内在事实证明的前提，有外在事实的证明，才可能有内在事实的证明，无外在事实证明就不可能有内在事实证明。但有外在事实证明，不一定有内在事实证明。

从司法实务的证明过程看，外在事实的证明先于内在事实的证明而发生的，因此电子数据有无外在事实证明是诉讼中首先需要解决的问题。在庭审中，法官首先审核电子数据本身是真实的，并且与案件待查证的犯罪事实是紧密相关的，待外在事实证明得到确认后，法院还要进一步对内在事实证明进行审查，在获得外在事实证明的情况下，才有内在事实证明，才有证据证明力大小之说。

(二)电子数据外联性定义及内容研究

传统刑事案件中，为揭示案件犯罪事实和证明犯罪行为，侦查采用从案到人、从人到案以及从人到人、从案到案方式逆向思维进行回溯推理案件产生的原因、嫌疑人的作案动机。在涉及电子数据的案件中，侦查采用的是首先分析虚拟对象实施了何种行为，其次是分析物理空间中的被调查对象实施了何种犯罪行为的调查方式。从侦查的角度看，两者是一致的，其本质上仍是找出谁，在什么地点，什么时间，以何种方式，干了什么行为，以及为什么干此行为。

传统刑事案件的基本结构是指构成任何一起刑事案件最基本的结构要素，即犯罪相关的人员、地点、机构、物品、案件等五个基本要素的内在联系和排列、组合形式。一起完整的刑事案件，是由与犯罪事件相关的五个基本结构要素为序组合和联系的动态过程。[①] 根据电子数据的技术性特征及其表现形式，我们可以

---

① 王电著：《公安信息化概论》，清华大学出版社 2011 年版，第 11 页。

将涉及电子数据的案件的"五要素"进行拆分和扩展，将地点要素扩展为"时间"和"空间"要素；将"物品"要素扩展为"物证、痕迹"要素，例如手机、电脑、移动存储介质等属于物证，摄像头记录的出行时间和状态信息，道路摄像头记录的车速和位置等属于痕迹；"机构要素"指的是公安机关赋予的组织含义，如网络诈骗团伙、黑社会组织等；"案件"要素指的是"行为"要素，具体实施主体实施的违法违规行为，主要由行为特点、行为方式、行为特征即行为习惯等构成。

在涉及电子数据的案件中，与案件相关的人、时间、空间、物品、组织、行为的电子数据和待证事实之发生时间、地点、方法、手段、工具、条件、犯罪结果或危害性程度之间在形式上有存在性的证明关系，我们将之称为电子数据外联性。将与案件在证据形式上有关联性的电子数据作为电子数据外联性研究内容，有助于解决庭审中电子数据与案件在形式上的关联审查判断。电子数据外联性研究的内容如下。

1. 人的相关性

人的相关性指的是嫌疑人身份信息的确定。在虚拟空间中，如微信号、QQ号、陌陌号、微博号等在涉案件中多以昵称注册和被使用，有些案件中嫌疑人使用假名或者冒用他人身份信息从事违法犯罪行为，身份关联需要分析物理空间中的嫌疑人的真实身份是否与虚拟空间中的嫌疑人信息是否对应。

2. 时间的相关性

虚拟空间的时间通常是机器时间、网络时间，与物理空间的时间具有一定的对应关系，但又不完全一样。例如，案件中日志记录的时间、文件文档创建和修改的时间、网络访问的时间、聊天记录显示的时间等都是机器时间，对案件的案发时间和案件过程分析有着重要的作用。如果一旦出现机器时间和物理时间不一致，也易于引发辩方对时间相关性的争议。时间的相关性就是要确定机器时间、网络时间与物理空间中的时间是否一致，或者两者之间时间的差异缘由分析，用以确定犯罪行为的涉案时间。

3. 空间的相关性

虚拟空间电子设备有着独特的地址概念，如 IP 地址、MAC 地址、GPS 地址、手机基站的定位地址等，虚拟空间中各个设备所处的地址是相关联的。从侦查的角度看，对各个设备的地址的关联分析可以显示出犯罪构成中犯罪的信息流，揭示犯罪的实施过程。空间的相关性包括虚拟空间和物理空间的逻辑关系的分析。

4. 物品的相关性

物品的相关性指的是介质或痕迹的关联，物品相关性就是要确定存储介质与犯罪嫌疑人是相关的。在司法实务中，电子数据存储介质与犯罪嫌疑人的相关性一般有如下情形：所有、所有并使用、使用。[①] 所有指的是犯罪嫌疑人对存储电子数据的介质设备有所有权，如犯罪嫌疑人的手机、私人物品等就是犯罪嫌疑人所有的、专用的。所有并使用指的是犯罪嫌疑人是该介质设备的所有者，是否犯罪嫌疑人使用着该介质设备，需要有证据证明该嫌疑人使用了该介质设备。使用指的是犯罪嫌疑人对介质和电子设备不具有所有权但是在其犯罪过程中使用过某介质和电子设备。

5. 组织的相关性

互联网技术的发展，使信息传播更加快捷，也使犯罪的组织策划更为便利，计算机网络犯罪的形式出现组织化、集团化现象。在一些诸如网络诈骗、网络赌博犯罪中，犯罪分子通过网络信息互相交流犯罪方法和手段，分工协作，密切配合，形成了严密的犯罪群体。当前，网络犯罪已远远超出了目的犯罪，上下线关系庞大复杂，犯罪行为早已脱离了与"实行"行为的一一对应关系。组织的相关性指的是犯罪组织与案件的相关性，具体包括犯罪组织的结构组成、犯罪行为的实施主体，以及利润分配等。

6. 行为的相关性

行为的相关性指的是电子数据与犯罪嫌疑人有无实施犯罪行为的相关性，换言之，电子数据能否揭示犯罪嫌疑人的真实主观犯罪意图和目的。例如，在网络诈骗案中，存在着嫌疑人伪造信用卡，制作假票据的文档、图片及链条记录，存在有篡改电脑程序的日志操作记录，这些电子数据可以有效揭示犯罪嫌疑人有欺骗和诈取财物的犯罪行为。行为的相关性认定涉及犯罪嫌疑人的各种法律责任，这些行为将影响犯罪嫌疑人主体法律责任的最终认定。

---

① 魏勇：《电子数据的关联性实证研究》，载《中国刑警学院学报》2017年第2期。

二、电子数据外联性研究原则

(一)立足于案件事实争议之处

为查明案件的真实情况,使主观认识符合客观实际,达到真实,这是我国证据制度对证明的要求,但这种证明要达到何种程度呢?我国法学界关于刑事诉讼证明有两派学说,这两派学说并都能在理论上找到支持各派的观点。一个是客观真实论,指的是对案件事实的认识要完全符合客观的实际情况,刑事诉讼证明标准应该达到客观真实的程度;另一个是法律真实论,指的是诉讼证明的事实只是接近客观真实的法律真实,而不能达到绝对的客观真实,其中,法律事实指的是只需达到从法律角度认为是真实的程度即可。①

证据材料完全符合案件客观事实的真实,在司法活动中这是最好不过的事情,但面对现实,面对各种条件的限制,人们往往又不得不在司法活动中满足"法律事实"。从电子数据司法实践看,案件总是发生在过去的事情,不可能再现,司法实务人员只能依靠与案件相关的各种信息资料去发现案件真相。对于发生在过去的网络空间和物理空间的事实,侦查人员、检察官、法官多是无法亲眼感知的,通过电子数据所认定的案件事实是不能等同于客观存在的事实。

从电子数据收集的司法实务看,随着信息技术和通信技术的发展,各种各样存储设备和业务系统被广泛使用,成为人类记录和存储信息的主要方式,同时这些存储设备和业务系统也记录了犯罪行为。虽然犯罪行为的蛛丝马迹被各种信息系统所记录,但这些信息是"藏身于"海量的其他数据之间,这些数据可能存储于云平台上,分散在不同的物理服务器上,其犯罪证据和海量的正常计算机数据混杂在一起,往往很难发现。从电子数据分析的司法实务看,司法实务人员面对的是大数量级的电子数据,在整理、裁减、确立重点侦查范围的过程中,一些信息可能会被遗漏或忽略,一个异常行为往往隐藏在多个分散的数据之中,潜在的异常行为也是较难以发现。也许有人会说,证据不足就再补充侦查,但是与传统刑事案件不同,在很多网络案件中或者因为时过境迁,或者因为条件限制,再次

---

① 参见《从客观性真实与法律真实谈刑事诉讼证明标准》,载中国法院网,https://www.chinacourt.org/article/detail/2004/11/id/139403.shtml,最后访问时间:2021年5月23日。

收集电子数据已然不能。

面对这种情况，检察官和法官却无能为力，检察官必须作出案件是否起诉的决定，法官必须作出案件的判决。无论案件是否被起诉，抑或是案件被告人是否被法官判为有罪还是无罪，都应当以电子数据等证据材料能够证明案件的事实为基础，而这些电子数据等证据材料所证明的案件事实显然不能等同于案件中的客观事实。因此，在涉及电子数据的案件中，对这类案件的审查起诉也好，判决也好，所依据的只能是法律事实，所达到的证明程度或水平只能是法律真实。

另外，在司法实务中，面对海量的电子数据，要查证属实与案件事实关联的全部电子数据，对任何一个司法机关而言是不能承受之重。司法资源的有限性决定司法机关不可能为寻求某一案件的绝对真实而不惜成本、不计代价地投入无限的司法资源，否则，对其他案件来说就没有寻求真实的司法资源了。

因此，电子数据外联性研究应立足于案件争议之处或与案件事实相关的事实，而非全部案件事实。司法实践中的任何一个案件，与案件相关的人、时间、空间、物品、组织、行为的电子数据并不都会成为案件事实的争论点。

(二) 经验客观化过程

不是所有的电子数据都能成为法庭上发挥证明力的电子数据，如何从众多的、散布在不同地域的证据源中可信地选取与案件相关的电子数据？目前学理研究归纳出司法实务中评估电子数据的方法有直接法、权重法、Casey 确定性级别法、实验统计方法。直接法、权重法或依托电子数据上下文环境评估电子数据的 Casey 确定性级别法，具有较强的可操作性和实用性，但在遴选出与案件相关的电子数据时是依据司法实务人员的经验和直觉，可能因为操作者的经验和直觉的偏差而使遴选出的电子数据其结果失准。为客观地评价电子数据，借助实验统计等方式验证电子数据具有很强的准确性和易于被法庭所接受，但是在司法实务中，计算或重新再做一次实验达到可信地确定遴选出与案件相关的电子数据不太现实。总的来说，当前司法实务中，司法实务人员对电子数据相关性有无的判断是以主观认识为主，电子数据相关性有无判断是经过人的主观思维活动的产物。

在侦查破案工作中，现场勘查收集的材料往往是支离破碎的，为了判断复杂案件的性质，从繁杂的现象中理出较清晰的线索，有时必须把事实材料进行归纳或类比推理，然后概括出犯罪事实中的共同特点，从而得出结论。所谓归纳其实质也是判例法应用，归纳法是将本案事实与以前类似案件的事实加以比较（区别），从这些事实中归纳出一个比较抽象的价值判断。类比推理是根据两个（或两类）对象的某些属性相同或相似，从而推出它们另有其他相同或相似的属性。从归纳和类比推理的可靠性程度来看，无论是可靠性极高的科学知识、专家意见，还是可靠性较低的日常经验、直觉等，都属于经验的范畴。

　　既然是经验知识的应用，则其判断的结果具有盖然性特征。司法实践并不能因为经验知识在逻辑上可能会有可错性而弃之不用。因为，一方面，大量司法实践说明了经验知识在很大程度上反映了客观的规律性并能够有效帮助达成各种目标；另一方面，由证据出发对案件事实进行事后认识，这样一种认定事实的模式必须借助于司法实务人员的经验知识，别无他法，也就必须容忍这种盖然性。①但是，司法实务人员基于其对案件事实的主观认识来从事证明活动，都必然受到其感受能力、记忆能力、理解能力、表达能力等主观因素的限制，这些都会对案件的证明活动产生一定的影响。

　　基于此，在进行电子数据外联性研究时，应合理地利用经验知识，科学地设计若干技术应用规则，必要时从法理上及立法中进行必要的规范，对于经验的运用可通过对经验的甄别以及证据法则、诉讼程序等方面进行制约。在电子数据外联性学理研究中应强化对犯罪案件的特征、电子证据源分类和特征等的研究，建立不同犯罪案件与电子数据特征对应的关联性，达到通过某一犯罪案件特征能判断出一定的与案件关联的案件案发时间、空间、嫌疑人、物品、组织、行为的电子数据或其相应的电子数据表现方式。经验客观化的过程，可以防止误用或滥用经验。

第三节　电子数据内联性

一、电子数据内联性研究内容

（一）电子数据外联性与内联性

电子数据外联性指的是电子数据与案件在证据形式上的关联性，可以理解为

---

　　① 樊传明：《司法证明中的经验推论与错误风险》，载《甘肃行政学院学报》2013 年第 6 期。

在构成案件犯罪事实所体现出的证据体系中，以某种证据形式体现出的与案件犯罪事实相关联的证据，具体表现为与案件事实相关的人、时间、空间、物品、组织、行为的电子数据和待证事实之发生时间、地点、方法、手段、工具、条件、犯罪结果或危害性程度之间的存在性证明关系。

在某种意义上，电子数据外联性可以解决电子数据相关性有无的判断，涉及电子数据进入法庭调查程序之前的证据资格判断。诸如，电子数据外联性是否解决了物理空间的案件事实与虚拟空间电子数据分析结果的相互印证，并形成物理空间中证据分析的案件事实和虚拟空间电子数据分析结果之间的对应关系。电子数据外联性是否解决了公安机关在物理现实中掌握的调查情况与虚拟空间中对某些电子数据分析结果两者的一致性，虚拟空间的数据分析结果与落地侦查掌握的情况是否吻合。例如，在虚拟空间中，假名、昵称多被犯罪嫌疑人使用，分析物理空间中的嫌疑人的真实身份与虚拟空间中的嫌疑人身份信息是否对应，这属于电子数据外联性中嫌疑人身份信息关联分析。再如，分析物理空间中嫌疑人的银行账号信息、账户间资金往来信息等与虚拟空间中会员的银行账号信息、转账信息及提款信息等数据是否印证，这属于电子数据外联性中资金行为信息分析。

电子数据内联性，可以通俗地理解为电子数据与犯罪构成要素之间是否有关联，电子数据是否能够证明犯罪事实发生，电子数据是否揭示犯罪结果或危害程度等。内联性分析对证明物理空间的案件事实能产生实质性影响，内联性分析是电子数据相关性分析的主体和重点。

在某种意义上，电子数据内联性解决电子数据相关性程度的判断，涉及案件的定性和定罪量刑。从犯罪行为的角度看，电子数据内联性解决"虚拟空间虚拟对象实施了何种犯罪行为""物理空间被调查对象实施了何种犯罪行为"，解决其实施的犯罪行为应该如何被定罪惩罚以及惩罚到什么程度是合适的。例如，在电信网络诈骗犯罪中，与案件相关的电子数据若能够显示出嫌疑人发送诈骗信息达五千条以上，或拨打诈骗电话达五百人次以上，或通过互联网在网络平台上发布诈骗信息，页面浏览量累计五千次以上等，根据相关法律规定，则该案件犯罪情节严重性程度为"其他严重情节"。

（二）电子数据内联性的推理

《中华人民共和国刑事诉讼法（2018年修正）》第55条规定指出，证据确实、充分，应当符合以下条件：（1）定罪量刑的事实都有证据证明；（2）据以定案的证据均经法定程序查证属实；（3）综合全案证据，对所认定事实已排除合理怀疑。① 《最高人民法院关于适用〈中华人民共和国刑事诉讼法〉的解释》则对何谓"定罪量刑的事实"进行了细化规定，在第72条规定指出，应当运用证据证明的案件事实包括：（1）被告人、被害人的身份；（2）被指控的犯罪是否存在；（3）被指控的犯罪是否为被告人所实施；（4）被告人有无刑事责任能力，有无罪过，实施犯罪的动机、目的；（5）实施犯罪的时间、地点、手段、后果以及案件起因等；（6）是否系共同犯罪或者犯罪事实存在关联，以及被告人在犯罪中的地位、作用；（7）被告人有无从重、从轻、减轻、免除处罚情节；（8）有关涉案财物处理的事实；（9）有关附带民事诉讼的事实；（10）有关管辖、回避、延期审理等的程序事实；（11）与定罪量刑有关的其他事实。② 该解释中多处对证据之间的印证提出了明确要求。

印证证明是我国司法实践中证据分析认定的主要方式，其要求认定案件事实至少有两个以上的证据，其证明内容相互支持，排除自身矛盾以及彼此间矛盾，形成一个证明结构。在司法实践中，将犯罪构成要素分解为主体事实、行为事实、客体（对象）事实、结果事实、行为与结果之间因果流程事实等部分，每一部分均需要相应的证据证明，或者为供述证据，或者为非供述证据。在证明各部分要素之后，再进行法定构成要件的涵摄，然后进行判决，这是我国司法实务中对犯罪事实认定常采用的证明模式。

印证证明在司法实践中的应用，这可能也是导致证据推理问题在我国的证据法学中不受重视的原因之一。长期以来，我国学者对于法律推理的研究仅集中在法律适用方面，而在研究诉讼证明问题时，很少谈到"证据推理"问题。③ 法律或司法解释对于如何在证据分析中充分运用经验法则，如何进行证据推理，如何从整体视角进行证据分析规定甚少。

---

① 参见《中华人民共和国刑事诉讼法（2018年修正）》第55条。
② 参见：《最高人民法院关于适用〈中华人民共和国刑事诉讼法〉的解释》第72条。
③ 纵博：《论诉讼证明中的逻辑和经验》，载《新疆大学学报（哲学·人文社会科学版）》2016年第2期。

在司法实务中，司法实务人员对证据是否确实、充分，是否存在合理怀疑的判断均以印证为标准，将印证状态等同于证明标准，形成了以印证判断为全部内容的证据分析路径。在笔者看来，印证作为一种判断证据真伪的方式，并不能回答如何从证据推理出案件事实的问题，甚至也不能解决所有情形下证据的真伪判断问题。证据虽然达到一定的数量，也未必就能直接发现案件事实，在很多情况下还需要从证据进行推理才能得知案件事实。证据不会直接将事实映射在人脑中，即使案件存在较多的直接证据，也不可能自动形成完整、连贯的案件事实，仍然需要司法实务人员进行推理、想象等思维活动，以填补事实之间的空档，或者与法律构成要件进行涵摄。

在电子数据相关性司法实践中，有些电子数据不能单独、直接证明案件事实而只能证明某个中间事实，但是，几个中间事实的组合却可以证明案件最终事实。事实认定的心理活动必须以对证据的分析和推理为基础。在案件证明过程中，不仅作为间接证据的电子数据证明案件事实需要推理，作为直接证据的电子数据认定案件事实也需要进行推理，综合整体证据推断案件事实的过程更需要进行推理。根据电子数据内联性研究内容，从技术角度看，电子数据内联性推理过程可以描述为如图 10-4 所示。

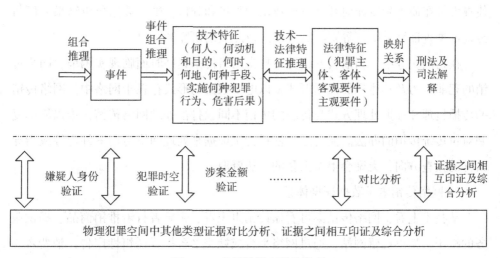

图 10-4　电子数据内联性推理

二、电子数据内联性推理的司法应用

(一) 网络传销案件及电子数据

1. 网络传销案例研究

传销作为我国特有的名词，是伴随着直销营销模式而出现的，早期一些不法分子利用直销形式，打着直销的旗号进行"金字塔诈骗"活动，从事着传销或变相传销活动。随着互联网的普及，传销者利用网络这一特征，借助高科技、电子商务等方式将传统传销变成了拉人加入，人拉人然后拉下线，非法牟利的"网络版传销"。当前，受国际国内各种因素影响，我国经济犯罪形势呈现出新的特点，社会领域犯罪与金融领域犯罪交织、网上犯罪与线下犯罪叠加，投资理财、网络借贷、私募股权等犯罪层出不穷，涉众型、虚拟性、跨地域性、分散化、隐蔽性强等为特征的网络传销犯罪高发频发。

在理论上，不同学术背景的专家在网络传销的侦查措施、侦查谋略，以及侦破难点和侦防对策方面给出有意义、积极的探索，但是在该类案件电子数据的研究方面，例如，如何快速确定电子数据源；围绕网络传销案件的法律技术特征，侦查人员在侦查阶段如何开展电子数据的收集和分析；电子数据分析结果如何与传统证据查证结果印证等则鲜有文献涉及此类的研究和探讨。

在司法实务中，当前公安机关在打击网络传销案件时面临现实困境，网络传销的犯罪行为及其体现的证据形式多以电子数据的形式存在于网络中，网络传销的传播机理和证据处理方式与传统的传销不同，打击处理网络传销，难以简单复制对付传统传销的办法。换言之，依托传统证据来处理网络传销案件定性或指导案件的侦查方向，无疑会浪费大量的司法资源。

2. 网络传销电子数据证据体系

从技术上看，网络传销案可看作传销组织者、领导者打着推销商品、提供服务的幌子，架设运营网站，通过网络平台或社交平台投放诱饵性广告，消费者一旦缴纳费用后就成为会员，这些会员直接或者间接发展下线传销从业人员，并依据发展下线的数量多少进行计酬或者返利。网络传销犯罪的实施过程如图 10-5 所示。

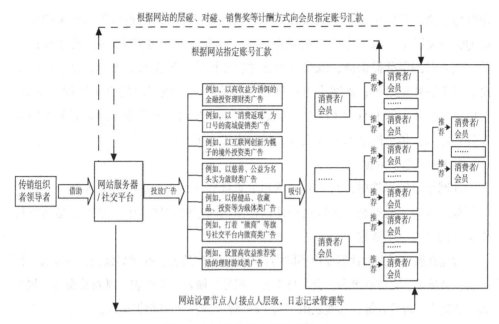

图 10-5　网络传销犯罪的实施过程

从图 10-5 中可以看出在网络传销案件中，网站管理平台管理着会员的基本信息、会员之间层级信息、会员的人数统计信息、资金的流动和分配等电子数据；传销组织者/领导者、会员/消费者的手机、移动存储介质、银行卡存储着电子数据；网站平台发布的承诺高收益或引诱投资的投放广告、如何发展下级会员以及会员如何获取利润分配的介绍网页等电子数据。

在这些电子数据中有实施网络传销行为的各类行为主体，即"人"的电子数据；有实施网络传销行为的各种物质条件，即"物"的电子数据；有网络传销会员交纳的会费和计酬等资金情况，即"资金"的电子数据；有网络传销及其衍生违法经营行为信息，即"行为"的电子数据；有网络传销实施过程信息，如载体、传销广告等发放的过程和方式等，即"运作信息"的电子数据。网络传销案的电子数据证据体系可由常规电子数据和核心电子数据共同组成。

（1）常规电子数据。常规电子数据用于揭示网络传销案件发生时间、发生地点、犯罪手段和方法等。具体的常规电子数据包括：网络平台发布的电子数据信息。例如，侦查期间截屏保存的涉嫌网络传销并承载着发布传销信息的服务器网站、贴吧、微信公众号、QQ 群、微博等网络平台发布的电子数据信息等；涉案人的即时通讯客户端软件提取的电子数据。例如，手机通话记录、手机短信、微信红包、微信转账记录、微信支付、支付宝转账记录等，内容与传销相关的微信或 QQ 聊天记录、GPS 定位、浏览器历史记录信息、电子邮件等；通过远程勘验，或互联网服务提供商，或第三方支付服务提供商等提取的用户信息、身份信息、网上转账记录等；涉案人电脑硬盘、移动存储介质提取的电子数据。例如，与网络传销相关的 PPT 文档、Word 文档、Excel 文档、图片等；网站服务器服务器日志记录、传销网站的源代码计算机程序等电子文件。

（2）核心电子数据

在网络传销案件中，与犯罪构成和定罪量刑有直接关系的涉案人数、组织结构层级、涉案人的返利金额等这些证据存储在网站的数据库中，数据库是网络传销案件的核心电子数据。

存储在服务器上的数据库由不同的表组成，如产品表、返利奖金表、国家表、汇率表、会员表、会员阶级表、会员日志表、积分兑换表、奖金表、碰对奖金表、提款表、业绩表、价目表等，这些表由不同字段属性的列名及其数据组成。

对数据库表中的这些字段及其数据的分析可以揭示出犯罪的涉案人数、组织结构层级、涉案人的返利金额等。例如，数据库的会员表中的数据能揭示注册会员数、首次会员注册时间、下级会员数，通过对这些数据的分析可以揭示形成的会员层级、涉案会员的组织结构；数据库表中的银行开户信息、交易记录、转账明细、返利金额等可以用于分析涉案人员的涉案金额；对数据库会员表中会员的统计，以及该会员的下线人数的统计分析，可以揭示涉案组织的人数、涉案人员在组织内部地位(也就是层级的认定)，而这些通常作为判断涉案人员是否被追究刑事责任以及涉案情节是否严重的判断依据。

（二）网络传销案电子数据内联性推理

1. 内联性分析的法律依据

在《刑法》第 224 条①对组织、领导传销活动罪的法律规定中指出，辨别是否

---

① 参见《中华人民共和国刑法(2020 年修正)》第 224 条之一规定："组织、领导以推销商品、提供服务等经营活动为名，要求参加者以缴纳费用或者购买商品、服务等方式获得加入资格，并按照一定顺序组成层级，直接或者间接以发展人员的数量作为计酬或者返利依据，引诱、胁迫参加者继续发展他人参加，骗取财物，扰乱经济社会秩序的传销活动的，处五年以下有期徒刑或者拘役，并处罚金；情节严重的，处五年以上有期徒刑，并处罚金。"注明：2020 年 12 月 26 日，中华人民共和国第十三届全国人民代表大会常务委员会第二十四次会议通过《中华人民共和国刑法修正案(十一)》。

为传销行为，一看是否交纳入门费，即是否需要交纳会费后才可获得计酬和成为下线；二是看是否有拉人加入行为，发展的下线之间是否能按照一定顺序组成层级；三是看下线是否有计提报酬行为。《关于办理组织领导传销活动刑事案件适用法律若干问题的意见》（公通字〔2013〕37号）①的司法解释中指出传销组织层级及人数的认定标准、传销活动的组织者、领导者的认定情形、骗取财物的认定、情节严重的认定、团队计酬行为的认定。

根据《刑法》第224条对组织、领导传销活动罪规定和相应的司法解释，网络传销案件电子数据内联性分析需要解决的问题包括：一是网络销售的完成过程是否借助于互联网平台；二是是否存在收取入门费行为，会员是否交会费，或者说是否交钱给涉案公司/网站；三是网络销售的目的是什么，是以销售产品或服务为目的还是发展下线，其组织结构是否具有层级；四是是否存在多样性的奖金分配行为，其计酬标准是否以发展之人数为主，也即法律上所说的不同方式的计酬。

2. 电子数据内联性分析内容

网络传销案电子数据内联性分析就是用电子数据分析结果来证实该案件是否是网络传销案件，该案的作案手段和方式是怎样的，其涉案人数和涉案金额情况如何，用于案件的定性判断和定罪量刑的定量化分析。电子数据内联性分析内容包括：

（1）网络传销案件犯罪的层级结构分析。需要分析和甄别出是否符合法律所规定传销活动的层级和人数，其层级结构是否为三层以上，传销活动参与人数是否为三十人以上。其次，需要分析某个会员在该网络传销犯罪活动中所处的层级、下线人数，其在该犯罪组织结构所处地位、层级关系如何。

（2）涉案金额及人数的分析。不是所有的传销行为都构成犯罪，工商行政管理部门负责一般性传销行为的行政处罚，只有传销行为情节严重的才构成犯罪，要依法追究行为人的刑事责任。在网络传销案件中，涉案金额的多少是情节严重认定的重要依据之一，因此，需要统计分析该案件嫌疑人会员号与银行账号的绑定及犯罪金额，某嫌疑人作为推荐人或接点人其下级人数和层数，以及其对应的涉案金额。

---

① 参见2013年11月14日最高人民法院、最高人民检察院、公安部出台的《关于办理组织领导传销活动刑事案件适用法律若干问题的意见》。

(3)互联网平台分析。在法庭上，涉案网站的内容通常也作为判断涉案人员是否进行传销活动的依据。需要对网站的域名信息、是否备案信息、网站平台发布信息等的分析来判断该网站平台的性质和特点，对该网站平台的信息流程和资金流程的分析来构建该网络传销案的作案过程图。

(4)犯罪计酬方式分析。需要分析是否存在瓜分奖金行为，是否存在着层碰、对碰、量碰等多层次计酬模式，是否存在着采取团队计酬的方式，以发展人员的数量作为计酬或者返利依据等。

3. 网络传销案件电子数据内联性分析方法

(1)网络传销案件的层级结构分析。层级结构的层数和对应的人数信息存储在服务器网站的数据库中，数据库的表中存储着会员信息，单一的一条记录表示着一个会员信息，通过分析数据库表中记录的内在逻辑关系以及数据统计来分析会员的层级和人数。

首先，将会员作为接点人和推荐人的信息表找到，并提取其字段中的数据，生成对应的接点人表和推荐人表，利用软件工具，如 Microsoft Office Visio 工具或者使用百度的 eChart，或编程生成接点人和推荐人的层级结构图。其后，将生成的层级结构图与网站组织结构图比对分析，这种网络组织结构图的通常会出现于两处：一是案件侦查中采用截图方式获取的网站平台发布的组织结构图；二是在能获取网站源代码的情况下，搭建本地运行网站后的运行的网络组织结构图。图10-6 显示了网络传销案件犯罪的层级结构分析过程。

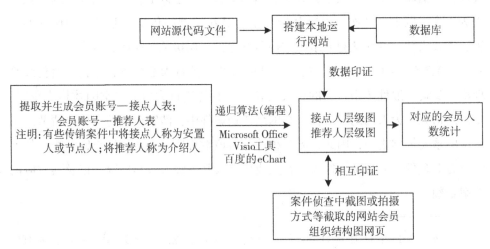

图 10-6　网络传销案件层级结构分析

（2）涉案金额及人数的分析。虚拟社会中由于犯罪嫌疑人可能用很多会员账号登陆，奖金瓜分时可能用多个银行账号，会员账号与银行资金账号可能会出现一对一、一对多、多对多的关系。在案件侦查中某嫌疑人为逃避打击，隐瞒其犯罪事实，可能只承认一个会员账号，在此情况下，则需要分析出与该会员号关联的其它会员账号及对应的银行账号。

首先，找到含会员账号与银行账号的信息表，提取相应字段的数据如会员账号、银行账号、提款金额等，对会员账号和银行资金账号采用反复关联分析，进而统计某会员的涉案金额。其后，将分析结果与案件侦查中截图方式获取的该网站奖金分配图等比对分析；或在能获取网站源代码的情况下，将分析结果与本地运行网站运行结果进行比对分析，以及与部分涉案人的手机、银行卡等来源的电子数据印证分析。图 10-7 显示了网络传销案件犯罪的涉案金额及人数的分析过程。

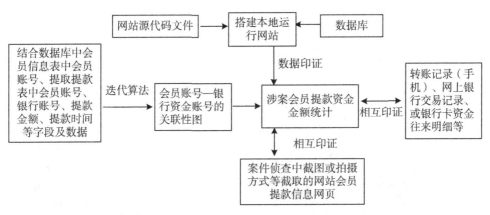

图 10-7　网络传销案件涉案金额及人数分析

（3）其他分析。例如，在团队计酬方式分析中，可首先分析团队成员计酬的网站源代码程序文件，将分析结果与搭建本地运行网站的运行结果进行比对，或结合数据库奖金表中奖金业绩、奖金率、奖金数额等字段数据进行数据对比分析，或辅以会员的银行提款信息分析团队计酬方式。在互联网平台分析中，可将网站平台发布信息，与后台数据库中产品表、业绩表等中存储的产品信息、广告宣传信息进行印证分析，或与搭建本地运行网站的运行结果进行比对，或与案件侦查期采用截图方式获取的网站网页图等比对分析。限于篇幅，在此不一一讨论。

　　总的来说，从适应立法和司法实践需要，将电子数据相关性审查体系纳入整个诉讼阶段来考虑，从电子数据相关性证明角度出发，将电子数据相关性分为形式上和实质上的证明，有助于解决司法实践中电子数据相关性面临的难题，提升电子数据司法应用水平。

参 考 文 献

一、中文著作类

[1]汪建成，刘广三. 刑事证据学[M]. 北京：群众出版社，2000.

[2]徐立根. 物证技术学[M]. 北京：中国人民大学出版社，1999.

[3]何家弘. 电子证据立法研究[M]. 北京：法律出版社，2002.

[4]陈光中. 刑事诉讼法[M]. 北京：北京大学出版社，2013.

[5]刘品新. 电子取证的法律规制[M]. 北京：中国法制出版社，2010.

[6]汪振林. 电子证据学[M]. 副主编 畅君元、赵长江，北京：中国政法大学出版社，2016.

[7]陈瑞华. 刑事证据法[M]. 北京：北京大学出版社，2018.

[8]杜春鹏. 电子证据取证和鉴定[M]. 北京：中国政法大学出版社，2014.

[9]蒋平，黄舒华，杨莉莉. 数字取证[M]. 北京：中国人民公安大学出版社，2007.

[10]刘志军. 可信电子数据取证及规则运用研究[M]. 武汉：武汉大学出版社，2020.

[11]林子雨. 大数据技术原理与应用：概念、存储、处理、分析与应用(第 2 版)[M]. 北京：人民邮电出版社，2016.

[12]何家弘，刘品新. 电子证据法研究[M]. 北京：法律出版社，2002.

[13]刘品新. 中国电子证据立法研究[M]. 北京：中国人民大学出版社，2005.

[14]何家弘，张卫平. 简明证据法学[M]. 北京：中国人民大学出版社，2007.

[15]刘品新. 网络时代刑事司法理念与制度的创新[M]. 北京：清华大学出版社，2013.

[16][美]约翰·W·斯特龙. 麦考密克论证据[M]. 汤维建等译. 北京：中国政

法大学出版社，2004.

[17]宋英辉，汤维建. 证据法学研究述评[M]. 北京：中国人民公安大学出版社，2006.

[18][美]乔恩·R. 华尔兹. 刑事证据大全[M]. 何家弘等译. 北京：中国人民大学出版社，1993.

[19]陈一云. 证据法学[M]. 北京：中国人民大学出版社，1991.

[20]江伟. 证据法学[M]. 北京：法律出版社，1999.

[21]卞建林. 证据法学[M]. 北京：中国政法大学出版社，2002.

[22]陈光中，徐静村. 刑事诉讼法学(修订二版)[M]. 北京：中国政法大学出版社，2002.

[23]陈光中.《中华人民共和国刑事证据法》专家拟制稿(条文、释义与论证)[M]. 北京：中国法制出版社，2004.

[24]陈卫东. 刑事诉讼法学[M]. 北京：中国人民大学出版社，2004.

[25]陈朴生. 刑事证据法[M]. 台北：三民书局，1979.

[26]卞建林. 美国刑事诉讼规则与联邦证据法则[M]. 北京：中国政法大学出版社，1996.

[27]王电. 公安信息化概论[M]. 北京：清华大学出版社，2011.

[28]《刑事诉讼法学》编写组. 刑事诉讼法学(第二版)[M]. 北京：高等教育出版社，2018.

[29]陈卫东. 刑事证据问题研究[M]. 北京：中国人民大学出版社，2016.

[30]张军. 刑事证据规则的理解与适用[M]. 北京：法律出版社，2010.

二、中文论文类

[1]李毅. 电子数据取证发展概况[J]. 中国信息安全，2019(5).

[2]王莉. 电子证据、计算机证据、数字证据的概念辨析——从电子技术的发展看电子证据的概念[J]. 消费导刊，2009(22).

[3]廖根为. 数据证据概念与特点分析[J]. 江淮论坛，2010(3).

[4]杜志淳，廖根为. 数字证据、电子证据、科学证据、电子记录概念比较分析[J]. 中国司法鉴定，2011(4).

[5]韩波. 论加拿大《统一电子证据法》的立法价值[J]. 政治与法律，2001(5).

[6]刘品新. 论电子证据的定位：基于现行法律的思辨[J]. 法商研究，2002(4).

[7]邹荣合.电子数据证据及其在刑事侦查中的运用[J].铁道警官高等专科学校学报,2005(4).

[8]李鹏,金达峰.电子数据证据之重铸[J].广东青年干部学院学报,2004(55).

[9]李鹏.电子数据证据及其司法运用[J].江苏警官学院学报,2004(1).

[10]赵长江,李翠.电子数据概念之重述[J].重庆邮电大学学报(社会科学版),2015(6).

[11]田虹,翟晓飞,王艺筱.《公安机关办理刑事案件电子数据取证规则》的理解与适用[J].派出所工作,2019(3).

[12]刘品新.论电子证据的原件理论[J].法律科学(西北政法大学学报),2009(5).

[13]刘哲伟.民事电子证据:从法条独立到实质独立[J].证据科学,2015(6).

[14]樊崇义,戴莹.电子证据及其在刑事诉讼中的运用[J].检察日报,2012.

[15]戴莹.电子证据及其相关概念辨析[J].中国刑事法杂志,2012(3).

[16]李扬.论电子证据在我国新修《民事诉讼法中的法律地位》[J].重庆邮电大学学报(社会科学版),2012(6).

[17]刘文斌."电子证据"与"电子数据"考辨——以2012版刑事诉讼法对证据制度的调整为背景[J].天津法学,2015(1).

[18]姜宇航.电子证据基本问题初探[J].法制与社会,2013(4).

[19]宋玉萍.论电子证据的相关法律问题[J].郑州工业高等专科学校学报,2004(2).

[20]曹益军.刑事诉讼中电子数据的理解与认定[J].职工法律天地:下,2014(1).

[21]王宁,黄凤林.QQ电子证据的认证规则构建[J].计算机科学,2015(B10).

[22]刘显鹏.电子证据的证明能力与证明力之关系辨析[J].北京交通大学学报(社会科学版),2013(2).

[23]陈海燕.论视听资料的技术发展所带来的法律问题和技术对策[J].电信科学,2010(S2).

[24]刘志军.电子证据完整性的几个关键技术研究[J].武汉大学2009年博士学位论文。

[25]褚福民.电子证据真实性的三个层面——以刑事诉讼为例的分析[J].法学

研究，2018(4)．

[26]王宁，刘志军，黄玉萍．层次化探究电子数据相关性[J]．科技视界，2019 (7)．

[27]刘品新．电子证据的关联性[J]．法学研究，2016(6)．

[28]郭弘．电子数据取证标准体系综述[J]．计算机科学，2014(10A)．

[29]尹鹤晓．电子数据侦查取证程序研究[J]．中国人民公安大学 2019 年博士论文。

[30]张栋．论电子证据的法律定位[J]．东岳论坛，2009(6)．

[31]曾宇迪．电子数据质证规则研究[J]．吉林大学 2018 年硕士论文。

[32]谢登科．电子数据的取证主体：合法性与合技术性之间[J]．环球法律评论，2018(1)．

[33]黄玉萍，刘志军，王宁．大数据环境下电子物证技术的挑战与方法应对[J]．科技视界，2019(5)．

[34]谢登科．电子数据的鉴真问题[J]．国家检察官学院学报，2017(5)．

[35]胡铭．电子数据在刑事证据体系中的定位与审查判断规则——基于网络假货犯罪案件裁判文书的分析[J]．法学研究，2019(2)．

[36]龙宗智．寻求有效取证与保证权利的平衡——评"两高一部"电子数据证据规定[J]．法学，2016(11)．

[37]赵长江，李翠．电子数据搜查扣押难点问题研究[J]．太原理工大学学报(社会科学版)，2017(3)．

[38]胡铭，王林．刑事案件中的电子取证：规则、实践及其完善——基于裁判文书的实证分析[J]．政法学刊，2017(1)．

[39]尉永青，刘培德．计算机取证技术研究[J]．信息技术与信息化，2005(4)．

[40]刘凌．浅谈计算机静态取证与计算机动态取证[J]．计算机安全，2009(8)．

[41]王宁，刘志军，麦永浩．Windows RootKit 检测与取证技术研究[J]．信息网络安全，2012(2)．

[42]黄文汉．基于 Windows 系统的开机取证方法研究[J]．电脑知识与技术，2012(10X)．

[43]丁丽萍，岳晓萌，李彦峰．移动数字取证技术[J]．中兴通讯技术，2015 (3)．

[44]张志宋，戴天岳，沈明昌，贺宇才．移动恶意代码攻击数字证据取证调查处

理程序之研究[J]. 计算机科学, 2015(B10).

[45]段玲, 王锋. 网络取证技术研究[J]. 微型机与应用, 2009(23).

[46]丁丽萍, 王永吉. 计算机取证的相关法律技问题研究[J]. 软件学报, 2005
(2).

[47]胡东辉, 夏东冉, 史昕岭, 樊玉琦, 王丽娜, 吴信东. 网络取证技术研究
[J]. 计算机科学, 2015(B10).

[48]贺清碧, 胡久永. 数据挖掘技术综述[J]. 西南民族学院学报(自然科学版),
2003(3).

[49]张慧霞. 常用数据挖掘算法的分析对比[J]. 河南科技, 2014(19).

[50]王雅实, 王立梅. 云计算环境与电子取证的研究[J]. 计算机科学, 2016
(B12).

[51]高运, 伏晓, 骆斌. 云取证综述[J]. 计算机应用研究, 2016(1).

[52]孙波. 计算机取证方法关键问题研究[J]. 中国科学院研究生院(软件研究
所)2004 年博士学位论文。

[53]孙波, 孙玉芳, 张相锋, 梁彬. 电子数据取证研究概述[J]. 计算机科学,
2005(2).

[54]黄淑华, 赵志岩. 数字取证工具及应用[J]. 警察技术, 2012(1).

[55]殷联甫. 计算机取证工具分析[J]. 计算机系统应用, 2005(8).

[56]陈祖义, 龚俭, 徐晓琴. 计算机取证的工具体系[J]. 计算机工程, 2005
(5).

[57]丁丽萍, 王永吉. 计算机取证的技术方法及工具研究[J]. 信息安全与通信
保密, 2005(8).

[58]金波, 杨涛, 吴松洋, 黄道丽, 郭弘. 电子数据取证与鉴定发展概述[J].
中国司法鉴定, 2016(1).

[59]张其前, 尤俊生, 高云飞. 大数据取证技术综述[J]. 信息安全研究, 2017
(9).

[60]刘志军, 王宁. 大数据环境下电子数据取证技术研究[J]. 科技视界, 2019
(36).

[61]高元照, 李学娟, 李炳龙, 吴熙曦. 云计算取证模型[J]. 网络与信息安全
学报, 2017(9).

[62]肖伊涵, 石天唯. 基于大数据环境下的电子数据审计机遇、挑战与方法[J].

纳税, 2018(2).

[63]陈伟, SMIELIAUSKAS Wally. 大数据环境下的电子数据审计: 机遇、挑战与方法[J]. 计算机科学, 2016(1).

[64]丁丽萍, 刘雪花. 云环境下的电子数据取证技术研究[J]. 中国信息安全, 2019(5).

[65]黄步根. 存储介质上电子证据的发现和提取技术[J]. 计算机应用与软件, 2008(1).

[66]徐军. 计算机取证的证明力[J]. 数字图书馆论坛, 2009(9).

[67]刘志军, 麦永浩. 取证工具及产品的评估方法浅探[J]. 警察技术, 2006(4).

[68]廖根为. 数字取证工具对电子数据证据的影响及法律规制[J]. 计算机科学, 2014(10A).

[69]仇新梁, 李敏. 国家电子物证检验标准分析[J]. 保密科学技术, 2010(3).

[70]罗威丽, 杨永川. 电子数据司法鉴定工具可靠性评估研究[J]. 刑事技术, 2010(2).

[71]刘晓宇, 翟晓飞, 杨雨春. 计算机取证分析工具测试方法研究[J]. 第23届全国计算机安全学术交流会论文集, 2008-10-12.

[72]秦海权, 赵利. 磁盘镜像类取证软件的检测研究[J]. 第24次全国计算机安全学术交流会论文集, 2009-09-04.

[73]庄琳. 对影响美国科学证据采信标准若干判例的评析[J]. 吉首大学学报(社会科学版), 2011(5).

[74]付忠勇, 赵振洲. 电子取证现状及发展趋势[J]. 计算机与网络, 2014(10).

[75]吴同. 针对海量数据的数字取证模型[J]. 贵州警官职业学院学报, 2011(4).

[76]吴思颖. 电子证据取证模型研究[J]. 重庆邮电大学2014年硕士学位论文。

[77]黄晓芳, 徐蕾, 杨茜. 一种区块链的云计算电子取证模型[J]. 北京邮电大学学报, 2017(6).

[78]刘耀, 杜春鹏. 计算机证据取证程序探析[J]. 中国法学教育研究, 2014(3).

[79]胡亮, 王文博, 赵阔. 计算机取证综述[J]. 吉林大学学报: 信息科学版, 2010(4).

[80] 刘尊. 基于需求的网络电子取证过程模型[J]. 计算机应用与软件, 2005 (11).

[81] 丁丽萍, 王永吉. 多维计算机取证模型研究[J]. 计算机安全, 2005(11).

[82] 周新. 刑事电子搜查程序规范之研究[J]. 政治与法律, 2016(7).

[83] 骆绪刚. 电子数据搜查扣押程序的立法构建[J]. 政治与法律, 2015(6).

[84] 高荣林. 美国电子数据取证之无证搜查与证据排除规则[J]. 上海政法学院学报, 2015(5).

[85] 李娜. 电子证据取证程序研究[J]. 河北公安警察职业学院学报, 2017(4).

[86] 刘晓燕. 我国刑事侦查程序反思与完善[J]. 安徽农业大学学报(社会科学版), 2008(2).

[87] 姚磊. 论侦查取证程序的结构——以程序的功能为标准[J]. 大连海事大学学报(社会科学版), 2014(1).

[88] 王琳, 刘建杰. 推进刑事电子证据取证行为的规范化[J]. 人民论坛, 2013 (2).

[89] 陈利明, 高瑛, 任艳丽. 网络犯罪案件办理中的取证困境与对策——以"一元木马"系列网络诈骗案为例[J]. 人民检察, 2018(6).

[90] 王畅, 范志勇. 互联网金融案件中电子证据制度的适用[J]. 法律适用, 2018(7).

[91] 刘波. 电子数据鉴定意见质证难的破解之道[J]. 重庆邮电大学学报(社会科学版), 2018(1).

[92] 孙金海. 试论电子证据的证据适格性[J]. 辽宁行政学院学报, 2010(3).

[93] 何家弘. 司法证明方式和证据规则的历史沿革——对西方证据法的再认识[J]. 外国法译评, 1999(4).

[94] 李慧. 两大法系证据能力制度的比较研究[J]. 山西高等学校社会科学学报, 2009(10).

[95] 汪闽燕. 电子证据的形成与真实性认定[J]. 法学, 2017(6).

[96] 李勇, 翟荣伦. 电子证据的证据能力及其审查方法[J]. 中国检察官, 2017 (8).

[97] 罗文华, 孙道宁, 赵力. 电子数据证据评价问题研究[J]. 河北法学, 2017 (12).

[98] 刘品新. 电子证据的基础理论[J]. 国家检察官学院学报, 2017(1).

[99] 颜雅君. 关于刑事电子证据的采纳标准之讨论[J]. 福建警察学院学报, 2019(1).

[100] 刘涛, 朱颖. 论"以事实为根据": 兼谈证据客观性和证明标准[J]. 社会科学研究, 2002(1).

[101] 金鑫. 刑事证据合法性存在必要探究[J]. 湖北函授大学学报, 2013(4).

[102] 杨宗辉, 赵祖斌. 英美法系证据关联性内涵再审视——基于对法律上的关联性和逻辑上的关联性的分析[J]. 湖北社会科学, 2018(1).

[103] 周恒. 电子证据载体关联性理论视角下的网贷平台电子证据保存服务[J]. 科技与法律, 2018(5).

[104] 程权, 孟传香. 论新刑事诉讼法视野下电子证据的审查[J]. 载重庆邮电大学学报(社会科学版), 2013(6).

[105] 李主峰, 刚继斌. 从立法到司法: 刑事诉讼中电子证据之认证[J]. 学术交流, 2013(7).

[106] 刘学在, 阮崇翔. 区块链电子证据的研究与思考[J]. 西北民族大学学报: 哲学社会科学版, 2020(1).

[107] 郑观, 范克韬, 吴泓. 区块链电子证据真实性的认定路径[J]. 人民司法, 2020(4).

[108] 罗长斌. 刑事电子证据合法性探讨[J]. 湖北警官学院学报, 2007(3).

[109] 张雪宁. 电子数据证据取证合法性问题探究[J]. 黑龙江生态工程职业学院学报, 2019(4).

[110] 万毅. 取证主体合法性理论批判[J]. 江苏行政学院学报, 2010(5).

[111] 戴士剑, 钟建平, 鲁佑文. 检察机关侦查部门电子数据取证问题研究[J]. 湖南大学学报(社会科学版), 2017(2).

[112] 姜焕强. 论初查在刑事诉讼中的法律地位[J]. 河北法学, 2005(1).

[113] 王宁, 龚德中. 投资交易型网络诈骗案件的电子证据分析[J]. 警察技术, 2020(1).

[114] 刘品新. 电子证据的鉴真问题: 基于快播案的反思[J]. 中外法学, 2017(1).

[115] 刘品新. 论电子证据的理性真实观[J]. 法商研究, 2018(4).

[116] 刘品新、张艺贞. 虚拟财产的价值证明: 从传统机制到电子数据鉴定机制[J]. 国家检察官学院学报, 2017(5).

[117]吴哲. 论民事诉讼电子证据的真实性[J]. 河北科技大学学报(社会科学版), 2015(3).

[118]程曦. 直接言词原则和传闻证据规则[J]. 人民法治, 2020(4).

[119]黄烨, 白春辉. 直接言词原则与传闻证据规则之比较研究[J]. 云南大学学报法学版, 2015(3).

[120]李慧. 两大法系证据能力制度的比较研究[J]. 山西高等学校社会科学学报, 2009(10).

[121]倪晶. 民事诉讼中电子证据的真实性认定[J]. 北京航空航天大学学报(社会科学版), 2016(2).

[122]龙卫球, 裴炜. 电子证据概念与审查认定规则的构建研究[J]. 北京航空航天大学学报(社会科学版), 2016(2).

[123]蔡杰, 娄超. 论涉众型网络犯罪中电子证据的审查与认定[J]. 北京邮电大学学报(社会科学版), 2015(6).

[124]苏志甫. 知识产权诉讼中电子证据的审查与判断[J]. 法律适用, 2018(3).

[125]黄鹂. 民事证据排除觐则与非法取证[J]. 行政与法, 2017(2).

[126]莫天新. 从电子证据视角看我国证据规则的规范与完善[J]. 研究生法学, 2016(2).

[127]周新. 刑事电子证据认证规范之研究[J]. 法学评论, 2017(6).

[128]项谷, 张震. 刑事证据资格的合法性研究——兼论我国刑事证据规则的完善[J]. 政治与法律, 2010(3).

[129]李勇. 审判中心主义背景下出庭公诉和对策研究[J]. 中国刑事法杂志, 2016(5).

[130]唐冰. 我国刑事诉讼证据规则探析[J]. 四川警察学院学报, 2011(6).

[131]宋桂兰. 论刑事证据规则在中国的确立[J]. 西部法学评论, 2010(5).

[132]童勇. 印度《1872年证据法》评介[J]. 证据学论坛, 2001(1).

[133]周蔚. 论证据的相关性[J]. 中山大学法律评论, 2012(2).

[134]易延友. 《美国联邦证据规则》中的关联性[J]. 环球法律评论, 2009(6).

[135]胡仕浩, 何帆, 李承运. 《关于互联网法院审理案件若干问题的规定》的理解与适用[J]. 人民司法, 2018(28).

[136]陈利明, 高瑛, 任艳丽. 网络犯罪案件办理中的取证困境与对策——以"一元木马"系列网络诈骗案为例[J]. 人民检察, 2018(6).

[137]黄晓平，吴宏耀. 论英美证据法中的相关性[J]. 证据科学，2008(3).

[138]辜恩臻. 英美证据法中的相关性与可采性[J]. 证据学论坛，2002(2).

[139]马秀娟. 论证据的关联性及其判断[J]. 政法学刊，2008(6).

[140]周洪波. 证明标准视野中的证据相关性——以刑事诉讼为中心的比较分析[J]. 法律科学(西北政法学院学报)，2006(2).

[141]汤维建. 英美证据法学的历史、传统与证据规则[J]. 何家弘主编：《证据学论坛》(第2卷)，中国检察出版社2001年版。

[142]汪海燕，张小玲. 论证据的关联性规则与关联性法则[J]. 诉讼法论丛，2005.

[143]陈伶俐. 证据相关性的判断与规则构建[J]. 法律适用，2017(24).

[144]杨迎泽，赵培显. 证据关联性的逻辑结构及判断[J]. 中国检察官，2017(12).

[145]陈卫东. 论刑事证据法的基本原则[J]. 中外法学，2004(4).

[146]王斑. 浅谈电子数据审查认定的方法——以两个案例为对象[J]. 湖北师范大学学报《哲学社会科学版》，2018(5).

[147]戴莉娜. 借"快播涉黄"案浅析电子数据的审查判断问题——以证据的关联性、合法性为视角[J]. 中华传奇，2019(36).

[148]刘海鸥. 刑事电子证据规则研究[J]. 北京人民警察学院学报，2006(3).

[149]倪春明，莫崇斌，刘进. 论刑事电子证据的证据资格[J]. 云南警官学院学报，2006(3).

[150]耿直，郑薇薇. 电子证据的证据能力与证明力问题研究[J]. 福建广播电视大学学报，2005(4).

[151]张虹. 电子证据的证明力刍议[J]. 重庆邮电大学学报：社会科学版，2006(3).

[152]占善刚，王超. 电子数据证据能力的审查判断[J]. 人民检察，2018(8).

[153]臧哲. 刑事诉讼电子证据的关联性问题研究[J]. 连云港职业技术学院学报，2019(2).

[154]于志刚，吴尚聪. 我国网络犯罪发展及其立法、司法、理论应对的历史梳理[J]. 政治与法律，2018(1).

[155]董健. 论计算机犯罪中电子证据的界定及取证规则[J]. 科技与法律，2008(6).

[156]王祺国，王晓霞，周迪.网络犯罪中的印证证明[J].人民检察，2018(3).

[157]周芬.新型网络犯罪技术行为的司法认定[J].中国检察官，2021(3).

[158]刘宪权.网络黑灰产上游犯罪的刑法规制[J].国家检察官学院学报，2021(1).

[159]陈瑞华.论证据相互印证规则[J].法商研究，2012(1).

[160]丁宣尹，袁继红.技术法律博弈之间：电子取证的实然困境与制度设计——基于浙江省的抽样调查分析[J].江西警察学院学报，2018(4).

[161]王震，张伟.关于刑侦部门电子物证检验工作的探索[J].黑龙江科技信息，2016(25).

[162]周继祥.不完全归纳推理及其在侦查工作中的运用[J].山东警察学院学报，2012(4).

[163]喻海松.刑事证据规则司法适用解读[J].人民司法，2013(3).

[164]孙萌萌.浅析电子证据在基层检察机关的运用[J].卷宗，2014(11).

[165]赵敏.公诉案件电子证据的合法性审查[J].人民检察，2018(10).

[166]裴苍龄.论证据的关联性[J].政治与法律，1992(4).

[167]艾明.我国刑事证据能力要件体系重构研究[J].现代法学，2020(3).

[168]万毅.论无证据能力的证据[J].现代法学，2014(4).

[169]纵博.我国刑事证据能力之理论归纳及思考[J].法学家，2015(3).

[170]董坤.证据、定案的根据：论刑事证据的概念——对《刑事诉讼法》第48条的解释[J].西南民族大学学报(人文社会科学版)，2015(12).

[171]范思力.网络犯罪的证据关联性判断[J].广西政法管理干部学院学报，2016(4).

[172]魏勇.电子数据的关联性实证研究[J].中国刑警学院学报，2017(2).

[173]樊传明.司法证明中的经验推论与错误风险[J].甘肃行政学院学报，2013(6).

[174]纵博.论诉讼证明中的逻辑和经验[J].新疆大学学报(哲学·人文社会科学版)，2016(2).

三、英文论文类

[1]Hunt R.. New developments in network forensics tools and techniques[J]. IEEE, 2012：376-381.

[2] K. Kent, S. Chevalier, T. Grance, and H. Dang.. Guide to integrating forensic techniques into incident response[J]. *NIST Special Publication*, 2006: 800-806.

[3] Ruan K., J. Carthy, T. Kechadi, M. Crosbie.. Cloud Forensics[J]. *7th IFIP Advances in Digital Forensics VII*, 2011: 35-46.

[4] RANUM M J.. Network forensics and traffic monitoring[J]. *Computer Security Journal*, 1997, 13(2): 35-39.

[5] PALMER G.. A road map for digital forensic research[J]. *Digital Forensic Research Workshop*, 2001.

[6] Almulla, S, Iraqi, Y, Jones, A.. Cloud forensics: A research perspective[J]. *Innovations in Information Technology (IIT)*, 2013: 17-19, 66.

[7] Beckett, Jason; Slay, Jill.. Digital forensics: Validation and verification in a dynamic work environment [J]. *In Proceedings of the 40th Annual Hawaii International Conference on System Sciences*, 2007: 266-276.

附　录

现行体制是将电子数据规范分散规定于各司法解释和规范性文件中，包括司法机关颁布的若干司法解释和程序规定，也有工商行政部门针对工商管理机关开展电子数据工作的指导意见、全国律师协会针对律师开展电子数据工作的操作指南、司法部司法鉴定管理局颁布的电子数据司法鉴定通用实施规范等。

出于篇幅的考虑，本附录节选了与电子数据相关性紧密相关的三个司法解释和规范性文件，包括最高人民法院、最高人民检察院、公安部联合出台的《关于办理刑事案件收集提取和审查判断电子数据若干问题的规定》（法发〔2016〕22号），公安部出台的《公安机关办理刑事案件电子数据取证规则》（2019年），最高人民检察院出台的《人民检察院办理网络犯罪案件规定》（2021年）。至于其他的关于电子数据的司法解释和规范性文件，读者如感兴趣可根据本书第六章《电子数据相关性法律法规》表中的提示进行相应的查询。

附录 1　　最高人民法院　最高人民检察院　公安部
《关于办理刑事案件收集提取和审查判断电子
数据若干问题的规定》（法发〔2016〕22 号）

为规范电子数据的收集提取和审查判断，提高刑事案件办理质量，根据《中华人民共和国刑事诉讼法》等有关法律规定，结合司法实际，制定本规定。

一、一般规定

第一条　电子数据是案件发生过程中形成的，以数字化形式存储、处理、传输的，能够证明案件事实的数据。

电子数据包括但不限于下列信息、电子文件：

（一）网页、博客、微博客、朋友圈、贴吧、网盘等网络平台发布的信息；

（二）手机短信、电子邮件、即时通信、通讯群组等网络应用服务的通信信息；

（三）用户注册信息、身份认证信息、电子交易记录、通信记录、登录日志等信息；

（四）文档、图片、音视频、数字证书、计算机程序等电子文件。

以数字化形式记载的证人证言、被害人陈述以及犯罪嫌疑人、被告人供述和辩解等证据，不属于电子数据。确有必要的，对相关证据的收集、提取、移送、审查，可以参照适用本规定。

第二条　侦查机关应当遵守法定程序，遵循有关技术标准，全面、客观、及时地收集、提取电子数据；人民检察院、人民法院应当围绕真实性、合法性、关联性审查判断电子数据。

第三条　人民法院、人民检察院和公安机关有权依法向有关单位和个人收集、调取电子数据。有关单位和个人应当如实提供。

第四条　电子数据涉及国家秘密、商业秘密、个人隐私的，应当保密。

第五条　对作为证据使用的电子数据，应当采取以下一种或者几种方法保护电子数据的完整性：

（一）扣押、封存电子数据原始存储介质；

（二）计算电子数据完整性校验值；

（三）制作、封存电子数据备份；

（四）冻结电子数据；

（五）对收集、提取电子数据的相关活动进行录像；

（六）其他保护电子数据完整性的方法。

第六条　初查过程中收集、提取的电子数据，以及通过网络在线提取的电子数据，可以作为证据使用。

二、电子数据的收集与提取

第七条　收集、提取电子数据，应当由二名以上侦查人员进行。取证方法应当符合相关技术标准。

第八条　收集、提取电子数据，能够扣押电子数据原始存储介质的，应当扣押、封存原始存储介质，并制作笔录，记录原始存储介质的封存状态。

封存电子数据原始存储介质，应当保证在不解除封存状态的情况下，无法增加、删除、修改电子数据。封存前后应当拍摄被封存原始存储介质的照片，清晰反映封口或者张贴封条处的状况。

封存手机等具有无线通信功能的存储介质，应当采取信号屏蔽、信号阻断或者切断电源等措施。

第九条　具有下列情形之一，无法扣押原始存储介质的，可以提取电子数据，但应当在笔录中注明不能扣押原始存储介质的原因、原始存储介质的存放地点或者电子数据的来源等情况，并计算电子数据的完整性校验值：

（一）原始存储介质不便封存的；

（二）提取计算机内存数据、网络传输数据等不是存储在存储介质上的电子数据的；

（三）原始存储介质位于境外的；

（四）其他无法扣押原始存储介质的情形。

对于原始存储介质位于境外或者远程计算机信息系统上的电子数据，可以通过网络在线提取。

为进一步查明有关情况，必要时，可以对远程计算机信息系统进行网络远程勘验。进行网络远程勘验，需要采取技术侦查措施的，应当依法经过严格的批准手续。

第十条　由于客观原因无法或者不宜依据第八条、第九条的规定收集、提取电子数据的，可以采取打印、拍照或者录像等方式固定相关证据，并在笔录中说明原因。

第十一条　具有下列情形之一的，经县级以上公安机关负责人或者检察长批准，可以对电子数据进行冻结：

（一）数据量大，无法或者不便提取的；

（二）提取时间长，可能造成电子数据被篡改或者灭失的；

（三）通过网络应用可以更为直观地展示电子数据的；

（四）其他需要冻结的情形。

第十二条　冻结电子数据，应当制作协助冻结通知书，注明冻结电子数据的网络应用账号等信息，送交电子数据持有人、网络服务提供者或者有关部门协助办理。解除冻结的，应当在三日内制作协助解除冻结通知书，送交电子数据持有人、网络服务提供者或者有关部门协助办理。

冻结电子数据，应当采取以下一种或者几种方法：

（一）计算电子数据的完整性校验值；

（二）锁定网络应用账号；

（三）其他防止增加、删除、修改电子数据的措施。

第十三条　调取电子数据，应当制作调取证据通知书，注明需要调取电子数据的相关信息，通知电子数据持有人、网络服务提供者或者有关部门执行。

第十四条　收集、提取电子数据，应当制作笔录，记录案由、对象、内容、收集、提取电子数据的时间、地点、方法、过程，并附电子数据清单，注明类别、文件格式、完整性校验值等，由侦查人员、电子数据持有人（提供人）签名或者盖章；电子数据持有人（提供人）无法签名或者拒绝签名的，应当在笔录中注明，由见证人签名或者盖章。有条件的，应当对相关活动进行录像。

第十五条　收集、提取电子数据，应当根据刑事诉讼法的规定，由符合条件的人员担任见证人。由于客观原因无法由符合条件的人员担任见证人的，应当在笔录中注明情况，并对相关活动进行录像。

针对同一现场多个计算机信息系统收集、提取电子数据的，可以由一名见证人见证。

第十六条　对扣押的原始存储介质或者提取的电子数据，可以通过恢复、破解、统计、关联、比对等方式进行检查。必要时，可以进行侦查实验。

电子数据检查，应当对电子数据存储介质拆封过程进行录像，并将电子数据存储介质通过写保护设备接入到检查设备进行检查；有条件的，应当制作电子数据备份，对备份进行检查；无法使用写保护设备且无法制作备份的，应当注明原因，并对相关活动进行录像。

电子数据检查应当制作笔录，注明检查方法、过程和结果，由有关人员签名或者盖章。进行侦查实验的，应当制作侦查实验笔录，注明侦查实验的条件、经过和结果，由参加实验的人员签名或者盖章。

第十七条　对电子数据涉及的专门性问题难以确定的，由司法鉴定机构出具鉴定意见，或者由公安部指定的机构出具报告。对于人民检察院直接受理的案件，也可以由最高人民检察院指定的机构出具报告。

具体办法由公安部、最高人民检察院分别制定。

三、电子数据的移送与展示

第十八条　收集、提取的原始存储介质或者电子数据，应当以封存状态随案移送，并制作电子数据的备份一并移送。

对网页、文档、图片等可以直接展示的电子数据，可以不随案移送打印件；人民法院、人民检察院因设备等条件限制无法直接展示电子数据的，侦查机关应当随案移送打印件，或者附展示工具和展示方法说明。

对冻结的电子数据，应当移送被冻结电子数据的清单，注明类别、文件格式、冻结主体、证据要点、相关网络应用账号，并附查看工具和方法的说明。

第十九条　对侵入、非法控制计算机信息系统的程序、工具以及计算机病毒等无法直接展示的电子数据，应当附电子数据属性、功能等情况的说明。

对数据统计量、数据同一性等问题，侦查机关应当出具说明。

第二十条　公安机关报请人民检察院审查批准逮捕犯罪嫌疑人，或者对侦查终结的案件移送人民检察院审查起诉的，应当将电子数据等证据一并移送人民检察院。人民检察院在审查批准逮捕和审查起诉过程中发现应当移送的电子数据没有移送或者移送的电子数据不符合相关要求的，应当通知公安机关补充移送或者进行补正。

对于提起公诉的案件，人民法院发现应当移送的电子数据没有移送或者移送的电子数据不符合相关要求的，应当通知人民检察院。

公安机关、人民检察院应当自收到通知后三日内移送电子数据或者补充有关材料。

第二十一条　控辩双方向法庭提交的电子数据需要展示的，可以根据电子数据的具体类型，借助多媒体设备出示、播放或者演示。必要时，可以聘请具有专门知识的人进行操作，并就相关技术问题作出说明。

四、电子数据的审查与判断

第二十二条　对电子数据是否真实，应当着重审查以下内容：

（一）是否移送原始存储介质；在原始存储介质无法封存、不便移动时，有无说明原因，并注明收集、提取过程及原始存储介质的存放地点或者电子数据的来源等情况；

（二）电子数据是否具有数字签名、数字证书等特殊标识；

（三）电子数据的收集、提取过程是否可以重现；

（四）电子数据如有增加、删除、修改等情形的，是否附有说明；

（五）电子数据的完整性是否可以保证。

第二十三条　对电子数据是否完整，应当根据保护电子数据完整性的相应方法进行验证：

（一）审查原始存储介质的扣押、封存状态；

（二）审查电子数据的收集、提取过程，查看录像；

（三）比对电子数据完整性校验值；

（四）与备份的电子数据进行比较；

（五）审查冻结后的访问操作日志；

（六）其他方法。

第二十四条　对收集、提取电子数据是否合法，应当着重审查以下内容：

（一）收集、提取电子数据是否由二名以上侦查人员进行，取证方法是否符合相关技术标准；

（二）收集、提取电子数据，是否附有笔录、清单，并经侦查人员、电子数据持有人（提供人）、见证人签名或者盖章；没有持有人（提供人）签名或者盖章的，是否注明原因；对电子数据的类别、文件格式等是否注明清楚；

（三）是否依照有关规定由符合条件的人员担任见证人，是否对相关活动进行录像；

（四）电子数据检查是否将电子数据存储介质通过写保护设备接入到检查设备；有条件的，是否制作电子数据备份，并对备份进行检查；无法制作备份且无法使用写保护设备的，是否附有录像。

第二十五条　认定犯罪嫌疑人、被告人的网络身份与现实身份的同一性，可以通过核查相关 IP 地址、网络活动记录、上网终端归属、相关证人证言以及犯罪嫌疑人、被告人供述和辩解等进行综合判断。

认定犯罪嫌疑人、被告人与存储介质的关联性，可以通过核查相关证人证言以及犯罪嫌疑人、被告人供述和辩解等进行综合判断。

第二十六条　公诉人、当事人或者辩护人、诉讼代理人对电子数据鉴定意见有异议，可以申请人民法院通知鉴定人出庭作证。人民法院认为鉴定人有必要出庭的，鉴定人应当出庭作证。

经人民法院通知，鉴定人拒不出庭作证的，鉴定意见不得作为定案的根据。对没有正当理由拒不出庭作证的鉴定人，人民法院应当通报司法行政机关或者有关部门。

公诉人、当事人或者辩护人、诉讼代理人可以申请法庭通知有专门知识的人出庭，就鉴定意见提出意见。

对电子数据涉及的专门性问题的报告，参照适用前三款规定。

第二十七条　电子数据的收集、提取程序有下列瑕疵，经补正或者作出合理解释的，可以采用；不能补正或者作出合理解释的，不得作为定案的根据：

（一）未以封存状态移送的；

（二）笔录或者清单上没有侦查人员、电子数据持有人（提供人）、见证人签名或者盖章的；

（三）对电子数据的名称、类别、格式等注明不清的；

（四）有其他瑕疵的。

第二十八条　电子数据具有下列情形之一的，不得作为定案的根据：

（一）电子数据系篡改、伪造或者无法确定真伪的；

（二）电子数据有增加、删除、修改等情形，影响电子数据真实性的；

（三）其他无法保证电子数据真实性的情形。

五、附则

第二十九条　本规定中下列用语的含义：

(一)存储介质,是指具备数据信息存储功能的电子设备、硬盘、光盘、优盘、记忆棒、存储卡、存储芯片等载体。

(二)完整性校验值,是指为防止电子数据被篡改或者破坏,使用散列算法等特定算法对电子数据进行计算,得出的用于校验数据完整性的数据值。

(三)网络远程勘验,是指通过网络对远程计算机信息系统实施勘验,发现、提取与犯罪有关的电子数据,记录计算机信息系统状态,判断案件性质,分析犯罪过程,确定侦查方向和范围,为侦查破案、刑事诉讼提供线索和证据的侦查活动。

(四)数字签名,是指利用特定算法对电子数据进行计算,得出的用于验证电子数据来源和完整性的数据值。

(五)数字证书,是指包含数字签名并对电子数据来源、完整性进行认证的电子文件。

(六)访问操作日志,是指为审查电子数据是否被增加、删除或者修改,由计算机信息系统自动生成的对电子数据访问、操作情况的详细记录。

第三十条　本规定自 2016 年 10 月 1 日起施行。之前发布的规范性文件与本规定不一致的,以本规定为准。

附录2　公安部《公安机关办理刑事案件
电子数据取证规则》(2019 年)

第一章　总　　则

第一条　为规范公安机关办理刑事案件电子数据取证工作，确保电子数据取证质量，提高电子数据取证效率，根据《中华人民共和国刑事诉讼法》《公安机关办理刑事案件程序规定》等有关规定，制定本规则。

第二条　公安机关办理刑事案件应当遵守法定程序，遵循有关技术标准，全面、客观、及时地收集、提取涉案电子数据，确保电子数据的真实、完整。

第三条　电子数据取证包括但不限于：

(一)收集、提取电子数据；

(二)电子数据检查和侦查实验；

(三)电子数据检验与鉴定。

第四条　公安机关电子数据取证涉及国家秘密、警务工作秘密、商业秘密、个人隐私的，应当保密；对于获取的材料与案件无关的，应当及时退还或者销毁。

第五条　公安机关接受或者依法调取的其他国家机关在行政执法和查办案件过程中依法收集、提取的电子数据可以作为刑事案件的证据使用。

第二章　收集提取电子数据

第一节　一般规定

第六条　收集、提取电子数据，应当由二名以上侦查人员进行。必要时，可以指派或者聘请专业技术人员在侦查人员主持下进行收集、提取电子数据。

第七条　收集、提取电子数据，可以根据案情需要采取以下一种或者几种措施、方法：

(一)扣押、封存原始存储介质；

(二)现场提取电子数据；

（三）网络在线提取电子数据；

（四）冻结电子数据；

（五）调取电子数据。

第八条　具有下列情形之一的，可以采取打印、拍照或者录像等方式固定相关证据：

（一）无法扣押原始存储介质并且无法提取电子数据的；

（二）存在电子数据自毁功能或装置，需要及时固定相关证据的；

（三）需现场展示、查看相关电子数据的。

根据前款第二、三项的规定采取打印、拍照或者录像等方式固定相关证据后，能够扣押原始存储介质的，应当扣押原始存储介质；不能扣押原始存储介质但能够提取电子数据的，应当提取电子数据。

第九条　采取打印、拍照或者录像方式固定相关证据的，应当清晰反映电子数据的内容，并在相关笔录中注明采取打印、拍照或者录像等方式固定相关证据的原因，电子数据的存储位置、原始存储介质特征和所在位置等情况，由侦查人员、电子数据持有人（提供人）签名或者盖章；电子数据持有人（提供人）无法签名或者拒绝签名的，应当在笔录中注明，由见证人签名或者盖章。

第二节　扣押、封存原始存储介质

第十条　在侦查活动中发现的可以证明犯罪嫌疑人有罪或者无罪、罪轻或者罪重的电子数据，能够扣押原始存储介质的，应当扣押、封存原始存储介质，并制作笔录，记录原始存储介质的封存状态。

勘验、检查与电子数据有关的犯罪现场时，应当按照有关规范处置相关设备，扣押、封存原始存储介质。

第十一条　对扣押的原始存储介质，应当按照以下要求封存：

（一）保证在不解除封存状态的情况下，无法使用或者启动被封存的原始存储介质，必要时，具备数据信息存储功能的电子设备和硬盘、存储卡等内部存储介质可以分别封存；

（二）封存前后应当拍摄被封存原始存储介质的照片。照片应当反映原始存储介质封存前后的状况，清晰反映封口或者张贴封条处的状况；必要时，照片还要清晰反映电子设备的内部存储介质细节；

（三）封存手机等具有无线通信功能的原始存储介质，应当采取信号屏蔽、信号阻断或者切断电源等措施。

第十二条　对扣押的原始存储介质，应当会同在场见证人和原始存储介质持有人(提供人)查点清楚，当场开列《扣押清单》一式三份，写明原始存储介质名称、编号、数量、特征及其来源等，由侦查人员、持有人(提供人)和见证人签名或者盖章，一份交给持有人(提供人)，一份交给公安机关保管人员，一份附卷备查。

第十三条　对无法确定原始存储介质持有人(提供人)或者原始存储介质持有人(提供人)无法签名、盖章或者拒绝签名、盖章的，应当在有关笔录中注明，由见证人签名或者盖章。由于客观原因无法由符合条件的人员担任见证人的，应当在有关笔录中注明情况，并对扣押原始存储介质的过程全程录像。

第十四条　扣押原始存储介质，应当收集证人证言以及犯罪嫌疑人供述和辩解等与原始存储介质相关联的证据。

第十五条　扣押原始存储介质时，可以向相关人员了解、收集并在有关笔录中注明以下情况：

(一)原始存储介质及应用系统管理情况，网络拓扑与系统架构情况，是否由多人使用及管理，管理及使用人员的身份情况；

(二)原始存储介质及应用系统管理的用户名、密码情况；

(三)原始存储介质的数据备份情况，有无加密磁盘、容器，有无自毁功能，有无其它移动存储介质，是否进行过备份，备份数据的存储位置等情况；

(四)其他相关的内容。

第三节　现场提取电子数据

第十六条　具有下列无法扣押原始存储介质情形之一的，可以现场提取电子数据：

(一)原始存储介质不便封存的；

(二)提取计算机内存数据、网络传输数据等不是存储在存储介质上的电子数据的；

(三)案件情况紧急，不立即提取电子数据可能会造成电子数据灭失或者其他严重后果的；

(四)关闭电子设备会导致重要信息系统停止服务的；

(五)需通过现场提取电子数据排查可疑存储介质的；

（六）正在运行的计算机信息系统功能或者应用程序关闭后，没有密码无法提取的；

（七）其他无法扣押原始存储介质的情形。

无法扣押原始存储介质的情形消失后，应当及时扣押、封存原始存储介质。

第十七条　现场提取电子数据可以采取以下措施保护相关电子设备：

（一）及时将犯罪嫌疑人或者其他相关人员与电子设备分离；

（二）在未确定是否易丢失数据的情况下，不能关闭正在运行状态的电子设备；

（三）对现场计算机信息系统可能被远程控制的，应当及时采取信号屏蔽、信号阻断、断开网络连接等措施；

（四）保护电源；

（五）有必要采取的其他保护措施。

第十八条　现场提取电子数据，应当遵守以下规定：

（一）不得将提取的数据存储在原始存储介质中；

（二）不得在目标系统中安装新的应用程序。如果因为特殊原因，需要在目标系统中安装新的应用程序的，应当在笔录中记录所安装的程序及目的；

（三）应当在有关笔录中详细、准确记录实施的操作。

第十九条　现场提取电子数据，应当制作《电子数据现场提取笔录》，注明电子数据的来源、事由和目的、对象、提取电子数据的时间、地点、方法、过程、不能扣押原始存储介质的原因、原始存储介质的存放地点，并附《电子数据提取固定清单》，注明类别、文件格式、完整性校验值等，由侦查人员、电子数据持有人（提供人）签名或者盖章；电子数据持有人（提供人）无法签名或者拒绝签名的，应当在笔录中注明，由见证人签名或者盖章。

第二十条　对提取的电子数据可以进行数据压缩，并在笔录中注明相应的方法和压缩后文件的完整性校验值。

第二十一条　由于客观原因无法由符合条件的人员担任见证人的，应当在《电子数据现场提取笔录》中注明情况，并全程录像，对录像文件应当计算完整性校验值并记入笔录。

第二十二条　对无法扣押的原始存储介质且无法一次性完成电子数据提取的，经登记、拍照或者录像后，可以封存后交其持有人（提供人）保管，并且开具《登记保存清单》一式两份，由侦查人员、持有人（提供人）和见证人签名或者盖章，一份交给持有人(提供人)，另一份连同照片或者录像资料附卷备查。

持有人(提供人)应当妥善保管，不得转移、变卖、毁损，不得解除封存状态，不得未经办案部门批准接入网络，不得对其中可能用作证据的电子数据增加、删除、修改。必要时，应当保持计算机信息系统处于开机状态。

对登记保存的原始存储介质，应当在七日以内作出处理决定，逾期不作出处理决定的，视为自动解除。经查明确实与案件无关的，应当在三日以内解除。

第四节　网络在线提取电子数据

第二十三条　对公开发布的电子数据、境内远程计算机信息系统上的电子数据，可以通过网络在线提取。

第二十四条　网络在线提取应当计算电子数据的完整性校验值；必要时，可以提取有关电子签名认证证书、数字签名、注册信息等关联性信息。

第二十五条　网络在线提取时，对可能无法重复提取或者可能会出现变化的电子数据，应当采用录像、拍照、截获计算机屏幕内容等方式记录以下信息：

(一)远程计算机信息系统的访问方式；

(二)提取的日期和时间；

(三)提取使用的工具和方法；

(四)电子数据的网络地址、存储路径或者数据提取时的进入步骤等；

(五)计算完整性校验值的过程和结果。

第二十六条　网络在线提取电子数据应当在有关笔录中注明电子数据的来源、事由和目的、对象，提取电子数据的时间、地点、方法、过程，不能扣押原始存储介质的原因，并附《电子数据提取固定清单》，注明类别、文件格式、完整性校验值等，由侦查人员签名或者盖章。

第二十七条　网络在线提取时需要进一步查明下列情形之一的，应当对远程计算机信息系统进行网络远程勘验：

(一)需要分析、判断提取的电子数据范围的；

(二)需要展示或者描述电子数据内容或者状态的；

(三)需要在远程计算机信息系统中安装新的应用程序的；

(四)需要通过勘验行为让远程计算机信息系统生成新的除正常运行数据外电子数据的；

(五)需要收集远程计算机信息系统状态信息、系统架构、内部系统关系、文件目录结构、系统工作方式等电子数据相关信息的；

（六）其他网络在线提取时需要进一步查明有关情况的情形。

第二十八条　网络远程勘验由办理案件的县级公安机关负责。上级公安机关对下级公安机关刑事案件网络远程勘验提供技术支援。对于案情重大、现场复杂的案件，上级公安机关认为有必要时，可以直接组织指挥网络远程勘验。

第二十九条　网络远程勘验应当统一指挥，周密组织，明确分工，落实责任。

第三十条　网络远程勘验应当由符合条件的人员作为见证人。由于客观原因无法由符合条件的人员担任见证人的，应当在《远程勘验笔录》中注明情况，并按照本规则第二十五条的规定录像，录像可以采用屏幕录像或者录像机录像等方式，录像文件应当计算完整性校验值并记入笔录。

第三十一条　远程勘验结束后，应当及时制作《远程勘验笔录》，详细记录远程勘验有关情况以及勘验照片、截获的屏幕截图等内容。由侦查人员和见证人签名或者盖章。

远程勘验并且提取电子数据的，应当按照本规则第二十六条的规定，在《远程勘验笔录》注明有关情况，并附《电子数据提取固定清单》。

第三十二条　《远程勘验笔录》应当客观、全面、详细、准确、规范，能够作为还原远程计算机信息系统原始情况的依据，符合法定的证据要求。

对计算机信息系统进行多次远程勘验的，在制作首次《远程勘验笔录》后，逐次制作补充《远程勘验笔录》。

第三十三条　网络在线提取或者网络远程勘验时，应当使用电子数据持有人、网络服务提供者提供的用户名、密码等远程计算机信息系统访问权限。

采用技术侦查措施收集电子数据的，应当严格依照有关规定办理批准手续。收集的电子数据在诉讼中作为证据使用时，应当依照刑事诉讼法第一百五十四条规定执行。

第三十四条　对以下犯罪案件，网络在线提取、远程勘验过程应当全程同步录像：

（一）严重危害国家安全、公共安全的案件；

（二）电子数据是罪与非罪、是否判处无期徒刑、死刑等定罪量刑关键证据的案件；

（三）社会影响较大的案件；

（四）犯罪嫌疑人可能被判处五年有期徒刑以上刑罚的案件；

（五）其他需要全程同步录像的重大案件。

第三十五条　网络在线提取、远程勘验使用代理服务器、点对点传输软件、下载加速软件等网络工具的，应当在《网络在线提取笔录》或者《远程勘验笔录》中注明采用的相关软件名称和版本号。

第五节　冻结电子数据

第三十六条　具有下列情形之一的，可以对电子数据进行冻结：

（一）数据量大，无法或者不便提取的；

（二）提取时间长，可能造成电子数据被篡改或者灭失的；

（三）通过网络应用可以更为直观地展示电子数据的；

（四）其他需要冻结的情形。

第三十七条　冻结电子数据，应当经县级以上公安机关负责人批准，制作《协助冻结电子数据通知书》，注明冻结电子数据的网络应用账号等信息，送交电子数据持有人、网络服务提供者或者有关部门协助办理。

第三十八条　不需要继续冻结电子数据时，应当经县级以上公安机关负责人批准，在三日以内制作《解除冻结电子数据通知书》，通知电子数据持有人、网络服务提供者或者有关部门执行。

第三十九条　冻结电子数据的期限为六个月。有特殊原因需要延长期限的，公安机关应当在冻结期限届满前办理继续冻结手续。每次续冻期限最长不得超过六个月。继续冻结的，应当按照本规则第三十七条的规定重新办理冻结手续。逾期不办理继续冻结手续的，视为自动解除。

第四十条　冻结电子数据，应当采取以下一种或者几种方法：

（一）计算电子数据的完整性校验值；

（二）锁定网络应用账号；

（三）采取写保护措施；

（四）其他防止增加、删除、修改电子数据的措施。

第六节　调取电子数据

第四十一条　公安机关向有关单位和个人调取电子数据，应当经办案部门负责人批准，开具《调取证据通知书》，注明需要调取电子数据的相关信息，通知电子数据持有人、网络服务提供者或者有关部门执行。被调取单位、个人应当在通知书回执上签名或者盖章，并附完整性校验值等保护电子数据完整性方法的说明，被调取单位、个人拒绝盖章、签名或者附说明的，公安机关应当注明。必要时，应当采用录音或者录像等方式固定证据内容及取证过程。

公安机关应当协助因客观条件限制无法保护电子数据完整性的被调取单位、个人进行电子数据完整性的保护。

第四十二条　公安机关跨地域调查取证的，可以将《办案协作函》和相关法律文书及凭证传真或者通过公安机关信息化系统传输至协作地公安机关。协作地办案部门经审查确认后，在传来的法律文书上加盖本地办案部门印章后，代为调查取证。

协作地办案部门代为调查取证后，可以将相关法律文书回执或者笔录邮寄至办案地公安机关，将电子数据或者电子数据的获取、查看工具和方法说明通过公安机关信息化系统传输至办案地公安机关。

办案地公安机关应当审查调取电子数据的完整性，对保证电子数据的完整性有疑问的，协作地办案部门应当重新代为调取。

第三章　电子数据的检查和侦查实验

第一节　电子数据检查

第四十三条　对扣押的原始存储介质或者提取的电子数据，需要通过数据恢复、破解、搜索、仿真、关联、统计、比对等方式，以进一步发现和提取与案件相关的线索和证据时，可以进行电子数据检查。

第四十四条　电子数据检查，应当由二名以上具有专业技术的侦查人员进行。必要时，可以指派或者聘请有专门知识的人参加。

第四十五条　电子数据检查应当符合相关技术标准。

第四十六条　电子数据检查应当保护在公安机关内部移交过程中电子数据的完整性。移交时，应当办理移交手续，并按照以下方式核对电子数据：

（一）核对其完整性校验值是否正确；

（二）核对封存的照片与当前封存的状态是否一致。

对于移交时电子数据完整性校验值不正确、原始存储介质封存状态不一致或者未封存可能影响证据真实性、完整性的，检查人员应当在有关笔录中注明。

第四十七条　检查电子数据应当遵循以下原则：

（一）通过写保护设备接入到检查设备进行检查，或者制作电子数据备份、对备份进行检查；

（二）无法使用写保护设备且无法制作备份的，应当注明原因，并全程录像；

（三）检查前解除封存、检查后重新封存前后应当拍摄被封存原始存储介质的照片，清晰反映封口或者张贴封条处的状况；

（四）检查具有无线通信功能的原始存储介质，应当采取信号屏蔽、信号阻断或者切断电源等措施保护电子数据的完整性。

第四十八条　检查电子数据，应当制作《电子数据检查笔录》，记录以下内容：

（一）基本情况。包括检查的起止时间，指挥人员、检查人员的姓名、职务，检查的对象，检查的目的等；

（二）检查过程。包括检查过程使用的工具，检查的方法与步骤等；

（三）检查结果。包括通过检查发现的案件线索、电子数据、等相关信息。

（四）其他需要记录的内容。

第四十九条　电子数据检查时需要提取电子数据的，应当制作《电子数据提取固定清单》，记录该电子数据的来源、提取方法和完整性校验值。

第二节　电子数据侦查实验

第五十条　为了查明案情，必要时，经县级以上公安机关负责人批准可以进行电子数据侦查实验。

第五十一条　电子数据侦查实验的任务包括：

（一）验证一定条件下电子设备发生的某种异常或者电子数据发生的某种变化；

（二）验证在一定时间内能否完成对电子数据的某种操作行为；

（三）验证在某种条件下使用特定软件、硬件能否完成某种特定行为、造成特定后果；

（四）确定一定条件下某种计算机信息系统应用或者网络行为能否修改、删除特定的电子数据；

（五）其他需要验证的情况。

第五十二条　电子数据侦查实验应当符合以下要求：

（一）应当采取技术措施保护原始存储介质数据的完整性；

（二）有条件的，电子数据侦查实验应当进行二次以上；

（三）侦查实验使用的电子设备、网络环境等应当与发案现场一致或者基本一致；必要时，可以采用相关技术方法对相关环境进行模拟或者进行对照实验；

（四）禁止可能泄露公民信息或者影响非实验环境计算机信息系统正常运行的行为。

第五十三条　进行电子数据侦查实验，应当使用拍照、录像、录音、通信数据采集等一种或多种方式客观记录实验过程。

第五十四条　进行电子数据侦查实验，应当制作《电子数据侦查实验笔录》，记录侦查实验的条件、过程和结果，并由参加侦查实验的人员签名或者盖章。

第四章　电子数据委托检验与鉴定

第五十五条　为了查明案情，解决案件中某些专门性问题，应当指派、聘请有专门知识的人进行鉴定，或者委托公安部指定的机构出具报告。

需要聘请有专门知识的人进行鉴定，或者委托公安部指定的机构出具报告的，应当经县级以上公安机关负责人批准。

第五十六条　侦查人员送检时，应当封存原始存储介质、采取相应措施保护电子数据完整性，并提供必要的案件相关信息。

第五十七条　公安部指定的机构及其承担检验工作的人员应当独立开展业务并承担相应责任，不受其他机构和个人影响。

第五十八条　公安部指定的机构应当按照法律规定和司法审判机关要求承担回避、保密、出庭作证等义务，并对报告的真实性、合法性负责。

公安部指定的机构应当运用科学方法进行检验、检测，并出具报告。

第五十九条　公安部指定的机构应当具备必需的仪器、设备并且依法通过资质认定或者实验室认可。

第六十条　委托公安部指定的机构出具报告的其他事宜，参照《公安机关鉴定规则》等有关规定执行。

第五章　附　　则

第六十一条　本规则自 2019 年 2 月 1 日起施行。公安部之前发布的文件与本规则不一致的，以本规则为准。

附录3　最高人民检察院《人民检察院办理网络犯罪案件规定》(2021年)

第一章　一般规定

第一条　为规范人民检察院办理网络犯罪案件,维护国家安全、网络安全、社会公共利益,保护公民、法人和其他组织的合法权益,根据《中华人民共和国刑事诉讼法》《人民检察院刑事诉讼规则》等规定,结合司法实践,制定本规定。

第二条　本规定所称网络犯罪是指针对信息网络实施的犯罪,利用信息网络实施的犯罪,以及其他上下游关联犯罪。

第三条　人民检察院办理网络犯罪案件应当加强全链条惩治,注重审查和发现上下游关联犯罪线索。对涉嫌犯罪,公安机关未立案侦查、应当提请批准逮捕而未提请批准逮捕或者应当移送起诉而未移送起诉的,依法进行监督。

第四条　人民检察院办理网络犯罪案件应当坚持惩治犯罪与预防犯罪并举,建立捕、诉、监、防一体的办案机制,加强以案释法,发挥检察建议的作用,促进有关部门、行业组织、企业等加强网络犯罪预防和治理,净化网络空间。

第五条　网络犯罪案件的管辖适用刑事诉讼法及其他相关规定。

有多个犯罪地的,按照有利于查清犯罪事实、有利于保护被害人合法权益、保证案件公正处理的原则确定管辖。

因跨区域犯罪、共同犯罪、关联犯罪等原因存在管辖争议的,由争议的人民检察院协商解决,协商不成的,报请共同的上级人民检察院指定管辖。

第六条　人民检察院办理网络犯罪案件应当发挥检察一体化优势,加强跨区域协作办案,强化信息互通、证据移交、技术协作,增强惩治网络犯罪的合力。

第七条　人民检察院办理网络犯罪案件应当加强对电子数据收集、提取、保全、固定等的审查,充分运用同一电子数据往往具有的多元关联证明作用,综合运用电子数据与其他证据,准确认定案件事实。

第八条　建立检察技术人员、其他有专门知识的人参与网络犯罪案件办理制度。根据案件办理需要,吸收检察技术人员加入办案组辅助案件办理。积极探索运用大数据、云计算、人工智能等信息技术辅助办案,提高网络犯罪案件办理的专业化水平。

第九条　人民检察院办理网络犯罪案件，对集团犯罪或者涉案人数众多的，根据行为人的客观行为、主观恶性、犯罪情节及地位、作用等综合判断责任轻重和刑事追究的必要性，按照区别对待原则分类处理，依法追诉。

第十条　人民检察院办理网络犯罪案件应当把追赃挽损贯穿始终，主动加强与有关机关协作，保证及时查封、扣押、冻结涉案财物，阻断涉案财物移转链条，督促涉案人员退赃退赔。

第二章　引导取证和案件审查

第十一条　人民检察院办理网络犯罪案件应当重点围绕主体身份同一性、技术手段违法性、上下游行为关联性等方面全面审查案件事实和证据，注重电子数据与其他证据之间的相互印证，构建完整的证据体系。

第十二条　经公安机关商请，根据追诉犯罪的需要，人民检察院可以派员适时介入重大、疑难、复杂网络犯罪案件的侦查活动，并对以下事项提出引导取证意见：

（一）案件的侦查方向及可能适用的罪名；

（二）证据的收集、提取、保全、固定、检验、分析等；

（三）关联犯罪线索；

（四）追赃挽损工作；

（五）其他需要提出意见的事项。

人民检察院开展引导取证活动时，涉及专业性问题的，可以指派检察技术人员共同参与。

第十三条　人民检察院可以通过以下方式了解案件办理情况：

（一）查阅案件材料；

（二）参加公安机关对案件的讨论；

（三）了解讯（询）问犯罪嫌疑人、被害人、证人的情况；

（四）了解、参与电子数据的收集、提取；

（五）其他方式。

第十四条　人民检察院介入网络犯罪案件侦查活动，发现关联犯罪或其他新的犯罪线索，应当建议公安机关依法立案或移送相关部门；对于犯罪嫌疑人不构成犯罪的，依法监督公安机关撤销案件。

第十五条　人民检察院可以根据案件侦查情况，向公安机关提出以下取证意见：

（一）能够扣押、封存原始存储介质的，及时扣押、封存；

（二）扣押可联网设备时，及时采取信号屏蔽、信号阻断或者切断电源等方式，防止电子数据被远程破坏；

（三）及时提取账户密码及相应数据，如电子设备、网络账户、应用软件等的账户密码，以及存储于其中的聊天记录、电子邮件、交易记录等；

（四）及时提取动态数据，如内存数据、缓存数据、网络连接数据等；

（五）及时提取依赖于特定网络环境的数据，如点对点网络传输数据、虚拟专线网络中的数据等；

（六）及时提取书证、物证等客观证据，注意与电子数据相互印证。

第十六条　对于批准逮捕后要求公安机关继续侦查、不批准逮捕后要求公安机关补充侦查或者审查起诉退回公安机关补充侦查的网络犯罪案件，人民检察院应当重点围绕本规定第十二条第一款规定的事项，有针对性地制作继续侦查提纲或者补充侦查提纲。对于专业性问题，应当听取检察技术人员或者其他有专门知识的人的意见。

人民检察院应当及时了解案件继续侦查或者补充侦查的情况。

第十七条　认定网络犯罪的犯罪嫌疑人，应当结合全案证据，围绕犯罪嫌疑人与原始存储介质、电子数据的关联性、犯罪嫌疑人网络身份与现实身份的同一性，注重审查以下内容：

（一）扣押、封存的原始存储介质是否为犯罪嫌疑人所有、持有或者使用；

（二）社交、支付结算、网络游戏、电子商务、物流等平台的账户信息、身份认证信息、数字签名、生物识别信息等是否与犯罪嫌疑人身份关联；

（三）通话记录、短信、聊天信息、文档、图片、语音、视频等文件内容是否能够反映犯罪嫌疑人的身份；

（四）域名、IP 地址、终端 MAC 地址、通信基站信息等是否能够反映电子设备为犯罪嫌疑人所使用；

（五）其他能够反映犯罪嫌疑人主体身份的内容。

第十八条　认定犯罪嫌疑人的客观行为，应当结合全案证据，围绕其利用的程序工具、技术手段的功能及其实现方式、犯罪行为和结果之间的关联性，注重审查以下内容：

（一）设备信息、软件程序代码等作案工具；

（二）系统日志、域名、IP 地址、WiFi 信息、地理位置信息等是否能够反映犯罪嫌疑人的行为轨迹；

（三）操作记录、网络浏览记录、物流信息、交易结算记录、即时通信信息等是否能够反映犯罪嫌疑人的行为内容；

（四）其他能够反映犯罪嫌疑人客观行为的内容。

第十九条　认定犯罪嫌疑人的主观方面，应当结合犯罪嫌疑人的认知能力、专业水平、既往经历、人员关系、行为次数、获利情况等综合认定，注重审查以下内容：

（一）反映犯罪嫌疑人主观故意的聊天记录、发布内容、浏览记录等；

（二）犯罪嫌疑人行为是否明显违背系统提示要求、正常操作流程；

（三）犯罪嫌疑人制作、使用或者向他人提供的软件程序是否主要用于违法犯罪活动；

（四）犯罪嫌疑人支付结算的对象、频次、数额等是否明显违反正常交易习惯；

（五）犯罪嫌疑人是否频繁采用隐蔽上网、加密通信、销毁数据等措施或者使用虚假身份；

（六）其他能够反映犯罪嫌疑人主观方面的内容。

第二十条　认定犯罪行为的情节和后果，应当结合网络空间、网络行为的特性，从违法所得、经济损失、信息系统的破坏、网络秩序的危害程度以及对被害人的侵害程度等综合判断，注重审查以下内容：

（一）聊天记录、交易记录、音视频文件、数据库信息等能够反映犯罪嫌疑人违法所得、获取和传播数据及文件的性质、数量的内容；

（二）账号数量、信息被点击次数、浏览次数、被转发次数等能够反映犯罪行为对网络空间秩序产生影响的内容；

（三）受影响的计算机信息系统数量、服务器日志信息等能够反映犯罪行为对信息网络运行造成影响程度的内容；

（四）被害人数量、财产损失数额、名誉侵害的影响范围等能够反映犯罪行为对被害人的人身、财产等造成侵害的内容；

（五）其他能够反映犯罪行为情节、后果的内容。

第二十一条　人民检察院办理网络犯罪案件，确因客观条件限制无法逐一收集相关言词证据的，可以根据记录被害人人数、被侵害的计算机信息系统数量、涉案资金数额等犯罪事实的电子数据、书证等证据材料，在审查被告人及其辩护人所提辩解、辩护意见的基础上，综合全案证据材料，对相关犯罪事实作出认定。

第二十二条　对于数量众多的同类证据材料，在证明是否具有同样的性质、特征或者功能时，因客观条件限制不能全部验证的，可以进行抽样验证。

第二十三条　对鉴定意见、电子数据等技术性证据材料，需要进行专门审查的，应当指派检察技术人员或者聘请其他有专门知识的人进行审查并提出意见。

第二十四条　人民检察院在审查起诉过程中，具有下列情形之一的，可以依法自行侦查：

（一）公安机关未能收集的证据，特别是存在灭失、增加、删除、修改风险的电子数据，需要及时收集和固定的；

（二）经退回补充侦查未达到补充侦查要求的；

（三）其他需要自行侦查的情形。

第二十五条　自行侦查由检察官组织实施，开展自行侦查的检察人员不得少于二人。需要技术支持和安全保障的，由人民检察院技术部门和警务部门派员协助。必要时，可以要求公安机关予以配合。

第二十六条　人民检察院办理网络犯罪案件的部门，发现或者收到侵害国家利益、社会公共利益的公益诉讼案件线索的，应当及时移送负责公益诉讼的部门处理。

第三章　电子数据的审查

第二十七条　电子数据是以数字化形式存储、处理、传输的，能够证明案件事实的数据，主要包括以下形式：

（一）网页、社交平台、论坛等网络平台发布的信息；

（二）手机短信、电子邮件、即时通信、通讯群组等网络通讯信息；

（三）用户注册信息、身份认证信息、数字签名、生物识别信息等用户身份信息；

（四）电子交易记录、通信记录、浏览记录、操作记录、程序安装、运行、删除记录等用户行为信息；

（五）恶意程序、工具软件、网站源代码、运行脚本等行为工具信息；

（六）系统日志、应用程序日志、安全日志、数据库日志等系统运行信息；

（七）文档、图片、音频、视频、数字证书、数据库文件等电子文件及其创建时间、访问时间、修改时间、大小等文件附属信息。

第二十八条　电子数据取证主要包括以下方式：收集、提取电子数据；电子数据检查和侦查实验；电子数据检验和鉴定。

收集、提取电子数据可以采取以下方式：

（一）扣押、封存原始存储介质；

（二）现场提取电子数据；

（三）在线提取电子数据；

（四）冻结电子数据；

（五）调取电子数据。

第二十九条　人民检察院办理网络犯罪案件，应当围绕客观性、合法性、关联性的要求对电子数据进行全面审查。注重审查电子数据与案件事实之间的多元关联，加强综合分析，充分发挥电子数据的证明作用。

第三十条　对电子数据是否客观、真实，注重审查以下内容：

（一）是否移送原始存储介质，在原始存储介质无法封存、不便移动时，是否说明原因，并注明相关情况；

（二）电子数据是否有数字签名、数字证书等特殊标识；

（三）电子数据的收集、提取过程及结果是否可以重现；

（四）电子数据有增加、删除、修改等情形的，是否附有说明；

（五）电子数据的完整性是否可以保证。

第三十一条　对电子数据是否完整，注重审查以下内容：

（一）原始存储介质的扣押、封存状态是否完好；

（二）比对电子数据完整性校验值是否发生变化；

（三）电子数据的原件与备份是否相同；

（四）冻结后的电子数据是否生成新的操作日志。

第三十二条　对电子数据的合法性，注重审查以下内容：

（一）电子数据的收集、提取、保管的方法和过程是否规范；

（二）查询、勘验、扣押、调取、冻结等的法律手续是否齐全；

（三）勘验笔录、搜查笔录、提取笔录等取证记录是否完备；

（四）是否由符合法律规定的取证人员、见证人、持有人（提供人）等参与，

因客观原因没有见证人、持有人(提供人)签名或者盖章的,是否说明原因;

(五)是否按照有关规定进行同步录音录像;

(六)对于收集、提取的境外电子数据是否符合国(区)际司法协作及相关法律规定的要求。

第三十三条　对电子数据的关联性,注重审查以下内容:

(一)电子数据与案件事实之间的关联性;

(二)电子数据及其存储介质与案件当事人之间的关联性。

第三十四条　原始存储介质被扣押封存的,注重从以下方面审查扣押封存过程是否规范:

(一)是否记录原始存储介质的品牌、型号、容量、序列号、识别码、用户标识等外观信息,是否与实物一一对应;

(二)是否封存或者计算完整性校验值,封存前后是否拍摄被封存原始存储介质的照片,照片是否清晰反映封口或者张贴封条处的状况;

(三)是否由取证人员、见证人、持有人(提供人)签名或者盖章。

第三十五条　对原始存储介质制作数据镜像予以提取固定的,注重审查以下内容:

(一)是否记录原始存储介质的品牌、型号、容量、序列号、识别码、用户标识等外观信息,是否记录原始存储介质的存放位置、使用人、保管人;

(二)是否附有制作数据镜像的工具、方法、过程等必要信息;

(三)是否计算完整性校验值;

(四)是否由取证人员、见证人、持有人(提供人)签名或者盖章。

第三十六条　提取原始存储介质中的数据内容并予以固定的,注重审查以下内容:

(一)是否记录原始存储介质的品牌、型号、容量、序列号、识别码、用户标识等外观信息,是否记录原始存储介质的存放位置、使用人、保管人;

(二)所提取数据内容的原始存储路径,提取的工具、方法、过程等信息,是否一并提取相关的附属信息、关联痕迹、系统环境等信息;

(三)是否计算完整性校验值;

(四)是否由取证人员、见证人、持有人(提供人)签名或者盖章。

第三十七条　对于在线提取的电子数据,注重审查以下内容:

(一)是否记录反映电子数据来源的网络地址、存储路径或者数据提取时的进入步骤等；

（二）是否记录远程计算机信息系统的访问方式、电子数据的提取日期和时间、提取的工具、方法等信息，是否一并提取相关的附属信息、关联痕迹、系统环境等信息；

（三）是否计算完整性校验值；

（四）是否由取证人员、见证人、持有人（提供人）签名或者盖章。

对可能无法重复提取或者可能出现变化的电子数据，是否随案移送反映提取过程的拍照、录像、截屏等材料。

第三十八条　对冻结的电子数据，注重审查以下内容：

（一）冻结手续是否符合规定；

（二）冻结的电子数据是否与案件事实相关；

（三）冻结期限是否即将到期、有无必要继续冻结或者解除；

（四）冻结期间电子数据是否被增加、删除、修改等。

第三十九条　对调取的电子数据，注重审查以下内容：

（一）调取证据通知书是否注明所调取的电子数据的相关信息；

（二）被调取单位、个人是否在通知书回执上签名或者盖章；

（三）被调取单位、个人拒绝签名、盖章的，是否予以说明；

（四）是否计算完整性校验值或者以其他方法保证电子数据的完整性。

第四十条　对电子数据进行检查、侦查实验，注重审查以下内容：

（一）是否记录检查过程、检查结果和其他需要记录的内容，并由检查人员签名或者盖章；

（二）是否记录侦查实验的条件、过程和结果，并由参加侦查实验的人员签名或者盖章；

（三）检查、侦查实验使用的电子设备、网络环境等是否与发案现场一致或者基本一致；

（四）是否使用拍照、录像、录音、通信数据采集等一种或者多种方式客观记录检查、侦查实验过程。

第四十一条　对电子数据进行检验、鉴定，注重审查以下内容：

（一）鉴定主体的合法性。包括审查司法鉴定机构、司法鉴定人员的资质，委托鉴定事项是否符合司法鉴定机构的业务范围，鉴定人员是否存在回避等情形；

（二）鉴定材料的客观性。包括鉴定材料是否真实、完整、充分，取得方式是否合法，是否与原始电子数据一致；

（三）鉴定方法的科学性。包括鉴定方法是否符合国家标准、行业标准，方法标准的选用是否符合相关规定；

（四）鉴定意见的完整性。是否包含委托人、委托时间、检材信息、鉴定或者分析论证过程、鉴定结果以及鉴定人签名、日期等内容；

（五）鉴定意见与其他在案证据能否相互印证。

对于鉴定机构以外的机构出具的检验、检测报告，可以参照本条规定进行审查。

第四十二条　行政机关在行政执法和查办案件过程中依法收集、提取的电子数据，人民检察院经审查符合法定要求的，可以作为刑事案件的证据使用。

第四十三条　电子数据的收集、提取程序有下列瑕疵，经补正或者作出合理解释的，可以采用；不能补正或者作出合理解释的，不得作为定案的根据：

（一）未以封存状态移送的；

（二）笔录或者清单上没有取证人员、见证人、持有人（提供人）签名或者盖章的；

（三）对电子数据的名称、类别、格式等注明不清的；

（四）有其他瑕疵的。

第四十四条　电子数据系篡改、伪造、无法确定真伪的，或者有其他无法保证电子数据客观、真实情形的，不得作为定案的根据。

电子数据有增加、删除、修改等情形，但经司法鉴定、当事人确认等方式确定与案件相关的重要数据未发生变化，或者能够还原电子数据原始状态、查清变化过程的，可以作为定案的根据。

第四十五条　对于无法直接展示的电子数据，人民检察院可以要求公安机关提供电子数据的内容、存储位置、附属信息、功能作用等情况的说明，随案移送人民法院。

第四章　出庭支持公诉

第四十六条　人民检察院依法提起公诉的网络犯罪案件，具有下列情形之一的，可以建议人民法院召开庭前会议：

（一）案情疑难复杂的；

(二)跨国(边)境、跨区域案件社会影响重大的;

(三)犯罪嫌疑人、被害人等人数众多、证据材料较多的;

(四)控辩双方对电子数据合法性存在较大争议的;

(五)案件涉及技术手段专业性强,需要控辩双方提前交换意见的;

(六)其他有必要召开庭前会议的情形。

必要时,人民检察院可以向法庭申请指派检察技术人员或者聘请其他有专门知识的人参加庭前会议。

第四十七条　人民法院开庭审理网络犯罪案件,公诉人出示证据可以借助多媒体示证、动态演示等方式进行。必要时,可以向法庭申请指派检察技术人员或者聘请其他有专门知识的人进行相关技术操作,并就专门性问题发表意见。

公诉人在出示电子数据时,应当从以下方面进行说明:

(一)电子数据的来源、形成过程;

(二)电子数据所反映的犯罪手段、人员关系、资金流向、行为轨迹等案件事实;

(三)电子数据与被告人供述、被害人陈述、证人证言、物证、书证等的相互印证情况;

(四)其他应当说明的内容。

第四十八条　在法庭审理过程中,被告人及其辩护人针对电子数据的客观性、合法性、关联性提出辩解或者辩护意见的,公诉人可以围绕争议点从证据来源是否合法,提取、复制、制作过程是否规范,内容是否真实完整,与案件事实有无关联等方面,有针对性地予以答辩。

第四十九条　支持、推动人民法院开庭审判网络犯罪案件全程录音录像。对庭审全程录音录像资料,必要时人民检察院可以商请人民法院复制,并将存储介质附检察卷宗保存。

第五章　跨区域协作办案

第五十条　对跨区域网络犯罪案件,上级人民检察院应当加强统一指挥和统筹协调,相关人民检察院应当加强办案协作。

第五十一条　上级人民检察院根据办案需要,可以统一调用辖区内的检察人员参与办理网络犯罪案件。

第五十二条　办理关联网络犯罪案件的人民检察院可以相互申请查阅卷宗材

料、法律文书，了解案件情况，被申请的人民检察院应当予以协助。

第五十三条　承办案件的人民检察院需要向办理关联网络犯罪案件的人民检察院调取证据材料的，可以持相关法律文书和证明文件申请调取在案证据材料，被申请的人民检察院应当配合。

第五十四条　承办案件的人民检察院需要异地调查取证的，可以将相关法律文书及证明文件传输至证据所在地的人民检察院，请其代为调查取证。相关法律文书应当注明具体的取证对象、方式、内容和期限等。

被请求协助的人民检察院应当予以协助，及时将取证结果送达承办案件的人民检察院；无法及时调取的，应当作出说明。被请求协助的人民检察院有异议的，可以与承办案件的人民检察院进行协商；无法解决的，由承办案件的人民检察院报请共同的上级人民检察院决定。

第五十五条　承办案件的人民检察院需要询问异地证人、被害人的，可以通过远程视频系统进行询问，证人、被害人所在地的人民检察院应当予以协助。远程询问的，应当对询问过程进行同步录音录像。

第六章　跨国(边)境司法协作

第五十六条　办理跨国网络犯罪案件应当依照《中华人民共和国国际刑事司法协助法》及我国批准加入的有关刑事司法协助条约，加强国际司法协作，维护我国主权、安全和社会公共利益，尊重协作国司法主权、坚持平等互惠原则，提升跨国司法协作质效。

第五十七条　地方人民检察院在案件办理中需要向外国请求刑事司法协助的，应当制作刑事司法协助请求书并附相关材料，经报最高人民检察院批准后，由我国与被请求国间司法协助条约规定的对外联系机关向外国提出申请。没有刑事司法协助条约的，通过外交途径联系。

第五十八条　人民检察院参加现场移交境外证据的检察人员不少于二人，外方有特殊要求的除外。

移交、开箱、封存、登记的情况应当制作笔录，由最高人民检察院或者承办案件的人民检察院代表、外方移交人员签名或者盖章，一般应当全程录音录像。有其他见证人的，在笔录中注明。

第五十九条　人民检察院对境外收集的证据，应当审查证据来源是否合法、手续是否齐备以及证据的移交、保管、转换等程序是否连续、规范。

第六十条　人民检察院办理涉香港特别行政区、澳门特别行政区、台湾地区的网络犯罪案件，需要当地有关部门协助的，可以参照本规定及其他相关规定执行。

第七章　附　则

第六十一条　人民检察院办理网络犯罪案件适用本规定，本规定没有规定的，适用其他相关规定。

第六十二条　本规定中下列用语的含义：

(一)信息网络，包括以计算机、电视机、固定电话机、移动电话机等电子设备为终端的计算机互联网、广播电视网、固定通信网、移动通信网等信息网络，以及局域网络；

(二)存储介质，是指具备数据存储功能的电子设备、硬盘、光盘、优盘、记忆棒、存储芯片等载体；

(三)完整性校验值，是指为防止电子数据被篡改或者破坏，使用散列算法等特定算法对电子数据进行计算，得出的用于校验数据完整性的数据值；

(四)数字签名，是指利用特定算法对电子数据进行计算，得出的用于验证电子数据来源和完整性的数据值；

(五)数字证书，是指包含数字签名并对电子数据来源、完整性进行认证的电子文件；

(六)生物识别信息，是指计算机利用人体所固有的生理特征(包括人脸、指纹、声纹、虹膜、DNA 等)或者行为特征(步态、击键习惯等)来进行个人身份识别的信息；

(七)运行脚本，是指使用一种特定的计算机编程语言，依据符合语法要求编写的执行指定操作的可执行文件；

(八)数据镜像，是指二进制(0101 排序的数据码流)相同的数据复制件，与原件的内容无差别；

(九)MAC 地址，是指计算机设备中网卡的唯一标识，每个网卡有且只有一个 MAC 地址。

第六十三条　人民检察院办理国家安全机关、海警机关、监狱等移送的网络犯罪案件，适用本规定和其他相关规定。

第六十四条　本规定由最高人民检察院负责解释。

第六十五条　本规定自发布之日起施行。

后　记

《电子数据的相关性问题研究》一书是我承担的教育部人文社会科学青年基金项目《电子数据的相关性问题研究（17YJCZH172）》的最终成果。本来准备在2020年上半年一鼓作气将书稿写出，并将此书以免鉴结项形式结题我主持的教育部人文社科青年基金项目，但2020年新年伊始，一场突如其来的疫情，打乱了此书写作的节奏。面对新冠疫情，作为一名教师，我要开"直播"，上网课，寻网上资源，录视频课件，线上批改作业，查看课堂反馈，还要与学生线上学习"斗智斗勇"等，待2020年下半年线下教学恢复，重新提笔书写此书剩余章节之际，又纠结于前期的构思写作和行文的困顿。回看本书的撰写过程，深感学术之路的不易，但也深感这是一个自我沉淀和锻炼成长的过程。

2003年7月，我成为了一个站在高校讲台上的教师，并选取电子数据作为学术研究点，先后主持完成过关于电子数据的教育部人文社会科学研究项目、公安部应用创新项目、湖北省教育厅科学技术研究计划重点项目等若干项，发表了与电子数据相关的论文30余篇，先后为司法实务部门提供电子数据技术咨询服务十余起。因忙于琐事，一直未系统性梳理当前电子数据的前沿理论和实务难题，承蒙教育部社科司给予机会我再次主持2017年度教育部人文社科基金青年项目《电子数据的相关性问题研究（17YJCZH172）》，终于能够以《电子数据的相关性问题研究》书稿系统地将与电子数据相关性紧密相关的技术和一些法律规范、实务问题进行梳理，探索并提出电子数据相关性推理模型、电子数据外联性和内联性的内容研究，当然，此书也是我第一部真正意义上的学术著作。

需要特别声明的是，本书研究成果的取得完全是基于学术团队的力量，离不开诸多专家、教授的真知灼见，以及实务部门的领导和奋斗在一线的司法实务人员的鼎力相助。感谢武汉大学张焕国教授、海军工程大学周学广教授、中船709所徐明迪研究员、湖北警官学院黄凤林教授和刘志军教授，诸位老师对我们的课题研究和此书的写作给予了大量中肯的指导意见，令我深感学术道路上的温暖和天爱。

感谢湖北省汉川市公安局的吴华东、魏翔、徐振华等警官，以及中新科维计算机司法鉴定所覃光军所长等，他们不仅为我们课题研究、此书的写作提供了资料和数据，也与我们一起探讨电子数据相关性在司法实务运用中的诸多问题，我从中受益良多，在与他们的交流中获得了诸多的真知灼见。

感谢电子取证及可信应用湖北省协同创新中心主任张天长教授、协创中心执行主任张俊教授、协创中心的赵德正副教授、龚德中副教授、徐伟副教授、肖微副教授、李佟鸿副教授、张鹏老师。感谢湖北三真司法鉴定中心主任吴启主任、湖北警官学院电子取证重点实验室主任麦永浩教授，诸位老师的关切不仅令我更加坚定了开展此书写作的意义和方向，而且与他们的交流使此书内容写作获得了更多的有启发性的思路。

感谢在校的和已离校的学生许致君、李京、丁宇翔、张岚浩、黄斐凌、双玲旭等，和他们在一起进行课题调研和讨论的时刻总是充满快乐和深受启发。

此书的写作极大地受益于许多学者在电子数据研究方面的成果，我采用了他们的资料，汲取了他们的思想。虽然在参考文献中已经列出了我在写作过程具体取用的部分，但是，他们的研究所给予此书的帮助远远超过注释所标明的那一部分。在此我向他们表示感谢。

最后要特别感谢武汉大学出版社的胡荣老师，她为此书的出版付出了太多的辛苦与努力，她对文稿一丝不苟的认真与苛求让我既紧张又感动。也感谢胡荣老师身后我所不知名的团队所作的工作。

写这本书是一件很辛苦的事情，当我要打上这篇后记的最后一个标点的时候，我体会到了一种"完成"的快乐！

王宁

2021 年 6 月